MARGARITA MAYO

Confianza

La revolución del liderazgo auténtico

Segunda edición actualizada en español
de *Yours Truly* (Bloomsbury), premiado en
los Business Book Awards en Londres.

℗

ALMUZARA

Editorial Almuzara • Manuales de Economía y Empresa
Director editorial: Antonio Cuesta
Editor: Javier Ortega
Maquetación: Joaquín Treviño

www.editorialalmuzara.com
pedidos@almuzaralibros.com - info@almuzaralibros.com

Editorial Almuzara
Parque Logístico de Córdoba. Ctra. Palma del Río, km 4
C/8, Nave L2, n° 3. 14005 - Córdoba

Imprime: Black Print
ISBN: 978-84-18757-08-2
Depósito legal: CO-38-2024
Hecho e impreso en España - Made and printed in Spain

Para Marco y Mónica

ÍNDICE

PRÓLOGO

Querido lector:

¿Has experimentado la dificultad de liderar un equipo de personas en tu empresa, en tu familia o círculo de amigos? ¿Te encuentras en una situación en la que posees las habilidades técnicas o *hard skills*, pero sientes que necesitas desarrollar las competencias blandas o *soft skills* para comprender mejor a las personas? Los líderes desempeñan su labor a través de las personas, y cultivar tus habilidades de liderazgo auténticas es lo que te llevará al éxito, tanto en el ámbito profesional como personal.

¿Sabías que la palabra del año 2023 es «¡Auténtico!»? Se ha convertido en la palabra más buscada en el diccionario Webster. Estamos inmersos en una crisis de autenticidad y se valora cada vez más ser fiel a uno mismo para transmitir confianza a los demás.

Durante tres décadas, he investigado y reflexionado sobre el papel fundamental que desempeñan las personas, en puestos de liderazgo, en el buen funcionamiento de las organizaciones y de la sociedad en general. Mi experiencia como psicóloga, docente e investigadora se ha centrado en ayudar a las personas que sufren los avatares de la vida laboral, en un mundo en constante cambio, a través del *coaching* y la formación. Para ello, además de conocimientos científicos, se necesita, en mi opinión, tener una visión amplia del liderazgo y la naturaleza humana, para superar los grandes desafíos que afrontan en su día a día mis clientes: el estrés, la ansiedad, la falta de confianza, el miedo al cambio, las barreras de comunicación y aprendizaje, los conflictos interpersonales y la retención del talento.

En este tiempo he podido escuchar los muchos desafíos a los que se enfrentan personas y empresas, pero también he podido escuchar apasionantes historias humanas de superación de una gran variedad de líderes en España y en el extranjero; desde directores ejecutivos de multinacionales y fundadores de pequeñas y medianas empresas, a líderes de organizaciones públicas y organizaciones sin ánimo de lucro.

En medio de la crisis de liderazgo que vivimos, me resulta conmovedor ver que, algunos de los líderes más auténticos, suelen ser personas de las que nadie ha oído hablar. A través de sus historias, vas a descubrir las auténticas habilidades que diferencian a los líderes de los jefes. El gran desafío actualmente es vivir una vida auténtica, en un mundo cada vez más artificial. Uno de los propósitos de este libro es situar a algunos de estos líderes desconocidos en un lugar central y poder aprender de ellos. Espero que sus testimonios te inspiren tanto como a mí, pues creo que sus historias actúan como un espejo donde podemos ver reflejado lo mejor de nosotros mismos.

En este libro quiero intentar explicar los problemas que anegan nuestras empresas y organizaciones y que se han acentuado desde la pandemia del COVID-19: la gran reevaluación, la renuncia silenciosa, la falta de motivación, la rotación, la baja productividad, la poca fuerza de voluntad, la procrastinación, los conflictos interpersonales y el estrés ante circunstancias duras y cambios inesperados. Desafíos que, nos vamos a encontrar a lo largo de nuestra vida laboral y personal. Pero, sobre todo, quiero intentar arrojar luz y ofrecer alternativas plausibles, hábitos saludables, herramientas y acciones prácticas que puedan potenciar tu éxito profesional y fortalecer tu salud emocional.

Para mí, escribir *Confianza: La revolución del liderazgo auténtico* ha sido una oportunidad para analizar lo que hacen los auténticos líderes, desde una perspectiva científica, psicológica y humana. A nivel personal, se convirtió en un ejercicio de autoconocimiento, que me permitió ver partes de mí misma en las vidas y esfuerzos de estos líderes auténticos. Espero que también puedas ver partes de ti en las extraordinarias vidas de estos verdaderos líderes y puedas aprender pautas y herramientas, respaldadas científicamente, que te ayuden a liderar mejor tu vida, personas y equipos.

A través de estas historias vas a entender cómo funcionan las emociones, el cerebro, la adquisición de nuevos hábitos, el desarrollo personal, la resiliencia, la dinámica de grupos, la empatía, la gestión del cambio y las relaciones humanas; y vas a encontrar 90 consejos prácticos que te pueden ayudar a ser más auténtico en la vida y en la empresa. Todas las historias del libro me conmovieron a nivel personal.

Conocí a Rafael de la Rubia, el hombre de las tres caras, como podríamos llamarle, cuya pasión por las tres áreas de su vida es contagiosa. Lo que más me impresionó de Rafael es que cada una de las tres caras es tan auténtica como las otras dos. Rafael es el vivo ejemplo de cómo mantenerse auténtico y a la vez realizar distintos roles a lo largo de tu vida. Nos muestra cómo en una vida caben muchas vidas y que uno puede ser auténtico en nuestros múltiples roles. Rafael es atleta, es navegante, es músico y también es hombre de negocios. Si fuera una pirámide, sus tres caras visibles serían las tres primeras, las que conectan con sus pasiones. Y la cuarta estaría en la base, una cara más profunda, pero que también existe y que conecta con su esencia.

Cuando hablé con Hiroko Samejima, me impresionaron su ética, coraje y confianza en sí misma. Hiroko es la diseñadora de moda que dejó Chanel en Japón por amor. Por amor a una idea —la idea de abrir su propia empresa Andu Amet en Etiopía— guiada por su fuerte convicción ética y su compromiso con la moda sostenible. De ella podemos aprender la importancia de ser fiel a nosotros mismos y actuar en consecuencia con nuestro sistema de valores.

La historia de Carlo Volpi viaja en una botella de vino. Cada vez que un nuevo empleado llega a su bodega, Carlo abre esa botella y le cuenta su historia, la historia de su bodega, que es también la historia de su familia. Escuchar a Carlo Volpi contar la conmovedora historia de su negocio familiar en Italia fue una fuente de motivación e inspiración. Creo que todos tenemos una historia personal de la cual podemos sentirnos orgullosos. Conectar los puntos en nuestro pasado para crear nuestro relato personal nos permite crecer en el futuro. Nuestro verdadero yo lo vamos construyendo con nuestra narrativa de vida.

Todos tenemos metas en la vida y buscamos constantemente mejorar. Sin embargo, es interesante observar que algunas personas, a pesar de tener el mismo talento, logran alcanzar sus metas mientras que otras no lo consiguen. Me resulta fácil conectar con los miedos y expectativas a los que Rakesh Aggarwal se enfrentó cuando decidió mudarse de su India natal a Australia en busca de oportunidades y una mejor vida para él y su familia. Su historia de éxito con la fábrica de leche en Longwarry Park en Australia es inspiradora. Hablar con Rakesh me hizo recordar mi propia experiencia de mudarme de España a los Estados Unidos con una beca Fulbright, para perseguir mi sueño de estudiar un doctorado en psicología cuando tenía veinticinco años. Durante aquellos momentos de cambio personal, descubrí que ser auténtico va más allá de ser fiel a uno mismo. También implica estar dispuesto a esforzarte por seguir aprendiendo, con una mentalidad de crecimiento, para alcanzar nuestra mejor versión.

Seguro que estaréis de acuerdo conmigo en que Dena Schlutz es una heroína cotidiana. Dena tiene un apellido complicado, cinco consonantes y una sola vocal. Si lo intentas pronunciar en castellano sería algo así como Dena Es Luz. Dena es precisamente eso, una persona *faro*, con una luz interna que le ha marcado siempre el camino para salir del infortunio y alumbrar a los demás. Su ambición, empatía y entrega a los demás ante la adversidad, la convierten en un modelo a seguir, sobre todo para muchas mujeres que luchan por encontrar un equilibrio entre el trabajo y la familia. Dena es una emprendedora de éxito en Colorado y un claro ejemplo de que la autenticidad es relacional; nos construimos a nosotros mismos a través de las relaciones humanas con los demás.

La historia de Ángel Ruiz demuestra que no hay mayor fuerza de voluntad que la que surge de la vulnerabilidad. Me quedó claro que Ángel Ruiz es una persona con unas cualidades humanas admirables cuando hablamos de los muchos desafíos que tuvo que enfrentarse en la vida, desde que llegó de Cuba a Estados Unidos a los 12 años. Estas virtudes le convierten en un auténtico líder como director general de Ericsson Norteamérica. Lo que más me impresiona de Ángel Ruiz es su resiliencia y el control que mantiene sobre su destino, junto con su voluntad de compartir sus vulnerabilidades con quienes lo rodean.

Quizás la historia de PERI, una constructora multinacional alemana, es la más emotiva para mí, porque evoca recuerdos de mi propia infancia. Cada mañana, mi padre salía de casa a las siete para trabajar en una obra de construcción y aferrarse a andamios inseguros. Cuando los ejecutivos de PERI me hablaron sobre su compromiso con la seguridad y el bienestar de sus trabajadores, pensé que me hubiera gustado que mi padre hubiera tenido la oportunidad de trabajar en una empresa como esa. El nombre PERI es un prefijo griego que significa *alrededor* y que refleja perfectamente la cultura de la empresa de estar siempre muy preocupada por todo lo que sucede *alrededor* de la vida de sus empleados. Con 64 filiares en todo el mundo, PERI es un ejemplo de liderazgo alrededor de las personas, que se preocupa por ofrecer a sus empleados formación y responsabilidad, fomentando nuevas iniciativas y celebrando los éxitos alcanzados.

Me hizo mucha ilusión conocer la historia de Vista Alegre, la empresa de cerámica, contada por Francisco Rebelo, uno de los miembros más jóvenes de la familia, y posiblemente uno de los futuros líderes de la compañía. Vista Alegre no es sólo una empresa, sino la historia de un pueblo entendido como una comunidad de personas que abarca casi dos siglos. Desde sus comienzos, Vista Alegre ha sido mucho más que una marca de cerámica. Ha sido una familia que ha ofrecido grandes ventajas a sus empleados: construyeron casas para ellos, escuelas para sus hijos, instalaciones deportivas, e incluso un teatro dentro del complejo de la fábrica. Estas iniciativas han generado un profundo sentido de lealtad hacia la compañía. Es alentador ver la forma en que Francisco admira y se identifica con la historia de su empresa familiar, con un enfoque responsable centrado en las personas y en el impacto positivo en la comunidad.

Por último, me gustaría destacar el liderazgo de Ana Botín en la transformación cultural de un banco tradicional. Cambiar los valores de una empresa es un proceso largo y complejo. El caso del Banco Santander es un ejemplo claro de cómo las habilidades blandas son fundamentales en este proceso, pero no son fáciles de desarrollar. Durante mis visitas al Banco Santander en Boadilla del Monte en Madrid, me encontré con directivos que estaban firmemente comprometidos con la sostenibilidad y el propósito social del banco. Los verdaderos líderes deben aspirar a dejar un legado y a tener una visión a largo plazo. Escuché esta frase que captura muy bien el concepto de sostenibilidad: «plantar árboles cuya sombra no vas a disfrutar». Esta idea capta bien la importancia de dejar una huella duradera, poniendo nuestras habilidades al servicio de los demás.

Quiero aprovechar esta oportunidad para expresar mi agradecimiento a los verdaderos protagonistas de esta obra, por darme su regalo más preciado: sus historias de vida. Ha sido un honor hablar con ellos y analizar su experiencia profesional y humana con las lentes de la psicología, para entender por qué y cómo ser auténtico: la verdadera revolución del liderazgo en la vida y en la empresa.

He puesto mi más genuino esfuerzo para describir las experiencias auténticas e inspiradoras de estos nueve líderes, provenientes de diferentes partes del mundo. Cada uno de ellos ejemplifica una de las nueve competencias que, según mi propia investigación, considero fundamentales para el liderazgo transformador y auténtico. Además, he entrelazado estas historias con los resultados de las mejores investigaciones científicas, a lo largo mis treinta años de trayectoria académica y profesional.

En 2018, publiqué mi primer libro, *Yours Truly*, sobre el liderazgo auténtico, en inglés. Como psicóloga científica, formada en Estados Unidos, me hace mucha ilusión poder compartir con vosotros una actualización de *Yours Truly* en español, para difundir este mensaje de confianza y autenticidad. A lo largo de las siguientes páginas, encontrarás lecciones que he aprendido de destacados expertos y líderes en el campo de la neuropsicología del desarrollo humano en la Universidad de Clark, así como de la psicología social aplicada a la empresa, durante mi año como becaria Fulbright en la Universidad de Harvard. Además, compartiré los conocimientos adquiridos durante mis cinco años de doctorado en liderazgo transformacional en la Universidad de Nueva York y mis más de veinte años de experiencia profesional como profesora de liderazgo en el IE Business School en Madrid.

Con esta combinación de investigación y de relatos de líderes inspiradores, he identificado un denominador común, —la confianza— que nos permite comprender la esencia de liderar personas y equipos de forma eficiente, en uno de los momentos más disruptivos de la historia de la humanidad. Mi objetivo es compartir este conocimiento y herramientas para que puedas alcanzar la mejor versión de ti mismo.

Espero que disfrutes leyendo el libro tanto como yo he disfrutado escribiéndolo. ¡Ahora tú eres el AUTÉNTICO PROTAGONISTA!

Sinceramente tuya,
Margarita Mayo
Madrid, 23 de julio de 2023

INTRODUCCIÓN

Y, sobre todo, sé fiel a ti mismo, pues de ello se sigue, como el día a la noche, que no podrás ser falso con nadie.

WILLIAM SHAKESPEARE, *HAMLET*, ACTO I, ESCENA 3

Yours Truly es una expresión inglesa que se emplea como cierre en una carta para referirse a uno mismo como el autor de dicha carta. Su traducción literal es *sinceramente tuyo* Simbólicamente, esta expresión refleja la esencia de la autenticidad del autor, ya que únicamente él o ella hubiera escrito ese texto. Y nadie más podría haberlo expresado así. Etimológicamente, autenticidad tiene sus raíces en el término griego *authentes* que significa *autor de tu propio destino*. Ser fiel a uno mismo.

Como señala Shakespeare, ser fiel a uno mismo —o auténtico— es una condición para ser fiel a los demás, y a lo largo de la historia ha sido un símbolo de autoridad moral. Hoy en día, la necesidad de autenticidad en el liderazgo es más importante que nunca para construir relaciones de confianza. La clave de la autenticidad es el conocimiento de uno mismo y la continua mejora de nuestras cualidades al servicio de los demás.

Pero, la autenticidad en el ámbito del liderazgo va más allá. Los líderes auténticos no sólo ofrecen a las personas que los rodean un sentido de control y optimismo sobre su futuro colectivo, sino que también les hace sentirse mejor con ellas mismas y con su trabajo, generando confianza, cambio y transformación positiva. Estos líderes genuinos desean ser verdaderos ejemplos a seguir, transmitiendo valores morales y una forma de hacer las cosas coherentes con su visión. Además, crean entornos que permiten a los demás brillar y transformarse.

Siempre lo resalto cuando hablo de liderazgo en mis conferencias. Nos encontramos en uno de los periodos más disruptivos de la historia de la humanidad: con la crisis climática, los avances tecnológicos y los cambios sociales. En este contexto de cambio exponencial, los líderes son más importantes que nunca. Sin embargo, la paradoja es que, justo en el momento en el que el liderazgo es más relevante, la confianza en nuestros líderes está bajo mínimos.

Uno de los retos más apremiantes al que nos enfrentamos como sociedad, es la creciente falta de confianza en nuestros líderes empresariales, políticos y sociales. Ya no confiamos en alguien simplemente porque ocupa un puesto de alto nivel en una empresa u organización. Los expertos del liderazgo están de acuerdo en que la autenticidad —o la falta de ella— es el aspecto más crucial en la crisis de confianza en el liderazgo corporativo contemporáneo.[1]

En resumen, tenemos una fuerza laboral que desconfía de los líderes. Richard Edelman, presidente y consejero delegado de la empresa Edelman, desarrolló un barómetro que muestra el nivel de confianza que las personas tienen en sus líderes. En el último estudio que ha realizado en 2022, con información de 27 países, el promedio de confianza que los encuestados tienen en sus líderes empresariales ha sido de un 51% en España, un 1% menos que el año anterior. En general, la confianza en los líderes empresariales ha bajado en 11 de los 27 países. Y cuando se refiere a los líderes políticos, el promedio de confianza que los encuestados tienen en los políticos baja a un 34% en España. La confianza se está evaporando, concluye el estudio. La confianza incluye dos dimensiones:

- **Competencia**: ¿confías en la capacidad técnica de tus jefes para realizar el trabajo eficazmente?
- **Ética**: ¿confías en las intenciones nobles y la conducta ética de tus líderes para que actúen con integridad y estén comprometidos con el mejor interés de toda la organización?

Estamos perdiendo la fe en los líderes, tanto por su falta de capacidad técnica para hacer las cosas bien, como por sus actitudes demasiado despreocupadas e interesadas. Todo ello nos conduce al escepticismo que conlleva consecuencias negativas también para la empresa, como alta rotación y absentismo, bajas laborales por estrés, baja productividad y resistencia al cambio, entre otras muchas.

Aquellos de nosotros que tenemos la responsabilidad de liderar personas y equipos podemos encontrar el antídoto a este escepticismo y cinismo sobre el liderazgo en la autenticidad. Hay un desfase entre el estilo de liderazgo que las empresas y los empleados necesitan y el estilo de liderazgo que predomina en nuestro ecosistema empresarial. El nuevo paradigma de liderazgo requiere la presencia de líderes auténticos, aquellos que establecen vínculos afectivos sinceros, transmiten sus valores y motivan de manera inspiradora, para impulsar el crecimiento y el desarrollo de los empleados dentro de la organización.

En 2022, el profesor Donald Sull del Massachussets Institute of Technology publicó los resultados de una investigación sobre la «gran reevaluación» en la revista

Sloan Management Review. Descubrió la asombrosa cifra de que 24 millones de estadounidenses decidieron abandonar sus puestos de trabajo durante abril y septiembre del 2021. ¿Cuál es la causa principal de esta fuga masiva de empleados?

Resulta sorprendente descubrir que la causa principal por la cual las personas deciden dejar la empresa es escapar de una cultura tóxica, mencionada 10 veces más que la búsqueda de un mejor salario. Muchas personas se preguntaban: ¿Qué buscan los empleados? Una de las conclusiones fundamentales de este estudio, que considero de enorme relevancia para los directivos, es reconocer que los empleados buscan algo más que un cheque a final de mes. Los empleados buscan establecer buenas relaciones con sus compañeros y trabajar en un ambiente colaborativo.

Seguro que has escuchado esta expresión: «Las personas no abandonan la empresa, abandonan a un jefe». El 43% de los empleados deja la empresa por un mal jefe. De hecho, los últimos estudios demuestran que los jefes tienen una influencia directa en la salud mental de los empleados.

Según un estudio realizado en 2023 por el Workforce Institute de UKG, el cual encuestó a 3400 personas en 10 países, revela que el 69% de las personas afirma que sus jefes tienen el mayor impacto en su salud mental. Además, el 71% asegura que el estrés laboral tiene un efecto negativo en su vida familiar, el 64% menciona que disminuye su bienestar y el 62% indica que perjudica sus relaciones personales. Por el contrario, los resultados alentadores muestran que, cuando los empleados perciben el apoyo de sus directivos, el 80% reporta un aumento de su energía y vitalidad.

La autenticidad es el antídoto a la crisis de confianza en el liderazgo y el único camino que nos lleva hacia adelante en momentos de cambio y transformación. Necesitamos líderes que construyan relaciones de empatía, escucha activa y mentalidad de crecimiento para crear un sentimiento de pertenencia a la organización y para fomentar la salud mental. Los líderes son el pegamento de la sociedad que mantiene unidas nuestras empresas y organizaciones para conformar el tejido de nuestra sociedad.

Antes, los líderes se ganaban la confianza de sus colaboradores simplemente por el título y la posición que ocupaban en la jerarquía organizacional; pero en la actualidad, el liderazgo tiene poco o nada que ver con los títulos. Ahora te conviertes en líder cuando te ganas personalmente el respeto de tu equipo.

Este cambio en el paradigma del liderazgo también genera estrés en los propios líderes. Según un estudio del Workplace Institute, los mandos medios se ven afectados negativamente por la responsabilidad de tener que liderar equipos de personas. Un dato preocupante es saber que el 46% de ellos afirma estar considerando abandonar el puesto en los próximos 12 meses, debido a la experiencia de estrés liderando personas. Pero lo realmente interesante, es conocer que el 57% de estos mandos medios afirma que les hubiera sido de gran utilidad contar con formación sobre las competencias y desafíos asociados a ser líder.

Claramente los resultados de este estudio concuerdan con mi experiencia de consultoría. Es necesario proporcionar una adecuada formación a las personas que tienen o van a asumir puestos de liderazgo en las organizaciones, compartiendo conocimientos y herramientas para que puedan gestionar eficazmente los equipos de personas a su cargo, con el mínimo estrés y la máxima vitalidad, entusiasmo y creatividad.

Nos encontramos ante una revolución del liderazgo donde el líder heroico y jerárquico está dando paso al líder humilde y auténtico. Hoy los líderes deben ganarse la confianza y el respeto de sus equipos apoyándose en crear relaciones personales honestas y transparentes. Mi modesto propósito con este libro es ayudar a las personas a conocerse a sí mismas y alcanzar su mejor versión en el trabajo y en la vida. Cuando eres sincero contigo mismo y con los demás, tienes las cualidades más importantes para ser un verdadero líder que inspira vitalidad, fomenta el aprendizaje y desarrolla el talento de otros hacía la consecución de un fin común.

El liderazgo auténtico nunca puede ser jerárquico o estático. Por el contrario, el liderazgo auténtico es dinámico y colaborativo y está arraigado en tus valores personales, pero también se adapta en constante evolución junto con los demás. Los verdaderos líderes se reinventan a sí mismos, experimentan cambios y crecimiento personal, al mismo tiempo que impulsan el crecimiento de sus equipos y organizaciones. Son capaces de gestionar el cambio, a la vez que se mantienen fieles a su auténtico yo.

La revolución del liderazgo es un cambio en el estilo de liderar personas y equipos que puede transformar y mejorar el mundo. Cuando te atreves a ser auténtico, sinceramente tú con tus fortalezas y debilidades, vas a ganarte la confianza de los demás porque te ven como una persona honesta, transparente, cercana y humilde. Estamos acostumbrados a pensar en los líderes como superhéroes, con cualidades extraordinarias, a los que ponemos en un pedestal. Los líderes están glorificados en nuestro imaginario colectivo. Pero, te adelanto el mensaje revolucionario de este libro: las personas humildes son mejores líderes. Para ser un verdadero líder no tienes que ser perfecto, ni tener todas las respuestas. Un verdadero líder reconoce sus limitaciones, busca ayuda y colabora con los demás construyendo sobre la confianza un equipo de colaboradores.

¿Qué necesita una persona para ser un verdadero líder? He identificado tres características que distinguen a los líderes auténticos de un simple jefe. Para convertirse en un líder auténtico existen tres requisitos, que vienen dados por las tres H: *heart, habit y harmony*, representados en la Figura 1.0. Te animo a explorar estas áreas en tu liderazgo y tu vida como herramienta para identificar emociones, creencias y comportamientos que te permitirán ser más productivo y feliz y hacer más felices y productivos a los demás.

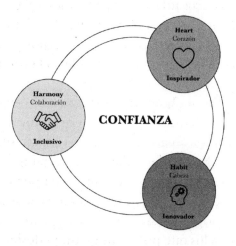

FIGURA 1.0. El modelo de las 3 H del liderazgo auténtico.

Corazón – El primer requisito es el corazón (*heart*). Este factor *emocional* es el que inspira y distingue a los líderes auténticos, quiénes son fieles a sí mismos. Esto implica conocer profundamente tus fortalezas y tus límites, así como descubrir aquello que verdaderamente te apasiona.

Aprende a dirigir la mirada hacia el interior, cultivando tus pasiones y propósito de vida. Contagia tu pasión a tus colaboradores como si de un virus se tratase. Sólo así vas a conquistar los corazones de tu equipo, motivándolos intrínsicamente con inspiración, energía y vitalidad.

Hábito – El segundo requisito es el aprendizaje como hábito (*habit*). Este factor *cognitivo-conductual* es el que promueve una cultura de innovación y distingue a los líderes auténticos, quienes buscan nuevas soluciones para ser fieles a su mejor versión. Esto implica desarrollar el hábito de aprender de manera continua, adquiriendo conocimiento y transformándote constantemente.

Busca el *feedback* honesto y solicita opiniones críticas para adaptarte, crecer y progresar. La autenticidad no implica conformarse, sino preocuparse por alcanzar tu máximo potencial de desarrollo. De esta forma estarás también fomentando en los demás la mentalidad de crecimiento asociada a la creatividad y la innovación.

Armonía – El tercer requisito es la armonía (*harmony*). Este factor *social* es el que crea una cultura inclusiva, donde todos son parte de una visión común, ya que los líderes auténticos son también fieles a los demás. Esto implica crear un entorno propicio para que todas las personas de una organización puedan prosperar hacia un objetivo común que beneficie tanto a los trabajadores como a la empresa.

Cuando pones tus habilidades al servicio de los demás, actúas como *coach*, creando organizaciones inclusivas y sostenibles. Busca desarrollar el talento único de cada uno de los miembros de tu equipo y construir una unidad armoniosa donde todos se sientan parte. De esta manera crearás una cultura ágil con influencia duradera.

En resumen, los verdaderos líderes tienen la capacidad de movilizar los corazones y las mentes de las personas, fomentando un ambiente de aprendizaje continuo y colaborativo donde se trabaja en armonía para lograr metas compartidas. Adoptan un proceso de desarrollo emocional, cognitivo y social para ganarse el corazón de los demás, establecer el hábito de aprendizaje y construir armonía en su entorno. De esta manera, inspiran a otros a alcanzar su máximo potencial y crean un ambiente de trabajo en el que todos puedan prosperar.

Cuando cultivas tu autenticidad en relación con estos tres ejes, tus colaboradores experimentan un mayor bienestar personal, están llenos de vitalidad, motivación y energía. Además, comienzan a pensar de manera innovadora para abordar los problemas existentes y actúan en colaboración con el equipo, transcendiendo los intereses individuales a favor de metas colectivas.

He dividido el libro en tres partes, que se corresponden con las 3 H de la autenticidad: *heart* (emocional), *habit* (cognitivo-conductual) y *harmony* (social). En cada una de estas partes encontrarás historias inspiradoras, herramientas, consejos y pautas respaldados por estudios científicos en el campo de la psicología positiva, la inteligencia emocional, la neurociencia y la gestión empresarial.

La secuencia de los capítulos en el libro está diseñada como un viaje de autoexploración. Comenzamos por el mundo emocional, donde encontrarás la fuente de energía y la motivación que impulsa tus acciones (de hecho, la palabra emoción significa *energía en movimiento*). A continuación, nos adentramos en el ámbito cognitivo-conductual para comprender nuestra mente: el *software* que explica nuestras decisiones y comportamientos. Por último, exploramos el espacio de la conducta social, un espacio donde salimos al encuentro del otro, para crear comunidad y armonía. Y me encantaría que me acompañaras en este viaje que te llevará a descubrir y fortalecer tu autenticidad en cada uno de estos tres aspectos, preparando tu camino hacia un liderazgo genuino y transformador para ti y los que te rodean.

En la primera parte del libro —El factor corazón— exploramos las mejores prácticas de crecimiento emocional para potenciar tu autenticidad. En el capítulo 1, descubrirás cómo cultivar tus pasiones y propósito en la vida, conectando con aquello que te motiva profundamente. En el capítulo 2, aprenderás a aumentar tu autoconciencia, reconociendo tus fortalezas y debilidades con humildad, lo cual considero fundamental para un liderazgo menos heroico y más auténtico. En el capítulo 3, te guiaré para que utilices elementos de tu autobiografía, tu propia historia personal, como herramienta para resaltar tu autenticidad.

En la segunda parte del libro —El hábito de aprender— descubrirás estrategias para adquirir nuevos hábitos e ir acercándote a tu mejor versión. En el capítulo 4, aprenderás a entrenar y resetear tu cerebro mediante la neuroplasticidad, transformando una mentalidad fija en una mentalidad de crecimiento. En el capítulo 5, explorarás la importancia de estar abierto al *feedback* honesto de los demás, lo cual te ayudará a crecer y mejorar continuamente. Y en el capítulo 6, averiguarás estrategias para fomentar la resiliencia y adoptar una perspectiva optimista, en la que te sientas con el control de tu propio destino.

Finalmente, en la tercera parte del libro —La armonía social— te presento el líder *coach* que busca activamente desarrollar el talento de sus colaboradores. En el capítulo 7, exploraremos las mejores prácticas de *coaching* para crear una organización auténtica, donde todos pueden brillar. En el capítulo 8, veremos la importancia de crear un sentimiento de comunidad, que transcienda las estructuras jerárquicas con una identidad colectiva. Y finalmente, en el capítulo 9, te guiaré sobre los ocho pasos necesarios para gestionar el cambio en una organización y la importancia de dejar un legado significativo y sostenible que perdure en el tiempo.

En las siguientes páginas voy a compartir contigo 9 competencias para ser auténtico con conceptos, ideas y herramientas que pueden resultarte de gran utilidad para tu carrera profesional y tu vida personal. He procurado presentarlo de una forma científica, pero a la vez clara y amena, combinando historias inspiradoras con investigaciones científicas. Vas a encontrar una mezcla única de conocimiento y motivación. Especialmente, las herramientas de autoevaluación te permitirán explorar tu propio camino hacia la autenticidad.

Además, te dejo una guía práctica de 90 reglas para ser un verdadero líder con consejos, acciones concretas y preguntas para reflexionar que te pueden ayudar en tu día a día. Espero que te anime a emprender este viaje de transformación personal para ser autor de tu propia vida y ayudar a otros a tomar responsabilidad de su propio destino.

Resolver las tres paradojas de la autenticidad

El liderazgo auténtico se ha convertido en un concepto de moda. La idea principal es que, si los líderes quieren tener éxito, deben ser fieles a sus valores y principios. Y muchas veces se ha creído erróneamente que la autenticidad es inmutable y estática, pues es una cuestión de ser uno mismo. Sin embargo, a lo largo de mis investigaciones, he descubierto que el concepto de autenticidad es mucho más complejo de lo que se suele pensar.

Te presento tres formas de ser tú mismo: *yo proteico, yo potencial* y *yo social*. Estos son los tres amigos que conforman tu verdadero yo y que nos van a acompañar durante estas páginas. La autenticidad no se trata simplemente de ser tú mismo. Más bien, implica identificar y resolver tensiones y paradojas frecuentemente ignoradas. El ser humano no es unidimensional, no se detiene en el tiempo y no es un ser individual. Por el contrario, el ser humano es multidimensional, evoluciona y es un ser social.

Nuestro *yo proteico* se refiere a la versión de nosotros mismos que juega diferentes roles en el presente. Pero la autenticidad también implica ser fiel a nuestro *yo potencial*, a la persona que podríamos ser si desarrollamos todo nuestro máximo potencial. Además, la autenticidad también implica a nuestro *yo social*, encontrando un balance entre la expresión de lo que te hace único y la necesidad de pertenencia a un grupo social. Si quieres ser auténtico, es necesario que consideres tu verdadero yo de forma multidimensional, en constante evolución y como parte de un grupo social.

La pregunta central del libro es simple, pero a la vez desafiante: ¿Cómo los líderes auténticos se reinventan, se adaptan a diferentes situaciones y al mismo tiempo son capaces de honrar sus valores siendo sinceros consigo mismos y los demás?

Como vamos a ver en los siguientes ejemplos, la autenticidad y el cambio van de la mano, tanto en el ámbito organizacional, familiar, como personal.

- **Ámbito organizacional**: ¿Cómo puede una empresa gestionar una transformación auténtica? En PERI, una constructora multinacional alemana, los directores ejecutivos han superado los desafíos del rápido crecimiento internacional a través de una identidad organizacional compartida y una comunicación abierta:

Somos *PERI*. Los líderes auténticos establecen vías de diálogo efectivos para promover la transparencia y la participación, lo cual permite lograr un crecimiento sostenible en el entorno empresarial global.

- **Ámbito familiar**: ¿Cómo puede una mujer que trabaja en casa reinventar su carrera? La historia de Dena Schlutz, hija de un ranchero de una granja en Colorado, ilustra esta gran transformación, donde pasó de ser una madre de familia a convertirse en una destacada ejecutiva en Hewlett Packard, y posteriormente en una exitosa empresaria inmobiliaria, después de que su marido sufriera un trágico accidente. La experiencia de Dena muestra la resiliencia y la determinación de los líderes auténticos para superar adversidades y buscar una nueva dirección en su vida.

- **Ámbito individual**: ¿Cómo puede una diseñadora de moda producir los productos más auténticos? Vas a conocer la historia de Hiroko Samejima, quien dejó Chanel y su ciudad natal en Japón, para fundar una empresa de moda en Etiopía, donde produce bolsos de cuero siguiendo principios de moda sostenible, respetuosos con el medio ambiente. Los líderes auténticos destacan por tus principios éticos y la importancia que conceden a la responsabilidad social y medioambiental en su trabajo. Su enfoque auténtico y sus convicciones personales se ven reflejados en sus productos.

¿Qué tienen en común estas tres historias? Las tres destacan la importancia de la autenticidad como elemento clave para generar confianza en el liderazgo empresarial, el emprendimiento y la transformación personal. Los directores ejecutivos de una multinacional alemana, la empresaria inmobiliaria estadounidense y la diseñadora de moda japonesa son ejemplos de verdaderos líderes y emprendedores que se han atrevido a ser auténticos, en tiempos difíciles, para impulsar el crecimiento de una empresa en un entorno global, para superar un momento de adversidad y para ser coherentes con sus propios principios y valores.

Voy a ir desengranando las historias de nueve líderes auténticos, con los que he tenido el privilegio de conversar, para resolver las tres paradojas de la autenticidad.

En primer lugar, descubren que ser auténtico no significa quedarse anclado en una única identidad rígida, sino que les permite ser flexibles y asumir diferentes roles en la vida. Resuelven la tensión entre su *yo proteico*, compuesto por múltiples facetas, y su deseo de ser fieles a sus principios. Al revisar su propia historia de vida, cultivan sus pasiones, abrazando cada faceta de su experiencia para conocerse mejor a sí mismos y fortalecer su determinación moral.

En segundo lugar, encuentran el delicado equilibrio entre el crecimiento y la autenticidad, explorando su pasado para crear un nuevo futuro. Al conectar los puntos en su historia personal, se impulsan a aprender y experimentar con la mejor versión de sí mismos. Aspirando al *yo potencial*, siguen creciendo como líderes y como seres humanos.

Finalmente, los líderes auténticos entienden que su impacto transciende su propia existencia. Encuentran armonía en la tensión entre su individualidad y su *yo social*. Construyen equipos, crean normas y promueven culturas organizacionales con propósitos sociales claros, que prosperan incluso cuando ellos ya no están presentes.

En las páginas que siguen, voy a compartir contigo las historias inspiradoras de estos nueve líderes, y a analizar las lecciones que nos enseñan para resolver estas tres paradojas: sentirnos fieles a nuestro *yo proteico*, *yo potencial* y *yo social*.

PRIMERA PARTE

EL FACTOR CORAZÓN: SÉ FIEL A TU ESENCIA

William James, considerado como el padre de la psicología social, afirma que una de las tres características principales del ser humano son los sentimientos y las emociones. Los estudios sugieren que desarrollamos sentimientos sobre nosotros mismos, acerca de quiénes somos. Por lo tanto, el primer eje de la autenticidad es emocional, el *factor corazón*: ser tú mismo con pasión.

La capacidad de un líder para transmitir su pasión de manera contagiosa es fundamental ganarse la confianza y para motivar a su equipo. Una de las cosas que he descubierto, hablando con líderes auténticos, es que ellos aceptan y abrazan su historia personal, comparten tanto sus logros como sus errores y aprenden de ellos.

Estos líderes son capaces de reconocer tanto sus fortalezas como sus debilidades en diversos roles. Esta visión humilde y equilibrada les hace ganar el respeto y la confianza de sus seguidores. Además, los líderes auténticos utilizan sus propias historias y experiencias de vida para enseñar valores, creencias y su filosofía de liderazgo. Así, a través de esta pasión y conexión emocional logran transmitir una visión inspiradora que otros desean seguir.

Te voy a presentar a Rafael de la Rubia, cuya pasión por una vida en diferentes ámbitos como atleta, estrella de rock y emprendedor nos enseña importantes lecciones sobre cómo ser fiel a nuestras múltiples identidades. A continuación, vas a conocer a Hiroko Samejima, un ejemplo inspirador del poder de los héroes anónimos, que motiva a través de su sencilla y contagiosa pasión por crear productos éticos en la industria de la moda japonesa. Y finalmente, te compartiré la historia de Carlo Volpi, como CEO de una bodega italiana, que nos deja valiosas lecciones sobre cómo liderar por medio de tu autobiografía para desarrollar una visión inspiradora.

Vas a aprender lecciones sobre las tres primeras competencias del verdadero liderazgo: pasión, humildad y la magia de contar historias. Te dejo herramientas de autoevaluación para que te ayuden a conocerte mejor a ti mismo, respondiendo a preguntas como: ¿Cuál es mi percepción de autenticidad?, ¿y de inautenticidad?, ¿me comporto de forma coherente en diferentes esferas de mi vida?, ¿soy humilde o narcisista? y ¿cómo relato la historia de mi vida? Al final de estos tres primeros capítulos, te ofrezco una guía práctica de 30 reglas, con consejos para ser un verdadero líder cultivando tus pasiones, practicando la humildad y compartiendo tu historia de vida.

La idea central de esta primera parte del libro es que, para ser un líder auténtico, no necesitas ser un superhéroe. Por el contrario, cambia tu mentalidad a la de antihéroe o simplemente un héroe cotidiano.

1

AUTENTICIDAD EMOCIONAL: CULTIVA TUS MÚLTIPLES PASIONES

No hay nada mejor que puedas hacer con tu vida y tu trabajo que seguir tus pasiones, de una manera que sirva al mundo y a ti.

RICHARD BRANSON

Richard Branson es considerado como uno de los empresarios más importantes del último medio siglo[1]. No sólo por el éxito de sus actividades empresariales, que incluyen Virgin Records, Virgin Airlines, Virgin Express, Virgin Mobile, Virgin Money, Virgin Hoteles, Virgin Fuel, Virgin Cruises y Virgin Galactic, entre otras, sino porque es alguien que pone el corazón en todo lo que hace. Ha demostrado que «es posible vivir una vida llena de aventuras, plenitud, familia, filantropía, significado... y por supuesto llena de diversión».

Pero su estilo de liderazgo idiosincrásico y exitoso sigue siendo un misterio. ¿Cómo tuvo éxito Richard Branson donde otros muchos fracasan? La respuesta en gran medida depende de la involucración emocional, que constituye la esencia del liderazgo auténtico. El presente capítulo trata sobre el aspecto emocional de la autenticidad; sobre cómo las personas descubren y cultivan muchas pasiones en la vida para encontrar su propósito.

El caso de Rafael de la Rubia:
Pasión en una vida multifacética (España)

Corre, monta a caballo, compone música, canta y se pasa cinco meses al año en las Islas Baleares navegando y haciendo amigos. Rafael de la Rubia tiene una pasión por la vida y un espíritu juvenil que ocultan sus cincuenta y siete años.

Cuando invité Rafael de la Rubia a compartir sus experiencias con mis alumnos del curso de liderazgo, le preguntaron sobre el significado del éxito. Rafael explica que para él el éxito es la gratificación de haberse mantenido fiel a sí mismo a lo largo de los años, tomando diferentes caminos. «Me apasiona todo. Mi vida está dividida en diferentes áreas. Es como vivir tres vidas en una. Paso siete meses corriendo y tocando música y cinco meses navegando», dice.

En su etapa de deportista profesional, fue segundo en los campeonatos del mundo y de Europa de la distancia de 4x200 m y primero en los campeonatos de España. También quedó segundo en el Campeonato de España de Pentatlón Moderno. «Batí siete récords de España en 100 m, 200 m y 400 m. El atletismo es más que una carrera, es una escuela de vida», dice. «Te enseña a trabajar día tras día para alcanzar objetivos a medio y largo plazo». Hasta el día de hoy, corre de manera competitiva y sigue consiguiendo récords.

Su segunda carrera como empresario náutico, comenzó como un simple *hobby*, pero rápidamente se convirtió en un negocio próspero cuando fundó Ibiza Vela Charters. Esta empresa se dedica a ofrecer excursiones en yate en las Islas Baleares.

Con el paso del tiempo, su carrera como músico ha ido cobrando protagonismo. Cuando su hija lo presenta a la gente como un empresario, él la corrige: «Soy músico». Hoy en día, el atletismo y la música ocupan la mayor parte de su tiempo.

Atleta, estrella de rock y emprendedor

«Mi vida se divide en dos capítulos principales», dice Rafael. En el primer capítulo de su vida trabajó muy duro durante muchos años. En el segundo, se dio cuenta de que tiene tres amores: el mar, el deporte y la música. «Cuando vienes de una familia pobre, ves tu vida desde la perspectiva económica». Pasó sus primeros años trabajando para una empresa de automóviles y abriendo varios negocios, pero su objetivo siempre fue tomar el control de su propia vida y dedicarse a la música y el deporte.

FOTOGRAFÍA 1.1. Rafael de la Rubia, atleta, empresario de navegación y músico (España).

Su padre trabajaba en una fábrica y su madre era ama de casa. A los trece años, Rafael abandonó la escuela secundaria y decidió comenzar su propio negocio de venta de flores. Compraba flores de un vivero en la provincia de Almería y las vendía a los supermercados. Rafael observó que muchas personas cuando se jubilan, aunque sean muy ricos materialmente, tienen pocos amigos y no disfrutan de lo que hacen. Desde el principio se dio cuenta de que no quería seguir el mismo camino.

Desde pequeño le gustaban los deportes y la música, pero no pudo practicar ninguna de las dos actividades por falta de tiempo y de recursos. Pero una vez que vio cumplidas sus obligaciones con sus hijos y estable financieramente, decidió hacer un cambio radical. A la edad de cuarenta y tres años, tomó la decisión más difícil de su vida y cortó con el pasado. Vendió su parte de los negocios a las personas que le habían ayudado a crearlos, para poder dedicarse exclusivamente al negocio de la navegación. Cuando llegó el momento de cortar con el pasado, «se desataron todos los demonios», recuerda. Pero, finalmente, ¡había logrado su sueño!

Una década más tarde, Rafael dedica casi la mitad del año a su negocio de Ibiza Vela Chárter. Le gusta estar rodeado de gente que se toma vacaciones relajadas: «Cuando compartes un barco durante una semana, esas personas acaban siendo casi como tus amigos».

¿Qué es lo que hace que gente como Rafael tenga el coraje para explorar diferentes pasiones en la vida? La respuesta apunta al aspecto fundamental de la autenticidad: un sentimiento positivo sobre uno mismo y una imagen realista de quién eres. Cuando sentimos coherencia entre nuestros valores y nuestras metas, estamos cómodos en nuestra propia piel. Nos sentimos felices y experimentamos una sensación de bienestar. Por el contrario, las personas que llevan una careta y crean una imagen falsa o fingida de sí mismas, experimentan falta de autenticidad. Cuando tus valores y conductas no son coherentes, la disonancia cognitiva genera emociones negativas como ansiedad y estrés[2].

Autenticidad y bienestar: La evidencia empírica

¿Qué hace que alguien sea auténtico? El primer criterio, y el más obvio, es que las personas auténticas se sienten bien consigo mismas. Son el tipo de personas que tienen una gran determinación, viven según sus propios criterios y se guían por una brújula interna. Parecen elegir y crear los entornos que mejor se ajustan a sus fortalezas personales y proyectan una imagen de logro y autorrealización.

Los psicólogos humanistas y existenciales han considerado históricamente la autenticidad como la esencia misma del bienestar[3]. Sin embargo, la investigación empírica sobre la autenticidad era mínima y estaba fragmentada. Sólo recientemente, los estudios sobre este tema se han multiplicado y los expertos han desarrollado test validados y fiables estadísticamente para evaluar los sentimientos de autenticidad y la falta de esta: la inautenticidad.

Existe una investigación de 2008, dirigida por Alex Wood de la London School of Economics and Policial Science, sobre las características de la personalidad auténtica. Las conclusiones, publicadas en la revista *Journal of Counseling Psychology*, demuestran que las personas auténticas experimentan mayor bienestar psicológico. Los autores diseñaron una escala con indicadores para medir la autenticidad y descubrieron que las personas auténticas se caracterizan por «ser fieles a sí mismas en la mayoría de las situaciones y vivir según sus propios valores y creencias». A esto lo denominaron «vivencia auténtica». Además, los autores desarrollaron otra escala para medir la *inautenticidad* o sentimientos de alienación producidos por «sentirse alejados de su verdadero yo» como si estuvieran impostando su identidad.

En este estudio, el equipo de Wood exploró la relación entre las percepciones de autenticidad y de falta de autenticidad de las personas con sus niveles de estrés y su grado de felicidad. Pidieron a los participantes que indicaran su nivel de estrés respondiendo con qué frecuencia durante el mes anterior habían sentido que sus vidas eran impredecibles («me ha molestado algo que ha sucedido inesperadamente»), incontrolables («me siento incapacidad de controlar los eventos de mi vida») y agotadoras («siento que no puedo estar al tanto de todas las cosas»)[4]. Además, les preguntaban sobre su felicidad o grado de satisfacción con su vida[5].

Los resultados de este estudio revelan un patrón fascinante que resalta los beneficios de la autenticidad para la salud emocional: La autenticidad está estadísticamente relacionada con mayor grado de felicidad y con niveles más bajos de estrés. Además, los investigadores descubrieron que las personas que se sentían auténticas también reportaban niveles más altos de autoestima y de gratitud, con correlaciones positivas y estadísticamente significativas.

Quizás lo más sorprendente es el efecto fuertemente negativo de los sentimientos subjetivos de *inautenticidad*, como experimentar el síndrome del impostor. Los resultados mostraron una correlación altamente negativa entre el síndrome del impostor y la autoestima, así como los niveles de gratitud. Las personas que muestran una imagen impostada reportaron niveles más bajos de autoestima y una menor gratitud hacia su vida.

En general, la autenticidad está asociada a emociones positivas. Piensa en ti, cuando actúas de acuerdo con sus valores y creencias, experimentas más emociones positivas, como ilusión, entusiasmo y confianza en tus habilidades. Por el contrario, cuando te alejas de tu esencia puedes experimentar el síndrome del impostor, te baja la autoestima, te asaltan las dudas sobre tus capacidades e incluso te cuestionas si te mereces el éxito que has logrado.

Conócete a ti mismo
¿Cuál es tu autenticidad e inautenticidad?

Te animo a que respondas al cuestionario desarrollado por Wood y su equipo. Indica el grado en que estas frases te describen, desde el 1, «No me describe en absoluto» al 7, «Me describe muy bien»:

1. Siempre defiendo lo que creo.
2. Soy fiel a mí mismo en la mayoría de las situaciones.
3. Creo que es mejor ser uno mismo que ser popular.
4. Vivo según mis propios valores y creencias[7].

A continuación, responde los siguientes cuatro elementos que evalúan la otra cara de la moneda, tus sentimientos de falta de autenticidad:

1. Siento que no me conozco muy bien.
2. Me siento alejado de mi esencia real o verdadero yo.
3. Me siento alienado de mí mismo.
4. No sé cómo me siento realmente por dentro[8].

Autocorrección: Suma tus puntuaciones de autenticidad y de inautenticidad. Puedes encontrar las claves al final del libro (Capítulo 1, Nota 7 y 8).

Este es un campo de investigación que encuentro apasionante. Hay otro estudio, dirigido por Wood que explora la relación entre la autenticidad y seis indicadores claves de la felicidad. La psicóloga Carol Ryff[6] de la Universidad de Wisconsin es una experta en el tema de la felicidad. En 1989, Ryff identificó y midió seis elementos de la felicidad: autonomía, control del entorno, crecimiento personal, relaciones positivas con los demás, propósito en la vida y autoaceptación.

Este estudio descubrió una relación estadísticamente significativa entre los sentimientos de autenticidad y el primer elemento de la felicidad: la autonomía. Así son las personas auténticas: son independientes, se resisten a las presiones sociales para actuar o pensar de manera convencional y dirigen sus acciones desde el interior. En el caso de Rafael de la Rubia, su autenticidad es claramente un reflejo de su necesidad de independencia.

Conócete a ti mismo
¿Cuál es tu nivel de autonomía?

Te dejo las seis afirmaciones de Ryff sobre la autonomía que caracterizan a las personas auténticas, que puede ayudarte a evaluar tu propia autonomía.

1. No tengo miedo a expresar mis opiniones, incluso cuando se oponen a las opiniones de la mayoría de las personas.
2. Ser feliz conmigo mismo es más importante que tener la aprobación de los demás.
3. La gente rara vez me convence de hacer cosas que no quiero hacer.

4. Confío en mis opiniones, incluso si son contrarias a las del consenso general.

5. No soy el tipo de persona que cede a las presiones sociales para pensar o actuar de cierta manera.

6. Me juzgo por lo que creo que es importante, no por lo que otros piensen que es importante.

Rafael, además de experimentar un alto nivel de autonomía, destaca en su capacidad para aprovechar todas y cada una de las oportunidades que la vida le va ofreciendo. En este sentido, el control o dominio del entorno es el segundo elemento de la felicidad, que en el estudio de Wood también está correlacionado significativamente con la autenticidad. Lo importante sobre las personas auténticas es que, al perseguir cada oportunidad también cambian y crecen, como veremos con más detalle en la segunda parte del libro.

Conócete a ti mismo

¿Cuál es tu nivel de control sobre tu entorno?

Te dejo las siete afirmaciones de Ryff sobre el dominio del entorno en el que sobresalen las personas auténticas:

1. En general, siento que tengo el control de la situación en la que vivo.

2. Soy bastante bueno manejando las muchas responsabilidades de mi vida diaria.

3. Si no estuviera satisfecho con mi situación de vida, tomaría medidas efectivas para cambiarla.

4. Por lo general, hago un buen trabajo en la gestión de mis finanzas y asuntos personales.
5. Soy bueno al administrar mi tiempo para poder hacer todo lo que tengo que hacer.
6. Mi vida diaria está llena de tareas, pero obtengo una sensación de satisfacción al estar al día con todo.
7. He podido construir un hogar y un estilo de vida propio que es de mi agrado.

Los estudios realizados por Wood y su equipo me resultaron tan interesantes que decidí investigar si esta relación positiva entre autenticidad y felicidad también existe en directivos de empresas. Con mi estudiante de doctorado Sam Samoulidis, realizamos un estudio con más de cien alumnos del Master en Business Administration de la IE Business School en Madrid. Estos participantes cuentan con un mínimo de 5 años de experiencia laboral y completaron los mismos cuestionarios que se utilizaron en el estudio original de Wood.

Me hizo mucha ilusión comprobar que los resultados de nuestro estudio replicaron exactamente las conclusiones del primer estudio de Wood y su equipo. Descubrimos que las personas con una alta autenticidad también reportaban niveles más bajos de estrés y mayores niveles de felicidad. Lo más interesante de nuestro estudio es que medimos los niveles de felicidad tres meses después. Este enfoque longitudinal demuestra que los beneficios de la autenticidad para la salud emocional se mantienen en el tiempo. La autenticidad al comienzo del MBA se asocia con más satisfacción con la vida en general tres meses después.

En la Figura 1.1., puedes encontrar un resumen de los resultados del estudio original de Wood: Las barras grises muestran la correlación entre autenticidad y los seis indicadores de salud emocional: A mayor autenticidad, mayor felicidad, menor estrés y mayor autoestima, gratitud, autonomía y control sobre el entorno. Por el contrario, las barras negras muestran la correlación entre inautenticidad y los mismos indicadores: La inautenticidad está asociada a menor felicidad, mayor estrés y menor autoestima, gratitud, autonomía y control del entorno.

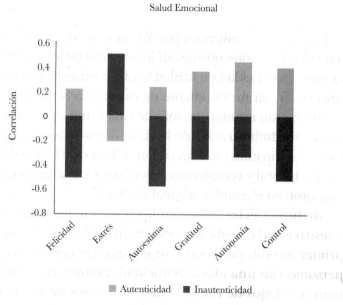

Salud Emocional

FIGURA 1.1. Correlaciones de autenticidad e inautenticidad con el bienestar psicológico.

Me parece fundamental comprender cómo nuestro bienestar psicológico, muy asociado a la autenticidad, influye en nuestros comportamientos sociales y quise profundizar en este tema. En otro estudio, exploramos la relación entre el bienestar psicológico y el capital social. Para llevar a cabo esta investigación, contamos con la participación de más de noventa alumnos del MBA en el IE Business School, quienes completaron la escala de bienestar psicológico de Ryff[9]. Para medir el capital social de los estudiantes, les proporcionamos una lista con los nombres de sus compañeros de clase y les pedimos que marcaran los nombres de las personas a las que acudían para pedir consejo sobre temas académicos.

Utilizando técnicas de análisis de redes sociales, identificamos a los líderes de popularidad. Es decir, aquellos estudiantes que eran más buscados como fuente de consejos y por lo tanto más centrales en la red de relaciones. Nuestros resultados revelaron una asociación muy interesante. El grado de popularidad de los estudiantes entre sus compañeros estaba asociado positivamente con su bienestar psicológico en tres de los indicadores de salud emocional: dominio del entorno, crecimiento personal y propósito en la vida[10].

¿Por qué sucede esto? Esto sucede porque la autenticidad está íntimamente relacionada con el bienestar psicológico que te hace más atractivo e influyente socialmente. Cuando te sientes bien contigo mismo, experimentas una mayor sensación de control sobre tu entorno, un propósito más claro en tu vida y un crecimiento personal. Estos aspectos del bienestar psicológico son altamente valorados por los demás que te perciben como una fuente valiosa de conocimiento. De esta manera, los sentimientos de bienestar te hacen socialmente atractivo porque proyectas confianza en ti mismo.

Por el contrario, cuando nos falta autenticidad, no tenemos un propósito claro en la vida, poco control sobre nuestro entorno y poco interés en el crecimiento personal, aumentan nuestros niveles de estrés y somos percibidos como menos atractivos e influyentes a los ojos de los demás.

Esta relación entre la autenticidad y la salud emocional tiene enormes repercusiones en la forma en que organizamos nuestra vida profesional y personal. Veamos cómo Rafael de la Rubia desarrolló su carrera en el deporte, el emprendimiento y la música, reinventándose en este proceso, adoptando los diferentes roles de su *yo proteico*, pero sin dejar de ser fiel a su esencia.

Una carrera en el deporte

Para disgusto de su padre, a Rafael no le gustaba el fútbol, como a la gran mayoría de sus compañeros de colegio en Aranjuez. Él se interesó por el atletismo y comenzó a correr en su ciudad natal, una pequeña comunidad famosa por su palacio real a unos 90 kilómetros al sur de Madrid. Algunos niños le tiraban piedras, pero Rafael no se desanimaba... admite que siempre ha sido un rebelde.

Por fortuna, justo cuando su interés por el atletismo comenzaba a desvanecerse, su escuela, que tenía un fuerte enfoque deportivo, le ayudó a seguir. La escuela cerraba las aulas durante una semana al año para organizar sus propias miniolimpiadas y, a lo largo de los años, varios atletas de alto nivel han salido de esta escuela. Al participar en estas miniolimipiadas, Rafael se dio cuenta de que corría más rápido que los demás y que tenía talento para el atletismo.

En 1978, tras finalizar el bachillerato a los dieciocho, decidió ingresar en la Academia General del Aire. Sus habilidades atléticas no pasaron desapercibidas y fue invitado a competir en los campeonatos universitarios de España, convirtiéndose en campeón universitario de la academia militar en los 100 y 200 metros, sin ningún entrenamiento formal. Esto reforzó su confianza de que tenía madera para ser un atleta profesional. Un año después abandonó la academia porque no encajaba con el carácter jerárquico del Ejército, y volvió a Aranjuez para incorporarse al club de atletismo del que ahora es presidente. En el club empezó a entrenar, y a ganar competiciones.

Rafael pasó del atletismo al pentatlón gracias a que, por fortuna, llevaba montando a caballo desde pequeño. El regimiento de caballería de Pavía decidió invitar a jóvenes locales que quisieran aprender a montar a caballo de forma gratuita. Y, a los dieciséis años, ya estaba ganando dinero con sus habilidades de equitación. Los residentes adinerados con grandes propiedades en la zona tenían dos o tres caballos que necesitaban ejercicio: Rafael montaba hasta doce caballos los fines de semana en varias fincas, lo que le permitió convertirse en un experto jinete. «Si siempre montas el mismo caballo, nunca aprenderás todas las formas en que un caballo puede reaccionar», explica.

A los treinta años, una nueva oportunidad deportiva se le presentó cuando lo invitaron a participar en una competencia de salto de caballo, la cual ganó. Entre los asistentes al evento se encontraban representantes de la federación española de pentatlón. Un deporte que consiste en atletismo, natación, esgrima, tiro al blanco con pistola y equitación. La intención de la federación era registrar atletas y nadadores que pudieran aprender fácilmente esgrima y tiro. Sin embargo, montar a caballo representaba un problema. La mayoría de los atletas habían aprendido montando un solo caballo, pero los participantes en las pruebas de pentatlón no pueden montar su propio caballo. El caballo se asigna por sorteo y lo único que se les da es un calentamiento de 10 minutos.

Como pocos atletas cumplían con los requisitos, la federación de pentatlón decidió cambiar su estrategia y reclutar jinetes que pudieran entrenarse en las otras disciplinas del evento. Los representantes que vieron montar a Rafael quedaron impresionados cuando supieron que era un excelente atleta y un buen nadador. Lo reclutaron y lo enviaron a un centro de formación de alto rendimiento en Madrid. Allí recibió formación en las dos disciplinas que no había practicado: esgrima y tiro, en las que realizaba tres entrenamientos diarios. De 6 a. m. a 8 a. m. entrenaba en la pista de atletismo. Durante su descanso de dos horas para almorzar, practicaba la natación, y desde las 9 p. m. hasta las 10:30 p. m., alternaba esgrima y tiro. Los fines de semana seguía montando a caballo.

Emprendedor

Pero Rafael sabía que nunca iba a ganar dinero con el atletismo y empezó a buscar trabajo. El primero que tuvo fue en una empresa de maquinaria, donde trabajó sin paga durante varios meses mientras aprendía el oficio en diferentes departamentos. Durante este tiempo, aprendió sobre administración de empresas y rápidamente se dio cuenta de que le apasionaban las ventas.

En 1985, con veinticinco años, se enteró de que SEAT, la compañía de automóviles española, abriría un concesionario en Aranjuez, propiedad de un conocido personaje local. Un día, paseando por la ciudad, vio en una peluquería al recién nombrado director de SEAT. Sin más, entró y se presentó. El hombre quedó tan sorprendido con su arrojo que lo entrevistó en el acto mientras le cortaban el pelo.

Invitaron a Rafael a una reunión esa misma noche y finalmente le ofrecieron un trabajo. Pasó tres meses en un curso de formación con SEAT y luego empezó a trabajar en el concesionario recién inaugurado. Seis meses más tarde fue nombrado director comercial y dos años más tarde, director general de SEAT, Audi y VW en España. Este fue el mundo empresarial en el que trabajó durante los siguientes trece años, con unas veinticinco personas a su cargo y con autonomía para administrar el negocio. «Aunque trabajaba para otros, sentía que trabajaba para mí porque tenía mucha libertad» me decía Rafael.

Al mismo tiempo, comenzó a pensar en las largas horas que trabajaba: algunos días tenía reuniones hasta la medianoche. El negocio fue un éxito, pero la rentabilidad importante era para los propietarios. Se preguntó sobre qué otras oportunidades profesionales podría buscar, dado que su única experiencia era en el sector automovilístico. A los treinta y ocho años tomó la segunda decisión más importante de su vida y renunció a SEAT para montar sus propios concesionarios de coches usados. Siempre había querido tener su propio negocio y sintió que la etapa de SEAT había llegado a su fin.

Aunque fue una decisión difícil, tenía plena confianza en sí mismo y en sus habilidades. El atletismo le enseñó la necesidad de creer en él. También le enseñó que, si bien el talento es esencial, no es nada sin disciplina y perseverancia. «En la pista de atletismo, el cronómetro te dice si has estado por debajo de tus expectativas», dice Rafael. Su filosofía es que ante el fracaso sólo hay dos opciones: tirar la toalla o regresar a la pista para ver dónde se ha fallado y seguir trabajando para mejorar. Cuando el fracaso sucede varias veces en una temporada, «aprendes a reflexionar, continuar y a creer que las cosas terminarán bien». Me resulta fascinante comprobar que esta determinación y optimismo es lo que caracteriza a aquellos que continúan esforzándose para conseguir sus metas.

El negocio de coches usados funcionó bien y Rafael pudo pagar sus préstamos a ocho años en sólo tres. En lugar de gastar las ganancias, invirtió en la empresa. «La empresa siempre estuvo bien dotada de recursos», dice, y explica que, por el contrario, su presupuesto personal era tan ajustado que se negó a comprar un televisor nuevo y prefirió esperar un año. Este es un buen ejemplo de cómo las prioridades del negocio están por encima de sus propios intereses.

Dice que aprendió la idea de reinvertir en la empresa de su primer jefe, el director de SEAT, con quien hablaba no sólo de trabajo sino también sobre la vida. El éxito de su negocio radicaba en tener un gran *stock* de coches usados que podía distribuir a sus socios de otros concesionarios. Esta red de socios mantuvo sus gastos generales bajos y las ventas altas, con buenos márgenes de ganancia. Durante los siguientes siete años la empresa creció y se consolidó.

Eventualmente, Rafael tomó la decisión de vender los negocios y dedicarse tiempo a sí mismo. A la edad de 43 años ya no tenía miedo de emprender una nueva empresa. Con seguridad financiera, se tomó el tiempo para pensar qué es lo que realmente quería hacer y cuánto costaría. «Necesito un proyecto que disfrute y que no me quite mucho tiempo», concluyó. Navegar en Ibiza cumplía ambas condiciones. Decidió trabajar cuatro o cinco meses al año en algo que realmente disfrutara y dedicar el resto del año a sus otras pasiones.

Vendió el inventario de vehículos a los socios que le habían ayudado y les alquiló el local. El alquiler de estas propiedades todavía le proporciona un ingreso regular que le brinda un tiempo invaluable. Su vida personal también sufrió un cambio cuando se separó de su esposa por mutuo acuerdo. Ella vio que su vida iba en una dirección diferente, dice Rafael. De igual modo, Rafael acepta que no es fácil estar en pareja con alguien que cuando no está en el mar durante cinco meses al año, está entrenando y trabajando en su música.

Carrera musical

Rafael dice que iniciar una carrera musical le dio la sensación de encontrar su verdadero yo. Aprendió a tocar la guitarra de forma autodidacta, practicando canciones como *Stairway to Heaven*, de Led Zeppelin, y yendo al cine varias veces para ver *The Song Remains the Same*.

Lleva varios años componiendo canciones y ha llenado un baúl con su material. Se puso en contacto con un familiar que tenía un pequeño estudio de grabación en Madrid y tímidamente le mostró el contenido. A partir de ahí, armaron juntos algunos arreglos y comenzaron a grabar. Sus primeras canciones las grabó una joven, todavía *amateur*. A medida que grababa más canciones, Rafael comenzó a tomarse la música más en serio y decidió cantar él mismo su material. Con el nombre artístico de Perro Gris, Rafael acepta que no es un cantante particularmente bueno, pero siente que él es la persona que mejor expresa sus propias canciones. Hasta el momento, ha grabado cinco discos.

Lo que más le gusta de la música es la fase creativa, el proceso de construir algo que le apasiona: «Trabajar en los arreglos, ver qué funciona y qué no, y si puedo transmitir la idea que quiero… Explorar cómo suenan las cosas cuando combinas tu voz con todas esas horas de ensayo». Ahora tiene un pequeño estudio en casa y de vez en cuando invita a algún amigo a tocar sus últimas composiciones.

Rafael dice que no gasta dinero en *marketing* y que su mayor placer proviene de esos días, semanas y meses que pasa ensayando y grabando. «El día que voy a grabar, estoy muy emocionado, no me importa nada más, apenas me importa si el álbum es un éxito o no».

La autenticidad se percibe en sus canciones: «Cuando escribes la letra de una canción, la sientes como propia».

Incluso cuando habla de las experiencias de otros, las hace suyas al cantar en primera persona y sentir empatía por esas personas. Cuando escribe una canción, dice que quiere que se identifiquen con su experiencia personal. El tema recurrente en sus canciones, la mayoría de las cuales escribe en la playa, es enamorarse y desenamorarse. Viaja a Ibiza antes de que comience la temporada de navegación, y pasa días y noches escribiendo canciones, la mayoría de las cuales ya han estado rondando su mente durante los meses anteriores en Madrid. Lo que busca es paz y tranquilidad para poder escribir.

A veces, los clientes de Rafael se sinceran mientras navegan con él, haciendo que él no sólo desempeñe el papel de guía marítima, sino también de *coach* de vida. «Es un buen lugar para conversar, la gente está de vacaciones y se relaja al pensar que nunca te volverá a ver», dice.

Hay canciones que están inspiradas en cosas que les han sucedido a sus amigos cercanos, como a Marc, su compañero de tripulación. Una noche en Ibiza, Marc lo llamó desesperado tras haber roto con su novia. Conoció a una mujer con una carrera profesional brillante y expectativas de estabilidad, pero la idea lo asustó y terminó la relación. Dos meses después, decidió intentar volver, pero ella había pasado página. Llamó a Rafael, entre lágrimas, preguntándole qué podía decirle a la mujer para convencerla. Así que esa noche Rafael escribió una canción llamada *Mi alma es para ti*, que aparece en su tercer álbum.

Rafael grabó la canción esa noche, acompañando su voz con la guitarra. Luego se la cantó a su amigo por teléfono, diciéndole, «esto es lo que tienes que decirle». Marc le confesó a su novia que esa era la mejor manera en que podía expresar sus sentimientos por ella. Ahora están comprometidos. Por supuesto, Rafael está invitado a la boda.

El *yo proteico*: Descubre todas las facetas de tu Ser

Cuando hablamos de autenticidad, muchos suponen erróneamente que debemos vernos como una persona unidimensional, acorde con una única y auténtica esencia. Sin embargo, nuestro verdadero yo puede incluir varias identidades. Es un *yo proteico*. ¿Significa que, al tener múltiples facetas, tienes que dejar de ser uno mismo? Claro que no.

Me parece importante puntualizar esta cuestión. El *yo proteico* es como un poliedro. Tiene muchas caras, pero en la base está tu esencia, que es común a todas tus caras. La tensión entre ser auténtico y adaptar nuestra forma de actuar a distintos entornos es crucial. Como ya has visto, Rafael tiene múltiples yo que activa según la situación. Todos tenemos diferentes *máscaras* que debemos ponernos y quitarnos dependiendo de los diferentes roles que adoptamos en nuestra vida diaria. Por ejemplo, jugamos el rol de líder, empleado, compañero de trabajo, amigo, padre, deportista, etc. La autenticidad no es un modo único de ser uno mismo. ¿Se puede entonces ser auténtico dada la necesidad de jugar todos estos múltiples roles?

La respuesta es claramente: ¡sí! Además, hay muchísimos atributos que describen nuestra forma de ser: extrovertido, cariñoso, alegre, nervioso, pensativo, ordenado, etc. Es normal que uno adopte unas características en unas situaciones y otras en situaciones diferentes. Lo importante es que no seas inconsistente, porque esto te hará parecer como alguien falso. Por ejemplo, ser extrovertido con tus amigos e introvertido en el trabajo. Como una persona con dos caras, una pública y otra con su círculo más cercano. Esta doble cara es muy característica de las personas narcisistas.

¿Qué dicen lo estudios científicos sobre este tema? Esta consistencia del autoconcepto es lo que estudió Susan

Harter, profesora emérita de Psicología en la Universidad de Denver y pionera en este tipo de investigación.

Harter se dio cuenta de que algunas personas se mostraban de forma inconsistente. Por ejemplo, una mujer dice: «En realidad me considero amigable y abierta a la gente, pero la forma como actúan las otras chicas me obliga a ser introvertida, aunque sé que ese no es mi verdadero yo». La idea de este ejercicio es crear conciencia de autenticidad a través de diferentes roles.

Hoy en día, la sociedad nos anima a crear *múltiples yo* asociados a diferentes roles o contextos. No sólo eso, sino que muchos de nosotros podemos tener diferentes experiencias en diferentes contextos. Por ejemplo, «uno puede sentirse deprimido con los padres, alegre con un grupo de amigos, tímido con una persona romántica, abierto con un amigo cercano, trabajador en la escuela, responsable en el trabajo, y menos responsable con los compañeros, etc.», explica Harter.

Debido a esta complejidad, las personas utilizamos la autenticidad como una cualidad personal relevante en nuestras conversaciones cotidianas para describir el comportamiento del yo verdadero con expresiones como «mi verdadero yo interior», «decir lo que realmente pienso o creo», «expresar mi opinión honesta» y «decirle a alguien cómo me siento realmente». El ser humano está predispuesto a buscar consistencia en sus acciones. La idea de ser inconsistentes nos crea ansiedad.

Pero también, estamos dispuestos a ocultar nuestros verdaderos pensamientos y sentimientos para encajar con el grupo. Por ejemplo, «decir lo que los demás quieren escuchar, no lo que realmente se piensa». En ocasiones, podemos mostrar nuestro *falso yo*, como *ser fake*, alguien que realmente no somos.

¿Mostramos la misma personalidad en diferentes roles?

Esta es la pregunta clave que abordan un grupo de psicólogos de la Universidad de Rochester, liderado por Kennon Sheldon[11]. Para ello, realizaron dos estudios muy interesantes.

Primero, pidieron a los participantes que respondieran un cuestionario sobre su nivel de autenticidad y al mismo tiempo evaluaron su personalidad. Los psicólogos, después de décadas de investigación, han llegado a la conclusión de que existen cinco grandes rasgos que describen la personalidad de una persona. Estos son los que se conocen con el acrónimo OCEAN: abierto a la experiencia (*open*), meticuloso (*conscientiousness*), extroversión (*extroversion*), amabilidad (*agreebleness*) y neuroticismo (*neuroticism*) de su personalidad[12]. Los participantes evaluaron su personalidad en cinco roles diferentes y relevantes en su vida: como estudiante, empleado, hijo/hija, amigo y pareja romántica.

En el segundo estudio, los participantes también evaluaron el nivel de conflicto que experimentaban entre cada rol. Por ejemplo, hasta qué punto el rol de empleado entra en conflicto con el rol de pareja.

Los resultados de estos estudios demuestran tres conclusiones fascinantes para desgranar la complejidad de la autenticidad:

1. Existe una marcada consistencia entre diferentes roles en todos los cinco rasgos de personalidad. Por ejemplo, las personas extrovertidas tendieron a estar por encima del promedio en todos los roles, pero expresaron su extroversión en un nivel más elevado en el rol de amigos y el menor en el de estudiantes. Las personas altamente concienzudas son siempre meticulosas, especialmente en el rol de empleados, pero se relajan más cuando están con amigos.

2. Las personas que demuestran unas pequeñas variaciones de la personalidad en diferentes roles aun así experimentan un sentimiento de autenticidad. Lo que sucede es que cierto grado de inconsistencia es normal. Por ejemplo, los participantes informaron «ser relativamente más extrovertidos en el papel de amigos, más neuróticos en el papel de estudiantes, más meticulosos en el papel de empleados, más abiertos a la experiencia en el papel de pareja romántica y menos complacientes en el papel de estudiantes e hijos».

3. Sin embargo, aquellas personas que demostraban un alto grado de inconsistencia en su personalidad entre sus diferentes roles se sentían menos auténticos y experimentaban menos bienestar general en su vida.

Como ya he explicado, cuando decimos que una persona es auténtica, podemos estar pensando en alguien con múltiples roles y pasiones que adapta su comportamiento a las señales situacionales inmediatas, sin que por ello se produzca un conflicto interno.

En 1974, Mark Snyder, psicólogo de la Universidad de Minesota, desarrolló el concepto de *self-monitoring* que en español se traduciría como autocontrol. Indica la habilidad de una persona para adaptar sus comportamientos en función de las diferentes situaciones sociales en su día a día[13]. Aquellos con un alto nivel de *automonitorización* saben leer bien las expectativas sociales y adaptan sus acciones a la situación. Es decir, ajustan sus comportamientos según las exigencias sociales de cada momento. Tienen la capacidad de controlar la forma en la que se presentan a la gente, en función de la impresión que quieran proyectar. Si creen que la imagen que están dando no es la adecuada, pueden cambiar con facilidad a otro aspecto de su personalidad que se ajuste mejor.

Por el contrario, aquellos con un bajo nivel de *automonito-rización* son menos capaces o están menos dispuestos a modificar su comportamiento. Les cuesta más cambiar su forma de actuar para ajustarse a las expectativas sociales de la situación.

Rafael de la Rubia es el vivo ejemplo de alta automonito-rización, sabe cómo mantenerse auténtico y a la vez adoptar distintos roles a lo largo de su vida. La razón por la que Rafael sigue siendo auténtico, a pesar de cambiar tanto a lo largo de su vida, es que sus valores fundamentales son consistentes en todas sus facetas profesionales y personales. Cuando compite, compone, da un concierto o trabaja en su velero adapta su comportamiento a la situación actual, pero su valor más profundo de libertad está presente es todos sus roles. Valora la autonomía y la independencia por encima del éxito financiero, y eso es consistente en sus múltiples roles profesionales y personales.

Conócete a ti mismo

¿Cuál es tu nivel de *automonitorización*?[14]

Te dejo este cuestionario para que averigües cuánto adaptas tu conducta en diferentes contextos sociales. Tienes que indicar el nivel de acuerdo con cada frase usando una escala del 1, «totalmente en desacuerdo», al 5, «totalmente de acuerdo»:

1. En situaciones sociales, tengo la capacidad de modificar mi comportamiento, si siento que se necesita algo diferente.
2. Tengo la capacidad de controlar la forma como me presento ante las personas, dependiendo de la impresión que deseo darles.

3. Cuando siento que la imagen que estoy presentando no funciona, puedo cambiarla fácilmente por una que sí lo haga.
4. Me resulta fácil cambiar mi comportamiento para adaptarlo a diferentes personas y situaciones.
5. Cuando podría representarme una ventaja, me es fácil presentar una buena cara.
6. He descubierto que puedo ajustar mi comportamiento para cumplir con los requisitos de cualquier situación en la que me encuentre.
7. Una vez que sé lo que requiere una situación, me resulta fácil regular mis acciones.[15]

Autocorrección: Suma las puntuaciones. Puedes ver la clave al final del libro (Capítulo 1, Nota 15).

Navegar por aguas turbulentas con autenticidad

Rafael de la Rubia utiliza la metáfora de la navegación para visualizar el liderazgo auténtico necesario para gestionar el cambio y las transiciones en tu vida. «Algunos líderes, como el capitán de un barco, están capacitados para dirigir un grupo por su capacidad técnica, pero un líder auténtico tiene una inteligencia emocional con la que se gana la confianza de la gente», dice. El verdadero líder consigue navegar las olas del cambio y las dificultades, inspirando la confianza y seguridad de que van a alcanzar con éxito su destino. Rafel sabe muy bien por su experiencia que: «Un líder auténtico te da la tranquilidad de que todo saldrá bien, de que se llegará a un buen puerto».

En el pasado, gestionar tu carrera y liderar equipos era como navegar por aguas tranquilas con pocos cambios. En la actualidad, lo normal entre los *millennials* es que se produzca un cambio de trabajo cada 3 o 5 años, para evitar una sensación de estancamiento. Liderar tu carrera y liderar este cambio es como navegar por aguas turbulentas. Crea incertidumbre y necesitas referentes que te guíen en este viaje. A lo largo de su vida multifacética, los referentes de Rafael han sido pocos, pero auténticos. En el deporte, su héroe es Carl Lewis, un atleta que destacó en diferentes disciplinas. Además, demostró que cuando lo vencían, trabajaba más duro para ganar. El tenista Rafa Nadal también ha sido una inspiración para Rafael: «Su humildad es una cualidad admirable en alguien que es el mejor del mundo en lo que hace». Y su ídolo musical es John Lennon, no sólo por sus canciones, sino por trabajar con gente tan talentosa como Paul McCartney.

El éxito no es el trofeo al llegar a la meta; sino la ilusión de una nueva carrera. Hace poco a Rafael se le pinchó una rueda del coche. Cuando buscó el repuesto en el maletero, encontró una medalla que había ganado por su segundo puesto en los 200 metros. Cuando gana una medalla, la lleva puesta durante los pocos minutos que está en el podio. En cuanto baja, se la quita y la guarda, pensando ya en la próxima competición. Hubo un tiempo en que para él fue importante ganar trofeos, pero dice que con los años se ha dado cuenta de que, si defines tu éxito en función del reconocimiento de la gente, la felicidad en tu ascenso puede igualarse a la infelicidad que te produce cuando estás abajo.

La autenticidad no es el destino; sino un viaje de múltiples caminos. Como escribió el poeta español Antonio Machado, «Caminante no hay camino, se hace camino al andar».

10 reglas para ser un verdadero líder cultivando TUS PASIONES

. . . .

Regla 1. Descubre tus pasiones.

¿Dónde está tu corazón? Dedica tiempo a explorar diferentes actividades para descubrir lo que te apasiona verdaderamente. Podemos descubrir nuestras pasiones al pensar en decisiones que tomamos en el pasado y que nos hacen entrar en un estado de *flow*. En el segundo capítulo de su vida, Rafael de la Rubia se dio cuenta de que tiene tres amores: el mar, el deporte y la música. No se siente presionado a elegir una única área, sino que permite que sus intereses evolucionen con el tiempo.

Sin embargo, la pasión por sí sola no es suficiente. Necesitas cultivar pasiones con perseverancia, paciencia, sacrificio y disciplina. Busca un equilibrio entre tus diversas áreas de interés y dedica energía a cada una de ellas, de acuerdo con tus prioridades. Ante el fracaso, la pasión de Rafael por lo que hace le da la motivación interna para «rearmarse y renovarse». Cultivar tus pasiones te brindará una vida llena de bienestar y felicidad.

Haz la prueba...

Identifica las actividades que más disfrutas y que encuentras intrínsicamente motivantes. Recuerda tus mejores momentos. Aquellos momentos cuando estás *en la zona*, porque tu cuerpo y tu mente están completamente concentrados en lo que estás haciendo.

Cuando algo te apasiona entras en estado de *flow*. El concepto de *flow*, propuesto en 1988 por el psicólogo Mikaly Csikszentmihalyi, se refiere a tus mejores momentos. Te encuentras tan implicado y consciente que parece que no te cuesta esfuerzo y te olvidas del tiempo y de lo que ocurre a tu alrededor. Esto sucede porque hay un balance entre los desafíos y tus habilidades.

Regla 2. Abraza la diversidad en tus pasiones.

Cuando te permites explorar y cultivar múltiples facetas de tu ser, estás invirtiendo en tu adaptabilidad. Todos creemos que la clave de la autenticidad es ser uno y el mismo. Pero no te sientas limitado por las expectativas sociales o por la necesidad de encajar en una única categoría. La autenticidad significa manejar múltiples identidades en diferentes situaciones y momentos.

De hecho, abrazar múltiples identidades te puede hacer más versátil y adaptable. Por ejemplo, Rafael encuentra una conexión inesperada entre su yo atlético y su yo musical. «Correr alimenta el cuerpo mientras que la música alimenta el alma», dice. La diversidad en tus pasiones te ofrece la oportunidad de ser fiel a tu *yo proteico* para disfrutar de una vida más plena, como una persona auténtica y a la vez multifacética.

Haz la prueba...

Ahora que ya has identificado tus pasiones, busca conexiones entre ellas para aprovechar las **sinergias**.

Regla 3. Escribe los diversos roles que desempeñas en tu vida.

Piensa en aquellos roles que son significativos para ti. Considera los roles sociales que te definen como persona en el trabajo, la familia o la comunidad. Por ejemplo, para Rafael de la Rubia estos roles podrían ser el de músico, empresario y padre. Analiza la coherencia de estos roles en diferentes situaciones y contextos. Ser auténtico implica tener conciencia de ti mismo en cada situación en particular.

Haz la prueba...

Realiza el ejercicio llamado procedimiento de los **múltiples yo**, propuesto por Susan Harter:

1. Piensa en cinco o seis roles. Por ejemplo, tu rol como padre o madre, empleado, compañero de trabajo, amigo, pareja o deportista.
2. Escribe cualidades que te describan en estos diferentes roles: cariñoso, extrovertido, introvertido, feliz, nervioso, hablador, organizado, creativo, detallista, etc.
3. Identifica si hay cualidades *opuestas* (por ejemplo, extrovertido con los amigos, pero introvertido con los jefes).

Cierta inconsistencia entre situaciones es normal, pero demasiado conflicto puede crear sentimientos de ansiedad.

Regla 4. Piensa en tu propia jerarquía de autoconcepto.

Reflexiona sobre el rol social que consideras más relevante para ti, aquel que destaca en tu mente, y sitúalo en la parte superior de una estructura jerárquica. Por ejemplo, en esta etapa de su vida profesional, Rafael podría ubicar el rol de músico en lo más alto de su jerarquía de autoconcepto. Esta representación visual te ayudará a tener claridad mental sobre cuál es tu prioridad y enfoque principal en tu vida actualmente.

Haz una pausa y reflexiona...

No todos los roles que desempeñamos tienen la misma importancia. El peso relativo de cada rol varía a lo largo de nuestra vida. Reflexiona cuál es el papel más importante para ti en estos momentos. Yo lo hago siempre que estoy viviendo una transición en mi vida y me ayuda a **priorizar** mi tiempo.

Regla 5. Comunica tu identidad a los demás de manera auténtica.

Comparte tus pasiones y entusiasmo con aquellos que te rodean. Cuando expresas sinceramente tu verdadero ser, creas conexiones emocionales con personas que comparten tu ilusión. Además, al comunicar tu visión honesta de ti mismo, evitas la disonancia cognitiva que surge cuando existe una discrepancia entre tu identidad y cómo los demás te perciben.

Este proceso se conoce como *negociación de identidad*. Por ejemplo, si alguien presenta a Rafael como empresario, él amablemente lo corrige: «Soy músico». Cuando transmites tu auténtico ser a los demás, estás construyendo una identidad coherente y una conexión honesta con quienes te rodean.

Haz una pausa y reflexiona...

Una vez que tienes claro qué rol es el que mejor te define actualmente, el siguiente paso es compartirlo con los demás. Intenta **expresar** en una frase cómo te gustaría que los demás te vieran y aprovecha las conversaciones para comunicárselo.

Regla 6. Rodéate de personas que apoyen y confirmen tu identidad.

Recuerda que tu entorno social puede influir en tu autenticidad. Los estudios demuestran que eres el promedio de las cinco personas con las que pasas más tiempo. Busca rodearte de personas que se alineen con la forma en que te ves a ti mismo y participa en actividades que refuercen tu identidad. Durante las transiciones en la vida, como la que experimentó Rafael de la Rubia, es especialmente importante buscar nuevas conversaciones con personas que se ajusten a tu nuevo yo, ofreciéndote el apoyo necesario para cultivar tu identidad en evolución.

Haz la prueba...

Elige a las personas que quieres tener en tu vida. Haz una lista de las **5 personas** con las que pasas más tiempo en tu día a día y evalúa hasta qué punto están alineadas con tu propia visión de ti mismo. Cuanto mayor sea el encaje, mayor sentido de autenticidad. Por el contrario, cuanto mayor sea el desfase, mayor ansiedad.

Regla 7. Haz transiciones de identidad de forma gradual y progresiva.

No se trata de abandonar radicalmente una faceta de tu vida para comenzar una nueva, sino de encontrar un contexto en el que puedas reafirmar tu confianza y autenticidad, al mismo tiempo que exploras otras posibles pasiones.

Rafael, por ejemplo, no renunció a su amor por el deporte, sino que buscó nuevas oportunidades al pasar del atletismo al pentatlón. Igualmente, en su faceta emprendedora, descubrió su pasión por las ventas y persiguió sin descanso la oportunidad de trabajar en SEAT, lo cual que le permitió empezar su propio negocio en la navegación. Recuerda que las transiciones graduales pueden proporcionarte la confianza necesaria para evitar el síndrome del impostor y experimentar con las nuevas facetas de ti mismo.

Haz una pausa y reflexiona...

¿Cuál es la **nueva faceta** de ti mismo que te gustaría explorar?

Sigue la regla del 90:90:1 de Robin Sharma. Dedica 90 minutos durante 90 días a 1 meta.

Regla 8. Sé estratégico en tus transiciones de roles profesionales y personales.

Es importante tener claridad sobre tus objetivos y crear un plan a largo plazo para alcanzarlos. Cuando Rafael decidió hacer un cambio en su vida, tenía un plan establecido. Vendió sus otros negocios y esto le permitió construir sobre el pasado, para enfocarse en su nueva pasión de futuro.

Tener una visión clara y un plan estratégico te ayudará a trazar un mapa del camino que tienes que recorrer para alcanzar tus metas y a tomar decisiones afines con tu autenticidad.

Haz la prueba...

Diseña un *road map* con los pasos que tendrías que seguir para conseguir tu meta en cinco años. Dibuja un mapa con los hitos que tienes que cumplir para una determinada fecha.

Regla 9. Busca la complementariedad entre tus múltiples roles.

Las habilidades y los valores que adquieres en un rol pueden ser aplicados a otros roles de tu vida. Rafael comparte su experiencia de cómo los valores que aprendió en la pista de atletismo se han convertido en pilares fundamentales en su nueva aventura empresarial.

Esta transferencia de habilidades y valores entre distintos roles te permitirá desarrollar confianza en ti mismo y la capacidad de reinventarte en diferentes áreas de tu vida. Aprovecha las sinergias entre tus distintas pasiones y roles para crecer como persona y como líder.

Haz una pausa y reflexiona...

Es muy normal sentir el síndrome del impostor cuando estás haciendo un cambio en tu carrera, porque durante los primeros momentos tienes que *fingir* ser lo que aspiras a ser, pero todavía no eres. Para acelerar tu autenticidad en el nuevo rol, no dudes en **transferir tus fortalezas** a la nueva situación.

Regla 10. Adapta tu comportamiento a distintos entornos sin perder tu esencia.

Es importante reconocer que, en la vida diaria, desempañamos diversos roles y debemos ajustar nuestra forma de actuar según el contexto. Cada rol que juegas en tu vida diaria laboral y personal requiere diferentes habilidades y comportamientos, pero eso no significa que debas perder tu autenticidad en el proceso. Recuerda que todos llevamos distintas *máscaras* que nos ponemos y quitamos según los roles que desempeñamos, ya sea como líderes, empleados, compañeros de trabajo, amigos o deportistas.

Haz una pausa y reflexiona...

Piensa en los entornos donde encuentras los mayores desafíos para **expresar tu autenticidad**. Por ejemplo:

En el ámbito laboral, puede ser complicado ser uno mismo y adherirse a normas corporativas, como la forma de vestir.

En el entorno familiar, te puede generar tensión cumplir con las expectativas de roles de género que no compartes.

Y en la era de las redes sociales, puedes sentirte presionado a mostrar una versión de ti mismo realzada para cumplir las expectativas sociales de perfección.

Busca cómo adaptarte a estos entornos sin perder tu esencia y persiguiendo tus pasiones.

En su manera genuina y auténtica, Richard Branson explica en su libro autobiográfico *Losing my Virginity* cómo sobrevivir, divertirse y hacer fortuna en los negocios. Puede que sea una fórmula difícil de imitar, pero si algo tienen en común Branson y De la Rubia es que a los dos les apasiona lo que hacen, que es algo que todos nosotros podemos intentar imitar.

2

HUMILDAD CARISMÁTICA: EL PODER DE LOS HÉROES COTIDIANOS

La belleza comienza en el momento en el que decides ser tú mismo.
El acto más valiente sigue siendo pensar por uno mismo. En voz alta.
Los tiempos difíciles despiertan un deseo instintivo de autenticidad.

COCO CHANEL

Coco Chanel es la única diseñadora de moda en la lista de las 100 personas más influyentes del siglo XX, en la revista *TIME*. Es admirada por sus ideas revolucionarias, su personalidad, determinación y vitalidad. Pero pocas personas conocen su origen humilde. Hija de un campesino y de una vendedora ambulante, tras la muerte de su madre, a los 12 años fue internada en un orfanato dirigido por un convento hasta los 18 años. La austeridad del convento en el que vivió su adolescencia inspiró su gusto por el blanco y negro, su filosofía de la belleza como sencillez y su ética de trabajo. Según Karen Karbo en su libro *El evangelio según Coco Chanel: Enseñanzas de vida de la mujer más elegante del mundo*, el secreto detrás del lujo de Chanel fue «su trabajo más allá de lo creíble». Además, Chanel se reinventó y desarrolló una habilidad natural para establecer contactos.

Es un ejemplo del poder de las ideas simples, pero revolucionarias. El pensamiento detrás del popular concepto del «pequeño vestido negro» en la década de 1920 fue brindar a las mujeres una elegancia asequible.

El caso de Hiroko Samejima: Pasión contagiosa por la sostenibilidad (Japón–Etiopía)

Al igual que Coco Chanel, Hiroko Samejima tiene una pasión revolucionaria y contagiosa por la moda. Hiroko consiguió lo que es un sueño para muchos diseñadores de moda, trabajar en Chanel. Pero, cuando se incorporó a la compañía, ella ya tenía en mente crear su propio negocio. Una idea que nació de los años que estuvo trabajando en Etiopía como voluntaria.

Hiroko Samejima es la fundadora, directora ejecutiva y diseñadora principal de Andu Amet, una marca de bolsos de cuero hechos con exquisita piel de oveja en Etiopía. Andu Amet significa *un año* en el lenguaje etíope, un nombre que refleja su compromiso por la moda sostenible. La filosofía de Hiroko es una reacción a un mundo de consumo desenfrenado, en el que los productos se compran y se dejan de usar al poco tiempo, porque hay que seguir comprando. Su visión es ofrecer a los consumidores algo que permaneciera en el tiempo. Esta filosofía la llevó a su proyecto empresarial. Un proyecto que tendía un puente entre su Japón natal y esa Etiopía en la que ejerció su voluntariado.

Yo conocí la historia de Hiroko a través de Hidemi Takano, una antigua alumna mía que trabajó como voluntaria en los inicios de la compañía y a la que estoy muy agradecida por hacer de intérprete en mi conversación con Hiroko. Sentí curiosidad por saber por qué alguien como Hidemi había trabajado gratis para una empresa. Ella lo hizo porque admiraba la filosofía que había detrás del proyecto de Andu

Amet y porque se contagió de la pasión con la que Hiroko enfrentaba su proyecto. Una pasión que resultó contagiosa.

Los líderes auténticos sienten verdadera pasión por lo que hacen. Su pasión es contagiosa y sus seguidores o empleados la detectan con facilidad. La pasión y el entusiasmo de estos líderes auténticos motiva a otras personas a comprometerse con sus ideales, dedicando su tiempo, compartiendo información y pensando en soluciones creativas. Y lo más fascinante es que los estudios científicos corroboran esta conclusión.

Investigación empírica: la felicidad es contagiosa

Siempre me ha fascinado esta investigación, de la que hablo en todas mis conferencias.

Durante dos décadas (1983-2003), en este estudio liderado por la Escuela de Medicina de la Universidad de Harvard, en colaboración con la Universidad de California, en San Diego, los profesores Nicholas Christakis y James Fowler siguieron periódicamente a un grupo de personas a las que preguntaban por su nivel de felicidad y por su red de contactos, aquellas personas con las que hablaban frecuentemente. Los resultados de este estudio único por su enfoque longitudinal están publicados en su libro *Conectados*[1].

Como puedes ver en la Figura 2.1, cada punto representa una persona y los diferentes colores muestran su nivel de felicidad. Los puntos blancos son las personas felices; los puntos negros representan las personas infelices o tristes; y lo puntos grises son aquellos que están entre medias. Si observas con detalle, ¿puedes apreciar algún patrón en la gráfica? Claramente lo que está sucediendo es que la gente se agrupa por colores. Es decir, las personas felices están junto a otras personas felices; y las personas tristes están cerca de otras que también se sienten tristes.

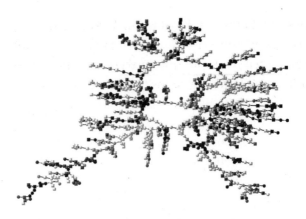

FIGURA 2.1. La felicidad es contagiosa.

¿Cuál es la razón? Primero, porque nos sentimos atraídos por otras personas que son parecidas a nosotros. Si somos optimistas, nos gustan las personas optimistas; pero si tendemos al pesimismo, preferimos estar rodeados de personas que también tiendan a ver la botella medio vacía. Pero, además, nos contagiamos de las emociones de aquellas personas que nos rodean. En el trabajo, por ejemplo, normalmente no elegimos a nuestro jefe o compañeros. Y si trabajamos en un equipo donde el jefe muestra pasión y entusiasmo nos vamos a contagiar de estas emociones positivas.

En el ámbito psicológico, esto se conoce como contagio emocional. La felicidad es como un virus que se trasmite de persona a persona. Al igual que el virus del covid-19, cuando estás cerca de otra persona que tiene el virus, tienes más probabilidades de contagiarte. Y siguiendo con esta analogía: no todas las personas poseen la misma carga viral. Los líderes, por su posición de poder tienen mayor carga viral que los demás miembros del grupo. Esto significa que, si el jefe llega de buen humor por la mañana a la oficina, su influencia será mayor para el resto del grupo que si el compañero está entusiasmado por el proyecto.

Nuestra felicidad está influenciada por las personas con las que nos conectamos directamente. Si quieres ser feliz, rodéate de gente feliz siempre que puedas. La felicidad es una «estampida emocional» entre los humanos, concluye Christakis.

FIGURA 2.2. El círculo de las emociones.

Piensa en tu red de contactos, en esas personas con las que compartes sentimientos positivos o negativos. Existe toda una ciencia de las emociones que nos ayuda a profundizar en esta idea. En 1992, los científicos Randy Larsen de la Universidad de Washington y Ed Diener de la Universidad de Illinois[2] proponen el conocido Círculo de las Emociones que clasifica las emociones en función de dos dimensiones: la valencia, positiva o negativa; y la intensidad, activa o pasiva. Estas dimensiones resultan en cuatro cuadrantes. Como puedes ver en la Figura 2.2, las emociones se pueden describir en este círculo.

Arriba a la derecha se encuentran las emociones positivas y activas como la felicidad. Abajo a la derecha tenemos las emociones positivas, pero de menor intensidad como la calma. Arriba a la izquierda puedes ver las emociones negativas fuertes como el miedo, y por último abajo a la izquierda quedan las emociones negativas, pero de menor intensidad como el aburrimiento. Entender esta clasificación de las emociones ayuda a identificar tus estados de ánimo.

Conócete a ti mismo

¿Cuál es tu estado de ánimo?

Responde el grado en que cada adjetivo describe tu estado de ánimo, usando una escala de cinco puntos: 0 = Nada, 1 = Un poco, 2 = Moderado, 3 = Bastante, 4 = Exacto.

__ Animado	__ Vital	__ Entusiasta
__ Relajado	__ Calmado	__ Tranquilo
__ Temeroso	__ Nervioso	__ Ansioso
__ Cansado	__ Perezoso	__ Aburrido[3]

Autocorrección: Suma las puntuaciones de cada fila. Puedes ver la clave al final del libro (Capítulo 2, Nota 3).

Autenticidad en el diseño: El ejemplo de la moda sostenible

Hiroko habla en voz baja, despacio, y piensa bien sus respuestas. Cuando charlo con ella, la veo exactamente igual que en la foto de su página web, donde sostiene el bolso de cuero que ha diseñado como una madre abrazaría a su bebé: feliz, atenta y atractiva.

El 1 de febrero de 2012, Hiroko lanzó Andu Amet en Japón. Luego compareció ante el Banco Mundial el 10 de julio de 2014 como «fundadora, directora ejecutiva y diseñadora de Andu Amet Ltd.». Su idea y entusiasmo por la moda sostenible se había hecho viral en las redes sociales.

Andu Amet es una marca de productos de cuero elaborados con el más exquisito cuero de oveja etíope, conocido como el mejor del mundo por su suavidad y durabilidad. Cuando Hiroko decidió que iba a crear una marca de bolsos de piel, decidió que esa piel debía ser la mejor del mundo, la que ella había conocido en Etiopía y que utilizan, entre otros, Mercedes-Benz para tapizar los asientos de sus coches.

Esa piel la une a unos diseños que combinan la elegancia, (no olvidemos su pasado en Chanel), el colorido de los países africanos y las técnicas tradicionales japonesas. Y todo ello con unos procesos de fabricación que siguen los principios Kaizen, un método de gestión de calidad que busca la mejora continua con pequeñas acciones que involucran a todos los trabajadores de la empresa.

Con todos estos principios metidos en su bolso, Hiroko ha ganado varios premios por sus esfuerzos de emprendedora, entre ellos el de Mujer del Año de la revista *Nikkei Woman*, en 2013, y el de Joven Innovadora de APEC (Cooperación Económica Asia-Pacífico). Y en 2014, acompañó al primer ministro japonés Shinzo Abe en su visita de Estado a Etiopía.

Encuentra tu IKIGAI: Productos auténticos

A pesar de este reconocimiento por el éxito de Andu Amet, Hiroko se muestra humilde. Cuando le pregunto sobre el secreto de su éxito, de inmediato responde: «Nuestra empresa es muy pequeña y no puede considerarse un éxito». Andu Amet tiene sólo quince empleados en Etiopía y dos empleados a tiempo completo en Japón, además de quince voluntarios.

Sin embargo, al hablar con ella me queda claro que la clave de su éxito radica en su compromiso para ofrecer el «producto más auténtico». Con una actitud positiva, Hiroko demuestra confianza en sus ideas, planes y principios, y ve oportunidades que sabe cómo hacerlas florecer para convertirlas en una realidad.

Probablemente hayas escuchado hablar del IKIGAI, el concepto japonés que se refiere a *tu propósito* o *tu razón de ser*. Desde la pandemia he intentado aplicar este concepto en mi propia vida. Según la cultura japonesa, todos tenemos un IKIGAI y nuestra responsabilidad es descubrir cuál es nuestro propósito en la vida. Esto requiere un trabajo de introspección, de autoconocimiento, para que puedas florecer. Si lo piensas, este concepto japonés es muy similar a la sabiduría de los filósofos griegos reflejada en la máxima de Sócrates «conócete a ti mismo» inscrita en el Oráculo de Delphi. Cuando descubres tu IKIGAI y te conoces a ti mismo, tu vida cobra sentido. Tienes la motivación para levantarte cada mañana.

Como puedes ver en la Figura 2.3, el IKIGAI se representa gráficamente con cuatro círculos que puedes aplicar a tu propia vida: lo que te apasiona (tu *flow*), lo que se te da bien (tus habilidades), aquello por lo que recibes una recompensa (tu profesión), y lo que el mundo necesita (tu impacto). Si estos cuatro elementos están superpuestos, has encontrado tu IKIGAI.

¿Por qué te traigo a colación ahora el concepto del IKAGAI? Porque vamos a ir viendo cómo Hiroko, siguiendo los valores de la cultura japonesa, ha encontrado su IKIGAI en la fabricación de productos sostenibles y bellos. Esto es lo que le da energía para los largos viajes entre Japón a Etiopía, y lo que le motiva a levantarse cada mañana para buscar los materiales más sostenibles, los diseños más bonitos y el proceso de producción de máxima calidad para producir excelentes productos.

FIGURA 2.3. El IKIGAI.

Lo primero que Hiroko busca es la materia prima. La piel de oveja etíope es utilizada por empresas líderes como Mercedes-Benz. Sin embargo, Hiroko me explica que debido a las asociaciones negativas que Etiopía todavía guarda en la mente de muchas personas, el país no vende el cuero directamente, sino que lo exporta a países como Italia y se vende desde allí como producto italiano.

En segundo lugar, Hiroko busca autenticidad en sus diseños. Para ello, se inspira en otras marcas líderes a nivel mundial como Chanel o Dior, así como las firmas japonesas HASUNA y People Tree, pionera de la moda de comercio justo. Su sueño es combinar la elegancia de estas marcas con los colores y diseños africanos.

En tercer lugar, Hiroko sigue el método *kaizen* de la cultura gerencial japonesa en su proceso de fabricación, resaltando la calidad y la mejora continua e involucrando a todos los trabajadores de la empresa. Las herramientas *kaizen* tiene como objetivo buscar siempre los mejores resultados, a través de pequeños cambios continuos de mejora, que provienen del desarrollo personal de cada uno de los empleados.

Cuando Hiroko acompañó al primer ministro japonés Abe a Etiopía el 14 de enero de 2014, tuvo la oportunidad de presentar públicamente muchas de sus ideas. El propio primer ministro en un discurso ante la Unión Africana en Addis Abeba explicó la esencia del método *kaizen* donde resalta sus beneficios: «se eliminan los despilfarros, los empleados reconocen la belleza de la cadena de producción y disfrutan de una sensación de logro». Todo ello, promueve un progreso sostenible, lo cual está completamente en línea con los valores éticos de Hiroko, que afirma que este enfoque también «fomenta la autoestima» de los empleados.

FOTOGRAFÍA 2.1. Hiroko Samejima, fundadora and directora ejecutiva de Andu Amet (Japón).

Aunque este método se ha extendido a otros muchos países como filosofía de liderazgo relacionada con el empoderamiento, Etiopía tiene el único Instituto Kaizen en el mundo fuera de Japón, y Hiroko ha sido una de sus mayores promotoras. Voy a desgranar su trayectoria profesional y personal en diferentes fases: desde sus inicios, los obstáculos, el punto de inflexión, el nuevo comienzo, hasta el desarrollo de su filosofía de liderazgo.

Los difíciles inicios: de la pasión a la acción

Los comienzos de Andu Amet fueron difíciles. «Era sólo yo. No tuve empresa en Etiopía durante los dos primeros años. Simplemente compraba una pequeña cantidad de bolsos en Etiopía y los vendía en Japón», explica Hiroko. Durante esos primeros dos años, Hiroko aprovechó para aprender sobre el producto y cómo hacer negocios en Etiopía. La pasión que mostraba por el proyecto persuadió a otros a unirse a ella.

¿De dónde viene su pasión? La pasión de Hiroko por la moda responsable tiene sus raíces en los años que pasó en Chanel. Se sintió atraída por la calidad de sus productos y por su historia. Cuando se unió a Chanel, Hiroko ya había decidido crear su propio negocio. Quería crear una marca como Chanel. Desarrolló la idea mientras trabajaba en Etiopía como voluntaria durante tres años con la Agencia de Cooperación Internacional de Japón.

Cuando le pregunté cómo se mantuvo motivada durante los difíciles inicios, me respondió con el carisma y la humildad que la caracterizan y con una gran confianza: «Sabía que podía hacerlo». Dice que sabía que el cuero que había encontrado era el de mejor calidad y que confiaba en sí misma como diseñadora, así como en sus habilidades como empresaria. Sólo era cuestión de tiempo que llegaran los premios y el reconocimiento.

Un punto de inflexión: convertirse en una celebridad nacional

El 9 de enero de 2014, Hiroko apareció en un programa muy popular en la televisión japonesa, convirtiéndose de la noche a la mañana en una celebridad nacional. Como resultado, hubo tal demanda de productos de Andu Amet que pronto se agotaron en boutiques y grandes almacenes e incluso la página web estaba tan saturada que se cerró por un tiempo. «Había mucho interés», recuerda Hiroko con su típica modestia.

«Esto tenía un lado bueno y un lado malo», continúa: la empresa atrajo a un gran número de clientes, pero justo acababa de rescindir el contrato a su socia comercial en Etiopía. Andu Amet se vio inundada de pedidos en Japón justo en el momento en que el proceso de fabricación se detuvo en Etiopía.

Cuando le pregunté sobre las razones por las que terminó la relación con su socia comercial etíope, apunta a conflictos por falta de comunicación. La líder del equipo etíope estaba motivada y era muy trabajadora, pero Hiroko comenzó a tener problemas relacionados con la planificación y el proceso de fabricación. Hiroko había planeado ampliar las instalaciones de producción, pero su socia comercial no estuvo de acuerdo y se cambió a otro lugar sin consultar a Hiroko. Su socia enviaba sólo uno o dos correos electrónicos al año, por lo que a Hiroko le resultaba muy difícil evaluar el progreso y los niveles de producción en Etiopía. A pesar de romper la relación profesional, Hiroko se muestra agradecida de lo mucho que ha aprendido de ella.

Después de finalizar el contrato con su socia, en 2014 Hiroko puso en marcha una nueva operación de fabricación y estableció su propia empresa en Etiopía.

Un nuevo comienzo: el renacimiento de Andu Amet

Tras su aparición en la televisión japonesa, tuvo que parar durante dos años todos los pedidos nuevos en las tiendas y durante un año en la página web. Durante este tiempo, Hiroko tomó la decisión de contratar aprendices etíopes junto con trabajadores más experimentados de otras empresas etíopes, a quienes un artesano japonés proporcionaba formación. La fábrica etíope ahora tiene quince nuevos empleados a tiempo completo.

Andu Amet comenzó a fabricar nuevamente en diciembre de 2015, primero abasteciendo su tienda *online* y desde marzo de 2016 también las tiendas físicas. El renacer de Andu Amet es sorprendente. Cada vez que visito su página web, quedo impresionada no sólo por la belleza y sofisticación de sus productos, sino también por su variedad. Detrás de este renacer hay mucho trabajo y compromiso. En el transcurso de dos años, Hiroko pasó once meses al año en Etiopía y un mes en Japón poniendo en práctica su peculiar filosofía de liderar personas y equipos con una buena dosis de humildad.

La filosofía de liderazgo de Andu Amet: la humildad

Hiroko superó estas dificultades gracias a una filosofía gerencial centrada en las personas. El objetivo de Hiroko es no sólo fabricar bolsos, «sino también sacar una sonrisa y dar felicidad a todas las partes interesadas: a nuestros clientes, diseñadores, fabricantes, artesanos y personal de las tiendas».

Para sus empleados en Etiopía —la mayoría con una educación elemental— la felicidad representa formación, un buen salario y una vida estable. En Japón, su equipo está formado por dos trabajadores a tiempo completo, uno a tiempo parcial y quince voluntarios. «Están bastante motivados por nuestra misión y nuestros productos», dice Hiroko, que sólo contrata a voluntarios que se comprometen a trabajar durante al menos un año. Seguro que te lo estás preguntando: ¿qué le motiva a una persona trabajar para una empresa gratis? Un miembro del equipo pro-bono explica sus razones: «No es cuestión de dinero, realmente me encanta el concepto de Andu Amet. En el futuro, me gustaría tener mi propia empresa».

Hiroko cree que otras personas se han sumado a su proyecto por su interés en África. Para la mayoría de los japoneses, África sigue siendo un lugar exótico pero desconocido, y trabajar en Andu Amet es una oportunidad para conocer un continente fascinante: algunos de sus empleados pro-bono han visitado la fábrica en Etiopía. Igual de importante es la oportunidad de aprender. Algunos de los trabajadores pro-bono quieren tener negocios similares a Andu Amet en la industria de la moda sostenible. En lugar de una amenaza, Hiroko los ve como futuros socios comerciales y señala que ella de hecho trabajó pro-bono para la marca de joyería sostenible HASUNA antes de lanzar Andu Amet.

Las colaboraciones con otras empresas es una relación de mutuo beneficio, puntualiza Hiroko: «Si el mercado de la moda sostenible en Japón se está expandiendo gracias a mi marca, es una gran noticia y podemos compartir mejores prácticas». La moda sostenible va más allá del comercio justo o el uso de materiales orgánicos. Cuando Hiroko trabajaba en la industria de la moda tradicional, se enfrentó al desafío de tener que crear un nuevo producto cada temporada. Lo que sucede es que la gente tiende a desechar la ropa y accesorios cada tres o seis meses. ¿Qué significa esta visión a corto plazo para los diseñadores? «Para los diseñadores esto hace que nuestro trabajo vaya perdiendo sentido, pues los productos se desechan muy rápido; los clientes gastan de más para mantenerse al día con la moda y se desperdician muchos recursos naturales».

Y entonces, ¿qué recomiendo? Para que la moda sostenible como la de Hiroko sea un éxito, no sólo hay que cambiar la cultura de las empresas, también hay que cambiar los hábitos y la mentalidad de los consumidores. En Japón, el terremoto de marzo de 2011 generó un impacto en la forma de pensar de los consumidores japoneses; provocó un mayor interés en los productos sostenibles y de comercio justo. Esta es una tendencia positiva e interesante.

De momento, Hiroko continúa su campaña de *marketing* para difundir su compromiso con la sostenibilidad, utilizando su experiencia en el departamento de *marketing* durante los años que trabajó en Chanel. Mantiene una activa presencia en las redes sociales a través de los blogs de Andu Amet en Facebook, Twitter e Instagram. Además, Hiroko es un conferenciante habitual sobre moda sostenible en universidades y empresas japonesas, y Andu Amet organiza eventos para promocionar sus productos, su historia y su marca.

Por qué las personas humildes son mejores líderes

La humildad es la base y fundamento de todas las virtudes, y que sin ella no hay alguna que lo sea.

MIGUEL DE CERVANTES

En mis años de doctorado en la Universidad de Nueva York investigué la imagen que inconscientemente tenemos de los líderes efectivos. Descubrí que tenemos una imagen heroica de los líderes en nuestra consciencia colectiva. Piensa en ti, ¿qué imagen te viene a la mente cuando piensas en un líder con éxito? Cuando realizo este pequeño ejercicio en mis conferencias, las personas normalmente imaginan a una persona con unas cualidades extraordinarias, a alguien perfecto que proyecta mucha confianza y seguridad en sí mismo. Ponemos a los líderes en un pedestal.

La investigación científica muestra justo lo contrario: las personas humildes son mejores líderes. Cuando elegimos a personas modestas y sin pretensiones como nuestros líderes, el mundo que nos rodea se convierte en un lugar mejor. En 2017, esta es la idea que desarrollo en mi artículo titulado «Si las personas humildes son mejores líderes: ¿Por qué elegimos a los carismáticos narcisistas?» y que está publicado en la revista *Harvard Business Review*. Este artículo fue la semilla de lo que ahora se ha convertido en este libro que tienes entre tus manos.

El liderazgo humilde es un tema apasionante que he investigado con más profundidad en la última década. Puede parecer contraintuitivo: ¿Por qué la humildad es una ventaja competitiva para los líderes? Los líderes modestos mejoran el desempeño de una empresa a largo plazo porque crean entornos más colaborativos, aprovechando el talento de los que les rodean. Tienen una visión equilibrada de sí mismos —tanto de sus virtudes, como de sus defectos— además de una gran apreciación de las fortalezas y contribuciones de los demás; a la vez, están abiertos a nuevas ideas y retroalimentación. Estos líderes humildes no son superhéroes, sino más bien antihéroes o simplemente héroes cotidianos que ayudan a quienes los rodean a desarrollar su autoestima, superar sus expectativas y crear una comunidad que canalice los esfuerzos individuales en un grupo organizado que trabaja por el bien del colectivo.

La humildad es un aspecto fundamental del verdadero líder para crear confianza. Cuando eres humildes, tienes una percepción equilibrada de ti mismo, tus fortalezas y tus limitaciones. Hay un dato interesante que ha encontrado la experta Herminia Ibarra de la London Business School y que puedes ver en la Figura 2.4. Desde la crisis global financiera en 2008, el número de artículos que mencionan la palabra «autenticidad» en sus títulos ha aumentado dramáticamente en publicaciones como el *New York Times, Financial Times, Washington Post, Forbes, Wall Street Journal* y *Harvard Business Review*.

Esta es la verdadera revolución del liderazgo. Dejar atrás al líder heroico, para dar paso al líder auténtico. La autenticidad es el antídoto a la desconfianza. Cuando aceptamos que nadie es perfecto, aceptamos nuestras imperfecciones y esta vulnerabilidad es lo que nos hace fuertes como equipo y organización.

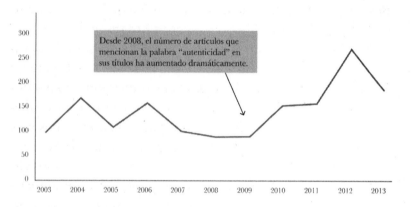

FIGURA 2.4. La importancia de la autenticidad.

Este interés de la sociedad por la autenticidad, también se ha visto reflejado en las investigaciones científicas sobre el liderazgo humilde, que han aumentado ampliamente en los últimos años. Te voy a ir explicando los beneficios de la humildad, tanto para el liderazgo estratégico de la empresa como para liderar equipos de alto rendimiento. Antes de continuar puedes medir tu nivel de humildad evaluando el grado en que nueve conductas, que caracterizan a las personas humildes, se aplican a ti.

Conócete a ti mismo

¿Cuál es tu nivel de humildad?

Indica el grado en que estás de acuerdo con las siguientes afirmaciones basadas en el sistema desarrollado por Bradley Owens, utilizando una escala de 1, «muy en desacuerdo», a 5, «muy de acuerdo». Alternativamente, puedes darle esta encuesta a una persona cercana y pedirle que la complete por ti:

1. Busco retroalimentación activamente, incluso si es crítica.
2. Admito cuando no sé cómo hacer algo.
3. Reconozco cuando otros tienen más conocimientos y habilidades que yo.
4. Me doy cuenta de las fortalezas de los demás.
5. A menudo felicito a los demás por sus fortalezas.
6. Reconozco las contribuciones únicas de los demás.
7. Estoy dispuesto a aprender de los demás.
8. Estoy abierto a las ideas de los demás.
9. Estoy abierto a los consejos de los demás.[7]

Autocorrección: Suma las puntuaciones. Puedes ver la clave al final del libro (Capítulo 2, Nota 7).

Un estudio en 2015 liderado por Amy Y. Ou de la Carey School de Business, de la Universidad de Arizona State, y su equipo David A. Waldman y Suzanne J. Peterson[4], investigó los beneficios de tener un líder humilde como director general de la empresa a nivel estratégico. Los sorprendentes resultados, analizando un total de 105 pequeñas y medianas empresas en el sector informático de Estados Unidos, y publicados en la revista *Journal of Management*, revelaron que la humildad no está reñida con un liderazgo empresarial efectivo. Todo lo contrario, cuando un CEO humilde está al frente de una empresa, mejora la estrategia y el desempeño de la compañía.

La humildad del CEO está estadísticamente relacionada con menor disparidad entre los salarios de los miembros de su equipo de alta dirección y mayor integración entre los miembros del equipo quienes comparten información. Como resultado de esta colaboración, la empresa adopta una estrategia ambidiestra en la que incluye tanto conductas de exploración («mi organización busca nuevas ideas tecnológicas») como de explotación («mi organización mejora lo que ofrece a sus clientes para que estén satisfechos»). Este enforque estratégico aumenta el ROA (*return on assets*, rendimiento de los activos), uno de los indicadores más importantes para medir los resultados de la compañía.

¿Qué efecto tiene la humildad del líder en la gestión de los equipos? En 2013, una investigación sobre la humildad del líder, en equipos de trabajo de entre 3 y 4 personas, fue liderada por Bradley Owens[5] de la Universidad de Brigham Young y sus coautores Michael Johnson y Terry Mitchell. El estudio incluyó un total de 218 líderes y 704 empleados de una gran organización de servicios de salud en Estados Unidos. Los empleados evalúan el nivel de humildad de sus líderes de equipo y sus actitudes en el trabajo.

Los resultados publicados en la revista *Organization Science*, demuestran que, cuando el líder del equipo expresa humildad, es decir reconoce las fortalezas y las contribuciones de los demás, en lugar de atribuirse todo el mérito del éxito a sí mismo, los miembros del equipo están estadísticamente más comprometidos y satisfechos con su trabajo.

Las conclusiones de este estudio sobre la humildad en el liderazgo están muy en línea con el brillante libro de Susan Cain, *El poder de los introvertidos en un mundo incapaz de callarse*. Te recomiendo que lo leas si quieres saber más sobre la introversión. Los autores recomiendan un enfoque de liderazgo «más silencioso» que fomenta la escucha activa, la vulnerabilidad, el reconocimiento de los errores y limitaciones personales y la apreciación del talento de la fuerza laboral, con el fin de conseguir el compromiso afectivo de la plantilla.

Entender el mecanismo por el cual los líderes humildes son más efectivos en los equipos es importante. En 2016, Bradley Owens y David Hekman[6] de la Universidad de Colorado demostraron que la humildad del líder es contagiosa: cuando los líderes se comportan con humildad, los seguidores imitan su actitud y comportamiento humilde. Los científicos examinaron 607 personas trabajando en 161 equipos. Las conclusiones, publicadas en el *Academy of Management Journal*, revelan que los equipos con líderes humildes se contagian de su conducta y son más propensos a admitir sus errores y limitaciones, compartir el centro de atención, elogiar la contribución de los demás y están más abiertos a nuevas ideas, consejos y comentarios.

Owens y Hekman diseñaron un ingenioso experimento para investigar el contagio de la humildad en equipos. Contrataron y formaron a cuatro actores para desempeñar cuatro papeles en equipos de trabajo: Líder humilde, cómplice del líder humilde, líder narcisista, y cómplice del líder narcisista.

Aquí te dejo el guión de una conversación típica del líder humilde con su cómplice en el equipo:

Líder humilde: Comencemos. ¿Qué opináis vosotros acerca de cómo hacer la tarea de clasificación? No me considero un experto en recursos humanos, pero tengo una sugerencia: ¿qué tal hacer la clasificación en orden ascendente? Es decir, clasificar los elementos del 1 al 20, de las prácticas más valiosas a las menos valiosas.

Cómplice: Tengo otra idea. ¿Qué tal si empezamos por poner un más junto a los mejores y un menos junto a los que creemos que son malos? Así hacemos un primer corte en los elementos y luego los revisamos y clasificamos individualmente.

Líder humilde: ¡Sí, gran idea! ¿Qué piensa el resto de vosotros? Aunque soy el líder, puede que no sea el que más sabe sobre las prácticas de recursos humanos y agradezco vuestras sugerencias.

(Espera a que los demás respondan, escucha y asiente).

Cómplice: Tener un primer corte en los elementos facilita las cosas.

Líder humilde: Realmente aprecio todas estas fabulosas ideas. Hagamos lo que Sarah ha sugerido.

Cómplice: ¡Sí!

Cómplice: ¡Bien! ¡Empecemos!

Por el contrario, este es el guión de una conversación típica entre un líder narcisista con su cómplice en el equipo:

Líder narcisista: Comencemos. Como soy el jefe, espero que podáis seguir mi sugerencia. ¿Podéis empezar clasificando en orden ascendente? Es decir, clasifiquéis los elementos del 1 al 20, desde las prácticas más valiosas hasta las menos valiosas.

Cómplice: Tengo otra idea. ¿Qué tal poner un más junto a los mejores y un menos junto a los que creemos que son malos? Así hacemos un primer corte en los elementos y luego los revisamos y clasificamos individualmente.

Líder narcisista: No, sigamos mi sugerencia. Me gusta más a mi manera. Estoy muy contento de haber sido elegido para ser el líder. El papel realmente encaja con mi personalidad.

Cómplice: Pero creo que mi manera también es buena.

Líder narcisista: No, sólo hacedlo a mi manera. Empecemos.

Las conclusiones del experimento son de lo más interesante: existe un contagio social de la humildad. Los equipos de líderes humildes desarrollan una humildad colectiva, lo cual aumenta el éxito del equipo. Como puedes ver en la Figura 2.5, los líderes que expresan humildad ayudan a sus equipos a transcender sus intereses individuales evitando la competición entre ellos, a no sobrestimar sus propias capacidades y a valorar la aportación de los demás. Este comportamiento desinteresado crea un clima de humildad en el equipo que hace que todos presten atención al éxito del equipo.

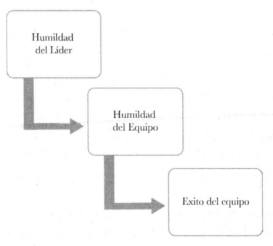

FIGURA 2.5. El contagio social de la humildad de un líder.

¿Qué está sucediendo? Muchos piensan erróneamente que la humildad es un signo de debilidad. Sin embargo, las conclusiones de estos estudios sugieren que la humildad está «lejos de ser un signo de debilidad... La humildad mantiene a las personas en un estado de continua adaptación. Los empleados están en estrecha sintonía con los líderes del equipo que expresan su auténtico y verdadero yo», afirman los expertos. De este modo, sirven de ejemplo para cada uno de los miembros del equipo, quienes se sienten cómodos expresando su autenticidad y respetando la singularidad de los demás.

La humildad te garantiza la adaptación y la sostenibilidad en tu vida y en la empresa.

Si las personas humildes son mejores líderes, ¿por qué elegimos a los narcisistas?[10]

> *La principal diferencia entre los humanos y los animales es que los animales nunca permitirían que los lidere el más estúpido de la manada.*
>
> WINSTON CHURCHILL

Acabamos de ver que las personas humildes son mejores líderes. Y entonces, ¿por qué elegimos a los líderes carismáticos narcisistas? Amamos a los líderes narcisistas a nuestro pesar. Nos seducen, pero con el tiempo destrozan al equipo o a la organización. Esta es la segunda parte de mi artículo original en *Harvard Business Review* donde intento dar respuesta a esta pregunta que considero fundamental para entender la revolución del liderazgo.

La palabra griega *kharisma* significa *regalo divino*, y carisma es la cualidad del encanto, el magnetismo y las conductas extraordinarias que hacen que una persona sea capaz de inspirar a otros. El sociólogo alemán Max Weber definió las personas carismáticas como «de origen divino o ejemplar, y en base a ello, estos individuos son tratados como líderes». La investigación científica sobre el liderazgo carismático revela que es más probable que las personas carismáticas sean consideradas líderes por sus altos niveles de energía y su comportamiento poco convencional.

Si bien el carisma es favorable para orquestar transformaciones positivas cuando va acompañado de una dosis de humildad, el liderazgo carismático puede tener un lado negativo, como explican los expertos Jay Conger y Rabindra Kanungo en libro *El liderazgo carismático en las organizaciones*[11]: «Los líderes carismáticos pueden ser propensos al narcisismo extremo que los lleva a promover objetivos autocomplacientes y grandilocuentes».

Los estudios científicos demuestran que cuando el carisma coincide con el narcisismo, los líderes tienden a abusar de su poder y aprovecharse de sus seguidores. Por ejemplo, un estudio liderado por Benjamin Galvin[12] en la Universidad de Washington demostró que los líderes narcisistas tienden a presentar un tipo de visión maravillosa (pero irrealista) para el futuro de la empresa, lo que los hace más carismáticos a los ojos de los demás y toman decisiones más arriesgadas para la empresa.

Y entonces, ¿pueden los líderes humildes ser carismáticos? Esta es una pregunta que me hacen muchas veces. Claramente, la respuesta es ¡sí! Los expertos están de acuerdo en que podríamos clasificar a los líderes carismáticos como *negativos* o *positivos* en función de la orientación que demuestran a conseguir sus propios objetivos egoístas o los objetivos colectivos del grupo.

Estos dos lados del liderazgo carismático también se conocen como carisma *personalizado* y *socializado*. Si bien el líder carismático socializado (humilde) tiene un aura de héroe, se contrarresta con un bajo autoritarismo y un genuino interés por el bienestar colectivo. En contraste, el heroísmo del líder carismático personalizado (narcisista) combina un alto autoritarismo con un interés egosita.

Puedes identificar a los líderes carismáticos narcisistas por una serie de conductas: tienen una visión grandilocuente de sí mismos, poca empatía, son dominantes con los demás, sienten que tienen más derechos y tienden a transformar su entorno en una competición, donde sus seguidores también se vuelven más egocéntricos y dan lugar a una cultura narcisista en la organización.

¿Cuándo estamos más en riesgo de elegir al líder carismático narcisista? Cuando estamos confundidos, desorientados y con miedo. En esta situación de crisis, los líderes carismáticos narcisistas aparecen como los salvadores. Son una solución fácil a corto plazo a esta situación de crisis. En cambio, cuando el equipo o la organización tienen claro los objetivos que quieren conseguir y los valores sobre cómo conseguirlos, el líder carismático humilde es el que surge como un medio para lograr la acción colectiva.

Las crisis nos hacen más vulnerables a elegir al líder equivocado. Las situaciones económicas y sociales inestables se convierten en una oportunidad única para los líderes narcisistas, que pueden manipular para su propio beneficio. Cuando nos enfrentamos a una crisis, como por ejemplo la crisis sanitaria del COVID-19, se crean condiciones de incertidumbre y miedo ideales para el ascenso de figuras carismáticas y en muchas ocasiones narcisistas. Estos son eventos que generan emociones de ansiedad, estrés, tristeza y angustia, que nos hacen más propensos a romantizar la visión grandilocuente de los líderes narcisistas. Necesitamos entender la psicología de los seguidores.

Soy una apasionada de la psicología. Esta pasión ha sido el motor que me ha llevado a tomar decisiones importantes en mi vida. Decidí dejar Madrid para estudiar el doctorado en Psicología del Desarrollo en la Universidad de Clark en Estados Unidos. Después de dos años, decidí que era el momento de profundizar en la psicología aplicada a la empresa y pasé un año estudiando en la Universidad de Harvard. Y cuando descubrí el trabajo del psicólogo social James Meindl sobre el romance del liderazgo quise completar mi doctorado en la Universidad Estatal de Nueva York investigando durante cuatro años el papel de los líderes en nuestras vidas, organizaciones y la sociedad en general.

La idea del romance del liderazgo sugiere que, en general, las personas tendemos a romantizar la figura del líder. Una de mis investigaciones lideradas en la Universidad Estatal de Nueva York[13] examina cómo nuestros estados emocionales influyen en la percepción y selección de nuestros líderes. Recuerda el círculo de emociones, donde vimos que la intensidad de la emoción es una característica importante. Cuando sentimos emociones de gran intensidad, tenemos *hambre de carisma*. Por lo tanto, los contextos estresantes o altamente emocionales aumentan nuestra búsqueda de líderes carismáticos.

Probamos esta idea con un experimento en el laboratorio. Manipulamos la intensidad de las emociones de las personas pidiéndoles que montaran una bicicleta estacionaria a baja o alta velocidad. Al mismo tiempo, veían el video de un líder empresarial durante diez minutos. Los resultados fueron fascinantes. Las personas con emociones de alta intensidad, aquellas que montaron la bicicleta a gran velocidad, percibían al líder del video más carismático que aquellas con emociones de baja intensidad.

En un momento de crisis con alta carga emocional, es más fácil dejarse seducir por superhéroes que podrían venir a rescatarnos, pero que posiblemente luego nos sumergirán en un peligro mayor. La paradoja es que entonces podemos optar por apoyar a los mismos líderes que tienen menos posibilidades de traernos el éxito, como sugiere Winston Churchill.

¿Por qué es más probable que esos líderes narcisistas lleguen a la cima de las organizaciones? Algunas investigaciones sugieren que, a pesar de ser percibidos como arrogantes, los individuos narcisistas irradian «una imagen de un líder típicamente efectivo». Los líderes narcisistas saben cómo llamar la atención sobre sí mismos. Disfrutan de la visibilidad y muestran una gran confianza y seguridad en sus habilidades. A las personas les lleva tiempo ver que estas primeras señales de competencia en realidad no se cumplen y que el narcisismo de un líder reduce el intercambio de información entre los miembros del equipo y, casi siempre, afecta negativamente el desempeño del grupo. Cuando se dan cuenta, puede que sea demasiado tarde, porque la persona narcisista ya ha alcanzado un puesto de poder en la organización, desde donde es más fácil manipular a otros.

Mientras, la humildad está estrechamente asociada a la autenticidad. El narcisismo es la antítesis a la autenticidad. La persona auténtica tiene una imagen balanceada de sus fortalezas y limitaciones. Por el contrario, la persona narcisista ha creado una imagen falsa y exagerada de sí misma, que se esfuerza por mantener de cara a los demás. Todos tenemos un pequeño grado de narcisismo que mantiene nuestra autoestima saludable. Sin embargo, las personas con un alto nivel de narcisismo pueden tener efectos negativos en los equipos, porque promueven la competitividad y generan falta de confianza. Ahora puedes evaluar tu nivel de narcisismo.

Conócete a ti mismo
¿Cuál es tu nivel de narcisismo?

Usando esta escala de narcisismo de nueve características, desarrollada por Daniel Jones y Delroy Paulhus de la Universidad de British Columbia, en Canadá, expertos en la Tríada Oscura de la personalidad.[8] Indica tu nivel de acuerdo con las siguientes afirmaciones utilizando una escala del 1, «muy en desacuerdo», al 5, «muy de acuerdo».

1. La gente me ve como alguien muy popular.
2. Me encanta ser el centro de atención.
3. Muchas actividades grupales tienden a ser aburridas sin mí.
4. Sé que soy especial porque todo el mundo me lo recuerda.
5. Me gusta conocer gente importante.
6. No me siento avergonzado si alguien me felicita.
7. Me han comparado con gente famosa.
8. No soy una persona promedio.
9. Insisto en recibir el respeto que merezco.[9]

Autocorrección: Suma las puntuaciones. Puedes ver la clave al final del libro (Capítulo 2, Nota 9).

¿Tenemos los líderes que nos merecemos? Elegimos y construimos colectivamente a nuestros líderes para satisfacer nuestras *propias* necesidades y deseos. Por lo tanto, tenemos el poder de tomar decisiones sobre si queremos seguir a verdaderos líderes o a superhéroes. Y tenemos la opción individual de convertirnos en líderes carismáticos humildes o narcisistas.

La ventaja competitiva de los líderes humildes: Gestionar el talento

Cuando le pregunto a Hiroko qué significa para ella el liderazgo, se toma un tiempo para pensar y responde: «Antes de comenzar este negocio, no era más que una diseñadora», pero después de establecer su empresa, su punto de vista sobre el liderazgo ha cambiado, ahora debe liderar personas.

Los líderes realizan su labor a través de las personas. Por supuesto, Hiroko todavía debe centrarse en el producto, pero al mismo tiempo debe pensar en aspectos más estratégicos, como la situación política en Etiopía, las ventas o sus empleados: la motivación de sus trabajadores en la fábrica de Etiopía y en los voluntarios en Japón para mantenerse fiel a sus principios éticos. En última instancia, lo más importante es mantener la confianza en sí misma. Dice: «Si dudo, nadie me seguirá».

La lección de liderazgo más importante que dice haber aprendido durante sus cinco años de experiencia como empresaria es la confianza en uno mismo: «Si confío en mí misma y en mis habilidades para hacer cosas buenas, la gente confiará en mí y me seguirá». La confianza en ella misma ha sido la clave para superar muchas de las dificultades a las que Hiroko se ha enfrentado a lo largo del camino.

Por ejemplo, un momento crítico es cuando terminó su relación comercial con su socia etíope. Hiroko recuerda su dilema: sabía que había clientes esperando sus productos y era consciente del riesgo de cancelar sus pedidos, pero, por otra parte, si no ponía el freno, no podría aplicar sus políticas de sostenibilidad. La conclusión fue evidente: «Tenía que ser leal a mis principios», dice Hiroko.

Para ser leal con esos principios de sostenibilidad, la empresa debe cumplir con cuatro criterios. Primero, la planificación y el diseño deben seguir el enfoque *kaizen* de involucrar a los empleados en la mejora de calidad. En segundo lugar, la obtención del cuero debe ser como subproducto del procesamiento de carne. Tercero, el procesamiento del cuero involucra productos químicos (como el cromo), por lo que es esencial un sistema de tratamiento de agua. Por ley, estos sistemas deben estar implementados en todas las fábricas de cuero, pero requieren un control estricto. Hiroko comprueba periódicamente si el sistema funciona correctamente y utiliza sólo cuero respetuoso con el medio ambiente.

Finalmente, las ventas y el *marketing* obedecen a principios éticos. Aunque sus productos son de alta gama (el precio medio de un bolso de piel de Andu Amet es de unos 1000 €), Hiroko no quiere vender sólo a clientes adinerados que podrían desechar el producto rápidamente. En cambio, espera que sus clientes objetivo usen el producto durante todo el año, haciendo justicia a su nombre, Andu Amet, y sea una inversión rentable.

¿Quiénes son sus clientes? Tras su aparición en televisión en 2014, su clientela se expandió para incluir un grupo demográfico más amplio. En la actualidad, suelen ser mujeres en sus treinta y cuarenta años, y la empresa acaba de lanzar una hermosa colección de bolsos para hombres. «No quiero vender a la gente rica y quedar atrapada en la moda rápida», dice. Hiroko siente un apego emocional con cada uno de los bolsos que fabrica de forma artesanal: «Son como mis hijos, realmente, forman parte de mi alma».

¿Qué hace a un verdadero líder?

Hiroko nació en Tokio en 1973 y estudió Bellas Artes en la Facultad de Arte y Diseño de Asagaya. Su madre era un ama de casa que apoyó el temprano interés de su hija por las artes. Le encantaba pintar, dibujar y tocar instrumentos, hasta tal punto que, en ocasiones, su madre le decía que dejara de dibujar y saliera a jugar con sus amigas.

Vivió en Irán durante dos años durante la guerra Irán-Irak por el trabajo de su padre, y recuerda la pobreza y la precariedad, y dice que la experiencia le cambió la forma de ver el mundo, pues la hizo consciente de la suerte que tenía. Recuerda su sorpresa cuando una señora iraní, que era muy amable con ella, se mostraba muy hostil con sus enemigos políticos. «La pobreza no es sólo el hambre, la pobreza cambia a las personas por dentro y hace que el mundo sea inestable y frágil», reflexiona Hiroko.

Dice que sus padres ahora están orgullosos de sus logros, aunque al principio no estaban muy contentos de que dejara una empresa como Chanel. «Chanel es una gran empresa y querían que me quedara allí», recuerda Hiroko. Cuando le digo que me parece una decisión valiente y arriesgada. Rápidamente me corrige: «No sentí que fuera arriesgada. Tenía mucha confianza en que tendría éxito».

Y esta confianza es el pilar de su éxito para el futuro. Al preguntarle sobre sus planes de futuro, responde: «Algunas personas piensan que Andu Amet es la mejor marca de moda sostenible en Japón». Quiere ir un paso más allá y aplicar principios *sostenibles* a otros productos y servicios. Por ejemplo, en 2017 empezó a fabricar chaquetas y vestidos de cuero. También tiene un plan a largo plazo: en unos diez años quiere construir un hotel y un restaurante y usar cuero etíope para decorar los interiores. «Ese es mi sueño», dice, y aplicar sus principios sostenibles de fabricación y diseños etíopes más allá de la moda.

El alma y la vida de Hiroko se dividen ahora entre Japón y Etiopía. Pero ya tiene en mente un plan de internacionalización. Espero que venga a España. Le encantaba nuestro país cuando visitaba de niña las Islas Baleares. Quizás algún día se tome unas vacaciones en uno de los yates de Rafael de la Rubia.

Por el momento, su misión es crear un puente entre su Japón natal y Etiopía basado en productos sostenibles. Algunos de los problemas entre estos dos países pueden resolverse al establecer relaciones comerciales y personales. Hiroko reconoce que hay otras personas que tienen más experiencia que ella en campos específicos como el diseño, la innovación o la gestión de marca. Sin embargo, su ventaja competitiva radica en que es la única persona capaz de integrar todos estos aspectos y tiene los contactos personales en ambos países.

Hiroko es una mujer humilde con confianza en sí misma que ha servido de modelo para la política económica del primer ministro japonés Shinzo Abe denominada los *abenomics*, medidas económicas que sólo tendrán éxito si se aprovecha al máximo el potencial de todas las personas en una cultura de humildad. Sin embargo, parece que vivimos en tiempos de narcisismo. A continuación, voy a compartir contigo mis últimas investigaciones sobre este tema, que pueden resultarte de gran utilidad para detectar a las personas narcisistas.

Narcisismo: la antítesis a la autenticidad

Netflix ha popularizado el narcisismo con series que satisfacen la curiosidad de los espectadores por historias de líderes glamurosos que acaban mal. Por ejemplo, la película documental *El estafador de Tinder* en 2022, que narra la historia de tres mujeres engañadas por Simon Leviev al que conocieron en esta aplicación digital de citas. Simon había creado una imagen falsa como hijo de un multimillonario en el negocio de los diamantes. Otro ejemplo es la miniserie *The Dropout*, del mismo año, protagonizada por Amanda Seyfried, por la que ganó un Emmy Award, interpretando a Elizabeth Holmes, la protagonista y fundadora de la empresa Theranos, quien actualmente está en la cárcel por fraude. Te recomiendo que las veas si quieres profundizar en esta trama.

Elisabeth Holmes cautivó a inversores, empleados, médicos y pacientes con su carisma y promesas vacías, ofreciendo una tecnología revolucionaria para los análisis de sangre. Algunos la consideraron la nueva Steve Jobs que dejó Stanford para cumplir el sueño americano de emprendedora hecha a sí misma. Un sueño que se quedó justo en eso, porque el aura de éxito que envuelve a la persona narcisista sólo consigue arruinar empresas y la vida de las personas que se involucran en sus proyectos.

Como ya he explicado, los seres humanos estamos programados para seguir a líderes que coordinen acciones colectivas y así poder alcanzar un fin común. El problema es que no nos sentimos particularmente imbuidos por el líder humilde. Nos cautivan los superhéroes y esto nos hace vulnerables a la seducción de los líderes narcisistas.

Los narcisistas tienen una concepción grandiosa de sí mismos, un alto sentido de autoimportancia, ambición desmesurada y un conjunto de fantasías sobre su éxito y poder. Son expertos manipuladores, que crean confusión desdibujando la línea entre la verdad y la mentira y tienen poca empatía por los demás. Estos rasgos destructivos están enmascarados con una buena dosis de carisma y una ilusoria simpatía, según la Asociación de Psiquiatría Americana. Esta imagen excepcional que han construido falsamente de sí mismos les hace atractivos y dignos de admiración.

Pero todo es una fachada que utilizan para aprovecharse de sus víctimas.

Un interesante estudio en 2021, de la Universidad de Bozen-Bolzano y la Universidad Politécnica de Milán realizado por Paola Rovell y Camilla Curnis, comparó el tiempo que tardan los directivos con rasgos narcisistas en alcanzar la posición de CEO de la empresa, comparado con otros directivos con las mismas cualificaciones. Los resultados, publicados en la revista *The Leadership Quarterly*, demostraron que los directivos con altos niveles de narcisismo ascendían la escalera corporativa 29% más rápidamente que los ejecutivos con competencias similares.

El narcisismo es parte de lo que se conoce como la Triada Oscura, junto con la psicopatía y el maquiavelismo. Estos rasgos de personalidad son más frecuentes en roles ejecutivos senior que en la población general. Diversos estudios apuntan que el porcentaje de estos rasgos de personalidad en roles ejecutivos altos puede alcanzar hasta el 20%, mientras que en la población en general es del 1%. ¿Por qué vemos este número desproporcionado de narcisistas en roles de alta dirección?

La gente con personalidad narcisista, en general, primero se ganan tu confianza con su amabilidad y su carisma. Esto es lo que se conoce como la etapa del enamoramiento. Una vez que estás emocionalmente involucrado, el narcisista espera tu lealtad para que compartas todo aquello que le puedas aportar, como información, dinero, o estatus. Utilizará todo tipo de tácticas de manipulación como el *gaslighting* (luz de gas) para que incluso dudes de tu propia realidad. Si deseas poner límites, el narcisista te va a descartar y penalizar.

Y entonces, ¿cómo detectar a un narcisista? Aquí te dejo cinco conductas de un líder narcisista:

1. Una imagen grandiosa de sí mismo: La persona narcisista tiene un aire de superioridad y vanidad. Se crea una imagen de éxito normalmente rodeándose sólo con personas de alto estatus.

2. Un déficit de empatía: En las primeras impresiones son encantadores, pero tienen dificultades para mantener relaciones con otras personas a largo plazo, por falta de empatía. Establecen relaciones instrumentales donde buscan su propio interés.

3. Una visión extraordinaria: Los narcisistas crean una visión atractiva que, en muchos casos, es recompensada en las organizaciones con más poder, admiración y dinero, pero que está lejos de la realidad. El problema es que sobrestiman sus habilidades y están tan ensimismados que no ven el talento de los demás. Sus planes ambiciosos suelen quedarse en proyectos frustrados.

4. Una cara amable y una cara oscura: Una de las señas de identidad de un narcisista es su doble cara. Tiene una cara estudiada y premeditada que es atractiva, divertida, simpática, carismática e inteligente. Desafortunadamente, esta es una imagen falsa que esconde una cara radicalmente distinta que puede ser distante, irónica e incluso agresiva.

5. Una comunicación de mentiras: El narcisista hace promesas que no va a cumplir. Estas mentiras pueden ir desde cosas más o menos irrelevantes, hasta manipular la información para obstaculizar el avance de tu carrera.

Diversos estudios en 2019 liderados en Stanford Business School, por los profesores de Comportamiento Organizacional Charles O´Reilly y Bernadette Doerr, examinan las consecuencias del liderazgo narcisista para las empresas. Las conclusiones, publicadas en la revista *Personality and Individual Differences*, demostraron que los líderes narcisistas ponen en riesgo a las organizaciones que lideran porque, debido a su motivación de perseguir únicamente sus propios intereses, actúan de forma irresponsable y transgreden normas sociales como mentir, engañar o manipular.

¿Qué le lleva a una persona a convertirse en un narcisista? El apego que establecemos con otras personas significativas y los valores que aprendemos en las primeras etapas de nuestra vida son fundamentales.[14] Un estudio revelador, liderado por Sean Martin de Boston College, Stéphane Côté de la Universidad de Toronto y Todd Woodru de la Academia Militar de West Point, muestra que, en igualdad de condiciones, aquellos soldados que venían de familias con mayores ingresos tenían puntuaciones más altas de narcisismo. ¿Por qué sucede esto?

Los expertos explican que crecer en familias adineradas puede crear una mentalidad de autosuficiencia y distanciamiento de los demás. Por el contrario, las personas de bajos ingresos, muchas veces, tienen que colaborar con otras personas para poder satisfacer sus necesidades más básicas. Esta dependencia les hace valorar en mayor medida el apoyo y la cercanía a los demás.

Aquí considero importante puntualizar que esto no significa que las personas que provienen de clases más acomodas se conviertan necesariamente en líderes narcisistas. Lo que más me interesa recalcar de este estudio es la conexión entre los valores y creencias de autosuficiencia con los que creces (que también es posible en familias de bajos ingresos) y la orientación a satisfacer tus propios intereses que es el estandarte del narcisismo.

10 reglas más para ser un verdadero líder practicando HUMILDAD CON PASIÓN

Regla 11. Contagia a otros con el virus de la pasión.

Sé un ejemplo de humildad con pasión. Expresa tu entusiasmo a través de tus palabras y acciones. Cuando te sientes realmente apasionado por una idea, tu emoción se ve reflejada en tu comportamiento, tanto verbal como no verbal. Una sonrisa genuina, los pequeños y sutiles movimientos de tu rostro y tu lenguaje corporal pueden transmitir emociones positivas.

Usa tu pasión para transmitir tu autenticidad y establecer vínculos emocionales con los demás, creando así un clima emocional positivo en el equipo. Incluso las acciones más simples, como la forma en que Hiroko sostiene sus bolsos de cuero, pueden transmitir un sentimiento positivo acerca de su compañía.

Haz la prueba...

Utiliza el **círculo de emociones** en la Figura 2.1 para identificar el sentimiento más frecuente que sientes en tu trabajo, en tu familia o con tus amigos.

Regla 12. Practica la humildad proyectando confianza y seguridad.

Como hemos visto la humildad no debe ser vista como un signo de debilidad; las personas humildes reconocen sus limitaciones, pero están abiertas a aprender de los demás y confían en que, si ponen el esfuerzo, van a conseguir sus propósitos. Por ejemplo, Hiroko muestra confianza en sus ideas, planes y principios.

Cuando te muestras humilde, pero al mismo tiempo con confianza en ti mismo, te conviertes en un ejemplo para los demás, que confían en tu visión y querrán seguir tu camino. Se consciente de tus fortalezas, pero también reconoce que siempre hay áreas en las que puedes mejorar y debes estar dispuesto a pedir ayuda.

Haz la prueba...

En tu ámbito laboral, escribe cinco fortalezas que destacarías en ti y cinco áreas que podrías desarrollar con la **ayuda de otros**.

Regla 13. Expresa gratitud y reconocimiento por la contribución de los demás.

Cuando admites que no sabes cómo hacer algo, es más probable que pidas ayuda. Las personas con rasgos narcisistas se sienten avergonzadas de pedir y recibir ayuda de otros, porque es inconsistente con su imagen endiosada. Por esta razón, intentarán llevarse el crédito por el trabajo de otros.

En cambio, una persona humilde reconoce la aportación de los demás públicamente. Por ejemplo, Hiroko estaba agradecida por todo lo que había aprendido de su socia comercial en Etiopía, incluso después de haber terminado su relación laboral.

Haz una pausa y reflexiona...

¿Reconoces los logros de los demás y expresas palabras de **agradecimiento** a otras personas en tu trabajo, en tu familia o con tus amigos?

Regla 14. Presta atención a cómo haces sentir a otros.

Me encanta la frase de la escritora Maya Angelou: «La gente olvidará lo que dijiste, olvidará lo que hiciste, pero nunca olvidará cómo la hiciste sentir». Todas las personas transmitimos un mensaje emocional consciente o inconscientemente. ¿Qué emociones transmites? ¿Cómo se sienten las personas después de hablar contigo?

Si alguna vez has tenido un jefe narcisista habrás podido darte cuenta de que después de una conversación con esa persona, te quedas sin energía. Las emociones negativas pueden ir desde una pequeña preocupación o tristeza a un miedo intenso y nerviosismo. Sin embargo, hay otras personas que en su presencia te sientes en calma y relajada, con vitalidad, energía y entusiasmo. La pasión de los líderes humildes, como Hiroko, se refleja en empleados vitales y enérgicos, que se sienten comprometidos y plenamente activos, fomentando así un entorno propicio para la creatividad en el trabajo.

Haz una pausa y reflexiona...

¿Cómo se sienten las personas en tu entorno laboral, familiar y de amistad después de **hablar contigo**? Puedes utilizar el círculo de emociones de la Figura 2.1 para ayudarte a identificar estas emociones positivas o negativas.

Regla 15. Unifica al equipo en torno a una visión que invite a la colaboración.

Cuando lideras con humildad, todos los miembros del equipo se sienten comprometidos con tu visión. Fusionan su propia identidad y sus intereses con los objetivos comunes. Esto les motiva a colaborar, porque las relaciones son mutuamente beneficiosas. Por el contrario, el líder narcisista tiende a atribuirse los éxitos y culpar a otros de los fracasos. Ve al equipo como un tablero de ajedrez donde unos ganan y otros pierden. Se crea un clima de competición.

Por ejemplo, Hiroko tiene la visión de promover la moda sostenible y se siente orgullosa de que otras empresas se sumen a esta causa. Lejos de temer a la competencia, promueve la cooperación.

Haz una pausa y reflexiona…

Las dinámicas de **cooperación** convierten a un grupo de personas en un verdadero equipo. ¿Están las personas en tu equipo interconectadas y se ayudan para lograr el objetivo final?

Regla 16. Aporta pasión con un propósito significativo.

Los líderes auténticos actúan como intérpretes, ayudando a las personas a encontrar un sentido y propósito en sus vidas. En las organizaciones, los líderes son fundamentales, para inspirar a través de un propósito con impacto social, para mejorar la vida de las personas. Motivan a otros con ideas significativas e inspiradoras que les permitan identificarse con su visión.

La visión de Hiroko para Andu Amet se centra en la moda sostenible, porque desea que su proyecto empresarial contribuya a hacer del mundo un lugar mejor. Cuando compartes un propósito que comunica claramente el significado de tu trabajo, inspiras a otros a unirse a tu causa.

Haz la prueba...

Describe tu trabajo, no de una forma operativa centrado en lo que haces, sino de una forma inspiracional prestando atención al **impacto** que tiene lo que haces en otras personas o cómo mejoras la vida de la gente (piensa en el círculo «lo que el mundo necesita» de tu IKIGAI que puedes ver en la Figura 2.3).

Regla 17. Identifica a los champions para transmitir tu pasión.

Como hemos visto la pasión es contagiosa, pero no todas las personas tienen la misma susceptibilidad de contagiarse. Al igual que en la transmisión de un resfriado u otra enfermedad contagiosa como el covid-19, hay personas que son más propensas a contagiarse. Aunque todos estamos programados para seguir a los líderes, los primeros seguidores que se contagian son aquellas personas que tiene una alta necesidad de buscar significado y se convierten en catalizadores para el resto del equipo o la organización.

Por ejemplo, Hiroko ha contagiado a personas que buscan una causa social y para las que, trabajar como voluntarios en su empresa en Japón, satisface esta necesidad. Recuerda como Hidemi dedicó su tiempo y esfuerzo por su compromiso social con la sostenibilidad durante más de un año.

Regla 18. Evita el carisma narcisista, busca un carisma social.

El carisma de los líderes narcisistas enmascara un comportamiento manipulador y egoísta centrado en su propio éxito. En cambio, los líderes humildes irradian un carisma que proviene de su transparencia y compromiso sincero a una causa social que genera beneficios para los *stakeholders* de la organización.

Hiroko es un ejemplo de esto cuando se convirtió en una celebridad nacional, tras su aparición en televisión. A pesar del reconocimiento, ella mantuvo sus pies sobre la tierra. Es muy interesante que etimológicamente la palabra humildad viene del latín *humilitas* que hace precisamente referencia al *humus* (la tierra). Estar cerca de la tierra. Esto supone tener una visión equilibrada de la situación y de ti mismo, reconociendo también nuestras limitaciones.

Regla 19. Cultiva la compasión para fortalecer tus relaciones.

Las emociones son sociales y se transmiten de persona a persona a través de la empatía. Las neuronas espejo en nuestro cerebro nos permiten sentir las emociones de los demás como si fueran propias. Por ejemplo, cuando Hiroko vivió en Irán durante dos años, presenció precariedad y pobreza, lo que transformó su perspectiva del mundo y le hizo apreciar su propia fortuna.

Al exponernos a las experiencias de personas diversas y en distintos contextos internacionales desarrollamos la empatía que nos motiva a actuar de forma altruista. Cultiva la compasión y crea un ambiente de solidaridad donde las personas se sientan valoradas.

Haz una pausa y reflexiona...

Piensa en tus **experiencias internacionales** con personas de otras culturas y reflexiona cómo han contribuido a desarrollar tu empatía.

Regla 20. Practica una pasión armoniosa.

Finalmente, la pasión adopta diferentes formas a lo largo del ciclo de vida de un negocio. Ser excesivamente apasionado por un rol específico puede limitar las oportunidades de cambio y progreso. Te puede costar salir de esa zona de confort.

Hay dos tipos de pasión: obsesiva y armoniosa. Es importante tener una pasión armoniosa que sea flexible y adaptable. Hiroko, como diseñadora, fundadora y promotora, demostró esta cualidad al desempeñar diferentes roles en su empresa. Ella pudo alternar entre el diseño, la creación y el desarrollo, adaptándose a las necesidades cambiantes de su negocio.

Haz una pausa y reflexiona...

Piensa en las distintas actividades que realizas en tu trabajo. ¿Estás priorizando demasiado un área y descuidando otras actividades que son igualmente importantes y que te ayudarían a **progresar**?

Por ejemplo, mi trabajo como profesora incluye actividades muy distintas como docencia, formación, investigación, divulgación, conferencias, *coaching* ejecutivo o consultoría. Me conozco bien y mi pasión por escribir puede llegar a ser obsesiva, por lo que intento corregirlo de forma intencional.

La historia de Coco Chanel es, sin duda, un ejemplo inspirador de liderazgo apasionado que surge de orígenes humildes. Coco Chanel, con su valentía y coraje logró superar numerosos obstáculos y adoptar nuevas ideas que revolucionó el mundo de la moda. Hiroko Samejima sigue los pasos de Coco Chanel al hablar con su propia voz para marcar la diferencia en la moda sostenible. Sus historias nos inspiran a ser auténticos con humildad y entusiasmo.

3

NARRATIVA AUTÉNTICA:
ABRAZA LA HISTORIA DE TU VIDA

Ten el coraje de seguir tu corazón y tu intuición.
De alguna manera saben en lo que realmente quieres convertirte.

STEVE JOBS

Steve Jobs revolucionó el mundo contemporáneo. Y contó la fascinante historia de su vida en menos de veinte minutos en su famoso discurso motivador en la Universidad de Stanford, en 2005. Jobs reveló los altibajos de su vida en sólo tres capítulos. «Hoy quiero contaros tres historias de mi vida. No es gran cosa. Sólo tres historias» dijo. Utilicemos como ejemplo la primera historia:

La primera historia es sobre conectar puntos. Me retiré del Reed College a los seis meses de iniciar los estudios, pero seguí asistiendo de modo intermitente a clases durante otros dieciocho meses más antes de abandonar. ¿Por qué lo deje?

Todo empezó antes de nacer. Mi madre biológica era una joven estudiante de universidad, soltera, que decidió darme en adopción. Ella creía firmemente que debía ser adoptado por estudiantes graduados. Por lo tanto, todo estaba dispuesto para que al nacer me adoptaran un abogado y su esposa. Sin embargo, cuando nací se dieron cuenta, en el último minuto, de que en realidad deseaban una niña. De este modo mis padres, que estaban en lista de espera, recibieron una llamada en mitad de la noche preguntándoles: «Tenemos un niño no deseado; ¿lo quieren?». Ellos contestaron: «Por supuesto».

Cuando mi madre biológica descubrió que mi madre nunca se había graduado en la universidad y que mi padre tampoco tenía estudios, se negó a firmar los papeles definitivos de la adopción. Sólo cambió de parecer unos meses más tarde, cuando mis padres le prometieron que, llegado el momento, yo iría a la universidad.

Y a los 17 años fui a la universidad. Ingenuamente escogí una casi tan cara como Stanford y todos los ahorros de mis padres, de clase trabajadora, se fueron en abonar la matrícula. Seis meses después, yo no había sido capaz de apreciar el valor de su esfuerzo. No tenía idea de lo que quería hacer con mi vida y tampoco sabía si la universidad me ayudaría a descubrirlo.

Decidí dejarlo y confiar en que todo iba a salir bien. Ese momento fue aterrador, pero mirando hacia atrás fue una de las mejores decisiones que he tomado nunca. Al dejar los estudios, pude prescindir de las clases obligatorias que no me interesaban y empecé a frecuentar con asiduidad las que sí consideraba interesantes.

No todo fue tan romántico como parece. No tenía dormitorio, dormía en el suelo de las habitaciones de amigos, devolvía botellas de Coca Cola a los depósitos para contar con los cinco centavos, para comprar comida, y todos los domingos por la noche caminaba once kilómetros para atravesar la ciudad y disfrutar de una comida decente a la semana en el templo de Hare Krishna. Me gustaba. Y gran parte de lo que encontré siguiendo mi curiosidad y mi intuición, más tarde resultó tener un valor incalculable.

Os pongo un ejemplo: en esa época Reed College ofrecía la que posiblemente era la mejor formación en caligrafía de todo el país. Cada cartel, cada etiqueta de cualquier cajón de la universidad estaban bellamente escritos en caligrafía a mano. Como había abandonado el curso y no tenía que asistir a las clases normales, decidí tomar una clase de caligrafía. Aprendí sobre tipografías con *serif* y sin *serif*, sobre las variaciones en la cantidad de espacio entre las distintas combinaciones de letras, sobre lo que hace grande a la tipografía. Era hermoso, histórico y de una sutileza artística que la ciencia no es capaz de capturar, y lo encontré fascinante.

A priori, nada de esto tenía una aplicación práctica en mi vida. Pero diez años más tarde, cuando estábamos diseñando el primer ordenador Macintosh, todo esto encontró su sentido. Y lo diseñamos dentro del Mac. Fue el primer ordenador con una bella tipografía. Si no hubiera asistido a ese curso en la universidad, el Mac nunca habría tenido las tipografías múltiples o unas fuentes proporcionalmente espaciadas. Y como Windows copió a Mac, es probable que no las tuviera ningún ordenador personal.

Si no hubiera dejado los estudios, nunca habría asistido a esa clase de caligrafía y posiblemente los ordenadores personales no tendrían las maravillosas tipografías que tienen en la actualidad. Evidentemente era imposible conectar los puntos mirando hacia el futuro cuando estaba en la universidad. Sin embargo, fue muy obvio cuando miraba al pasado diez años más tarde.

No podéis conectar los puntos mirando hacia el futuro, sólo podéis conectarlos mirando hacia el pasado. Por ello tenéis que confiar en que los puntos, de alguna manera, se conectarán en vuestro futuro. Tenéis que confiar en algo: el destino, el karma, vuestro instinto, lo que sea. Nunca he abandonado esta perspectiva y es la que ha marcado la diferencia en mi vida.

Revisar, escribir y reescribir la historia de tu vida significa mirar hacia atrás y conectar los puntos, como lo hizo Steve Jobs.

El caso de Carlo Volpi: Liderar a través de tu autobiografía (Italia)

· ·

Todos tenemos una historia de vida. Son historias forjadas a través de la adversidad y la superación. En nuestra historia, reconstruimos el pasado y anticipamos el futuro. En algunos casos la historia de vida está conectada a la historia de una empresa. Y esta historia es como un faro, que marca los valores de la empresa y su dirección para el futuro.

Me gusta hablar de Carlo Volpi porque su historia de vida está íntimamente ligada a la historia de su empresa. Carlo conecta los puntos y comparte su historia con todos los nuevos empleados para transmitirles sus valores: «Todo comenzó con una pequeña taberna que manejaban dos o tres personas. No sólo vendemos vino, vendemos vino y un nombre. El vino es el apellido de la familia y Volpi está en las etiquetas. Es importante porque la historia detrás del nombre da confianza a nuestros clientes».

Cantine Volpi se fundó en 1914 en la región de Piamonte, en el norte de Italia, como una pequeña taberna y bodega. Carlo Volpi, el actual presidente y CEO, no es ajeno a la adversidad, pues perdió a su padre cuando era un niño, y se tuvo que poner al frente de la empresa cuando su hermano mayor falleció siete años después. No sólo rescató un negocio familiar, sino también la identidad de su familia. Los vinos de Volpi se venden ahora en cuarenta países alrededor del mundo y han ganado numerosos premios, con una filosofía empresarial que combina la tradición con la innovación.

Desarrollar una visión para el futuro es importante, pero no es suficiente para Carlo Volpi. Los líderes auténticos, además de una visión, también construyen una historia verdaderamente inspiradora, un hilo conductor que da coherencia, sentido y significado a todo lo que hace su empresa. Estas historias muchas veces surgen con la superación de momentos críticos.

Un enfoque narrativo para el verdadero liderazgo

Soy una gran fan de los libros autobiográficos. Me encanta leer sobre la vida de personas que han tenido un impacto positivo en la sociedad para entender su psicología. Cuando descubrí el trabajo de Boas Shamir, antiguo profesor de Sociología en la Universidad Hebrea de Jerusalén, y pionero en aplicar el análisis de la historia de vida al liderazgo, me puse en contacto con él para profundizar sobre este tema. En 2007, invité a Shamir a dar una charla en IE Business School y fue una de las más inspiradoras que jamás he escuchado. Su mensaje fue claro: «Los líderes pueden ser más efectivos cuando comparten relatos de su autobiografía».

¿Por qué los líderes comparten historias sobre su vida? Basado en los resultados de diversas investigaciones publicadas con sus colegas en 2005.[1], Shamir identificó cuatro razones:

1. Justificar su liderazgo con confianza.
2. Transmitir información sobre sus habilidades, valores y logros.
3. Presentarse como modelos a seguir.
4. Crear seguidores que se convierte en futuros líderes.

Los verdaderos líderes cuentan historias que resaltan las similitudes entre ellos y los miembros de su equipo y organización en términos de valores y preferencias. Esta identificación personal crea un apego afectivo con el líder que fomenta el compromiso con su mensaje y visión.

Entonces, ¿cómo construyen los líderes sus historias de liderazgo? Igual que en la literatura hay siete tramas básicas, Shamir y sus colegas querían descubrir las tramas básicas que utilizan los líderes para contar sus historias. Analizaron once autobiografías de líderes mundiales y dieciséis entrevistas detalladas con directivos en empresas en el sector tecnológico en Israel. Los resultados de este estudio publicados en la revista *The Leadership Quarterly* demostró que, la mayoría de las historias narrativas sobre cómo se han convertido en líderes, se pueden clasificar en cuatro tramas.

Estas son las cuatro tramas básicas de las historias de liderazgo:

1. **Un proceso natural**: la historia de un líder nato, que desde los inicios ha asumido papeles de responsabilidad liderando grupos, como Bill Clinton.
2. **Un producto de la lucha**: la historia sobre la superación de muchas dificultades, como hemos visto en el caso de Steve Jobs.
3. **A través de una causa**: la historia que combina una narrativa personal con la de un pueblo, como la de Nelson Mandela.
4. **Aprender de la experiencia**: la historia de aprendizaje de los fracasos personales a lo largo de la vida, como Oprah Winfrey.

La charla de Boas Shamir finalizó con dos recomendaciones que considero de enorme valor para los líderes y que aplico en mis cursos de formación para desarrollar el liderazgo auténtico: (1) «Quién eres puede ser más importante que lo que haces…, vive una vida plena»; y (2) «el desarrollo de líderes debe enfocarse menos en la adquisición de habilidades y más en ayudar a los líderes a alcanzar el autoconocimiento, a través del análisis de sus propias historias de vida».

¿Funcionan estas recomendaciones? En 2012, un estudio realizado por Courtney Calinog en la Universidad Northwestern[2] puso a prueba esta idea, comparando la percepción que las personas tienen de un líder antes y después de compartir partes de su autobiografía.

Como puedes ver en la Figura 3.1, los resultados muestran significativamente que después de escuchar historias del líder, las personas perciben al líder con mayor autenticidad: 72% más transparente, 50% más autoconsciente y 35% más humilde y ético. Otro hallazgo interesante es que el tipo de historia que generó el mayor impacto en las percepciones de autenticidad son las historias de superación, cuando el líder narra cómo haya llegado al éxito, superando dificultades personales y lo que ha aprendido de ellas.

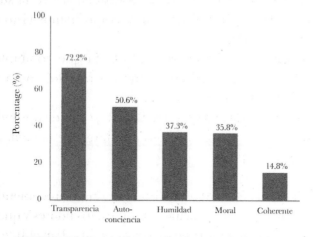

FIGURA 3.1. Percepciones sobre la autenticidad de un líder después de compartir su historia de vida.

Vamos a ir viendo cómo Carlo Volpi desarrolló una narrativa auténtica entrelazando su vida personal con la empresarial.

La historia detrás del nombre

Conocí a Carlo Volpi a través de su hijo Marco, un antiguo alumno mío del máster en *management,* quien me había hablado sobre su empresa familiar. Carlo había preparado respuestas a todas las preguntas que le había enviado por *email* antes de nuestra entrevista. Su apariencia es casual, amigable, pero asertiva. Su confianza en sí mismo y en su negocio es inquebrantable. Sentado junto a su hijo Marco, Carlo es un apasionado, no sólo de su vino, sino también de su familia.

Comenzamos con la historia que narra la fundación de la empresa familiar:

> Cantine Volpi es una empresa familiar fundada en 1914 por mis bisabuelos en Tortona, en la región de Piamonte, alrededor del río Po en los Apeninos ligures. Esta tierra es famosa en todo el mundo por sus vinos de calidad como Barbera, Timorasso y Cortese. A partir de las variedades de uva que se encuentran aquí, la pequeña bodega comenzó a producir exclusivamente una pequeña cantidad de botellas al año para el otro negocio de la familia, una pequeña taberna. La demanda del vino Volpi aumentó durante la Primera Guerra Mundial porque el restaurante de la familia Volpi era muy popular entre los soldados, en los cuarteles cercanos de Tortona. Apreciaban el vino además de la comida. A medida que aumentaba la popularidad de los vinos, el enfoque del negocio familiar cambió de la taberna, a la industria del vino.

A pesar de los vaivenes de cada temporada, la historia de Volpi asegura al cliente que está comprando un vino de máxima calidad. Esto es lo que se afirma en el sitio web de Volpi:

A través de las generaciones, la empresa ha sabido construir, paso a paso, un carácter distintivo y una imagen de alta calidad para sus vinos, tanto en el mercado nacional como en el internacional. Cortese, Barbera y Dolcetto se elaboran con una cuidadosa y adecuada vinificación en la bodega de Viguzzolo, [el] centro de recolección y prensado de la uva durante casi cincuenta años... Hoy, la combinación entre experiencia y tecnología asegura la mejor calidad de vino.

La historia de Volpi juega con la tradición para construir un futuro innovador. Su narrativa conecta los puntos en el pasado para dar continuidad a las generaciones futuras.

FOTOGRAFÍA 3.1. Carlo Volpi,
director general de Cantine Volpi (Italia).

La neurociencia detrás de las historias

Narrar historias es una herramienta poderosa que durante miles de años ha ayudado a las personas a aprender, recordar y cambiar. Nuestro cerebro está programado para escuchar historias. Una de las razones por las que construimos historias es para dar coherencia a nuestras experiencias, buscando patrones y un hilo conductor que da sentido a nuestro pasado, hasta convertirnos en la persona que somos hoy.

Gracias a los avances de la neurociencia con las técnicas de fMRI —resonancia magnética imaginaria funcional—, que detecta la actividad neuronal de distintas áreas del cerebro, ahora sabemos que las historias también cambian el funcionamiento de nuestro cerebro. Según Jenny Nabben, autora del libro *Influence*, nuestro cerebro procesa la información de distinta manera cuando escuchamos datos que cuando escuchamos una historia.

Como puedes ver en la Figura 3.2.a, cuando nos presentan simplemente información en forma de datos, gráficas o *powerpoint*; sólo dos partes de nuestro cerebro se activan: las áreas de Broca y Wernicke, encargadas del procesamiento del lenguaje y donde decodificamos el significado de las palabras.

Por el contrario, cuando escuchamos historias, se activan múltiples áreas del cerebro, como la corteza motora, la corteza sensorial y la corteza frontal que, juntas, provocan emociones y empatía. De esta forma, el cerebro crea imágenes con una carga emocional. La amígdala, del tamaño y forma de una almendra, que es el centro emocional de nuestro cerebro, se activa para evocar recuerdos emocionales que nos permiten empatizar con los personajes de la historia. De hecho, la persona que escucha la historia tiene prácticamente la misma respuesta neuronal que la persona que está viviendo o contando la experiencia. Keith Oatly, psicóloga cognitiva de la Universidad de Toronto, explica que las historias funcionan como una *simulación de la realidad* que «se activan en la mente de los oyentes o lectores como si fueran reales».

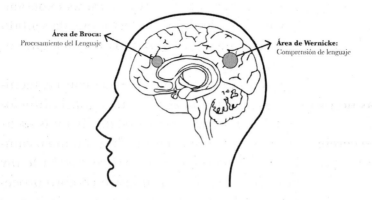

FIGURA 3.2.a. Las dos regiones del cerebro
activadas cuando escuchamos datos.

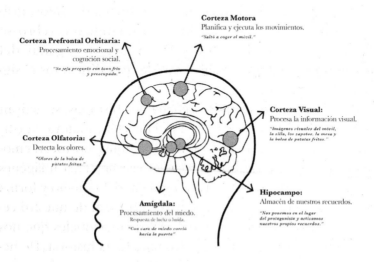

FIGURA 3.2.b. Múltiples regiones del cerebro
activadas cuando escuchamos historias.

Un dato interesante es que la historias se recuerdan 22 veces más que solamente datos. Esto es lo que Jennifer Aaker, profesora de Marketing en la Escuela de Negocios de Stanford, descubrió cuando las personas escuchaban historias que describen con detalle las acciones y el contexto del protagonista. Considera por ejemplo esta historia:

«Juan se había tomado un descanso del trabajo. Se quitó los zapatos y puso los pies sobre la mesa, a la vez que abría una bolsa de patatas fritas. De repente, sonó el teléfono móvil y saltó rápidamente de su silla para coger el teléfono, que estaba al otro lado de la habitación. Era su jefa que preguntaba con un tono frío y preocupado si había terminado el informe. Cuando colgó el teléfono volvió a su mesa tiró la bolsa de patatas fritas vacía a la papelera y con cara de miedo corrió hacia la puerta».

Como puedes ver en la Figura 3.2.b, cuando escuchas esta historia, múltiples regiones de la corteza cerebral se activan relacionadas con el gusto (el sabor de la bolsa de patatas, que te puede hacer la boca agua), los sonidos (el ruido del móvil), visual (imagen de una oficina de trabajo) e incluso motora (saltando a coger el teléfono). Además, se activa la amígdala que produce reacciones emocionales, como si nos llamara nuestro propio jefe basado en nuestras experiencias pasadas. Aaker concluye que «narrar historias produce una activación en la corteza sensorial del cerebro, lo que puede hacer que sientas, escuches, saborees y huelas la historia».

Haz la prueba: ¿Qué sucede cuando lees el siguiente pasaje sobre la historia de Cantine Volpi?

Cantine Volpi es una empresa familiar fundada en 1914 por mis bisabuelos en Tortona, en la región del Piamonte, alrededor del río Po en los Apeninos ligures... La demanda de vino Volpi aumentó durante la Primera Guerra Mundial porque el restaurante de la familia Volpi era muy popular entre los soldados en los cuarteles cercanos de Tortona. Apreciaron el vino además de la comida.

Múltiples regiones de tu cerebro se *encienden* cuando escuchas esta historia:

- La amígdala, que está asociada con las emociones, se activa cuando lees «un negocio familiar», porque puede evocar en ti recuerdos de tu propia familia.
- La corteza visual y auditiva se estimula al visualizar el paisaje del Po y las montañas de los Apeninos, y evocar colores, formas y sonidos familiares.
- La corteza motora se dispara al imaginar a los soldados caminando desde su cuartel hacia la cantina.
- La corteza olfativa se ilumina ante los recuerdos de los aromas del vino y la comida.

Yo utilizo historias siempre que puedo para explicar conceptos, teorías y pautas en mis cursos de formación y conferencias. Esto ayuda a mis clientes a entender y recordar mejor las ideas que son importantes para su desarrollo. Y esta es la razón por la que decidí explicar los conceptos del liderazgo auténtico en este libro a través de historias inspiracionales con la esperanza de que sean memorables para ti.

Seguramente que hayas escuchado hablar de la oxitocina, la hormona del amor y los vínculos afectivos. Las historias no sólo mejoran nuestra memoria, también nos conectan emocionalmente con los demás a través de la empatía. Paul Zak[3], profesor de Economía y Psicología en la Universidad de Claremont en California, es el gurú del *storytelling*. Ha realizado fantásticas investigaciones y publicado varios libros sobre este tema. En su libro *La molécula de la felicidad: el origen del amor, la confianza y la prosperidad*, publicado en 2012, explica cómo las historias cambian la bioquímica de nuestro cerebro.

En sus estudios, Paul Zak muestra a las personas un video de dos minutos narrando la siguiente historia:

> Esta es la historia de un niño llamado Ben. Tiene sólo 2 años y medio y Ben tiene cáncer. Está contento porque después de terminar varias sesiones de quimioterapia hoy se siente feliz. Y su padre está contento al ver a su hijo con esa felicidad. Pero cuando el padre cuenta la enfermedad de su hijo, su voz se empieza a quebrantar. Y dice: «es muy difícil para mí jugar con Ben, porque Ben piensa que todo es maravilloso, pero yo sé algo que él no sabe, se está muriendo». Comenta lo difícil que es jugar con Ben sabiendo que sólo tiene 3 o 6 meses de vida. El padre intenta disfrutar todo lo que puede este tiempo que le queda y mostrarse contento con Ben.

Después de leer esta historia tu cerebro ha producido dos tipos de hormonas: cortisol, la hormona del estrés, y oxitocina, la hormona de la empatía. Simplemente leyendo esta historia has cambiado la bioquímica de tu cerebro. Lo más fascinante es que las personas que escucharon la historia también cambiaron su comportamiento, se hacen más altruistas.

Si te pidiera ahora donar dinero para la asociación de apoyo al cáncer, es más probable que aportaras una donación. Además, tu donación sería directamente proporcional a la cantidad de oxitocina que ha segregado tu cerebro. Esto es lo que encontró Paul Zak cuando preguntó a los participantes del estudio si donarían dinero a un extraño, o a una ONG y descubrió que la cantidad de oxitocina liberada en el cerebro predice la cantidad de dinero que las personas donan a causas benéficas.

La implicación de estos estudios es clara: Compartir historias es una herramienta efectiva para crear empatía y un vínculo afectivo con las personas que te rodean. Esto fomenta la cooperación y el comportamiento altruista.

Abraza tu historia de vida

Compartir historias de superación como la de Carlo Volpi promueve la segregación de oxitocina. La historia de Volpi está íntimamente ligada a la vida de Carlo. Vivió dos tragedias a una edad muy temprana, la pérdida de su padre y su hermano mayor. Carlo, de veintidós años, y su madre, Elsa, quedaron a cargo del 50% de la empresa. El otro 50% era propiedad de su primo, Bruno Volpi, dieciocho años mayor que él.

Incluso a esa temprana edad, Carlo era consciente de la responsabilidad familiar y sentido de pertenencia. «La bodega era mía. Esa fue una de las cosas que me dio la fuerza para continuar». Recuerda cómo solía acompañar a su padre a la feria del vino en Milán. Creció rodeado de uvas y vino; siempre había vino en la mesa. Después de la tragedia, pensó: «Ahora es mi turno». Llevaba menos de un año estudiando Economía en la Universidad de Bocconi en Milán, cuando tuvo que abandonar sus estudios y regresar a Tortona para ayudar a dirigir la empresa. «Cuando dejé la Universidad de Bocconi, no sabía nada ni de economía ni de vinos», recuerda Carlo.

Carlo comenzó a trabajar en la bodega en 1976, seis días a la semana en puestos bajos. Mientras que Bruno, su primo, trabajaba en la empresa quince años antes bajo el liderazgo del padre de Carlo. Con esa experiencia era natural que Bruno asumiera el puesto de gerente y Carlo seguía aprendiendo los secretos de la elaboración del vino.

«Tenía mucha curiosidad y quería entender la bodega de arriba abajo», recuerda Carlo, un enfoque que le aseguró una buena base para comprender todos los aspectos del negocio. Trató también con bancos y proveedores, y este período se prolongó durante cuatro años, durante el cual retomó sus estudios. Su rutina diaria consistía en trabajar de 8:00 a. m. a 4:00 p. m., y luego estudiar viticultura, contabilidad, *marketing* e inglés por las tardes.

Después de siete años, comenzó a acompañar a los representantes de ventas para presentar nuevos productos y conocer nuevos clientes en todo el norte de Italia. Dice que la lección más importante que aprendió durante estos años fue la modestia, en particular con los empleados de la bodega.

Carlo dice que estas primeras experiencias en la empresa han forjado su estilo de liderazgo. En lugar de decirle a la gente qué hacer, prefiere preguntar: «¿Qué piensas si hacemos esto?». El estilo de liderazgo democrático de Carlo lo diferenciaba cada vez más del enfoque más directivo de Bruno.

A lo largo de una década, Carlo trabajó en todas las áreas del negocio: la línea de producción, ventas y *marketing*, administración y degustación. Todo esto le dio la oportunidad de aprender el negocio, desarrollar una visión estratégica y consolidar su enfoque auténtico para liderar la empresa.

A principios de la década de 1990, Cantine Volpi era uno de los principales productores de vinos espumosos italianos.

Tenía veintiocho empleados y treinta vendedores, con un mercado consolidado en el norte de Italia y unos beneficios anuales de alrededor de 3,1 millones de euros. A estas alturas, Carlo empezaba a desarrollar una visión sistémica de la empresa y la industria. Ahora veía el panorama general de la bodega, desde el viñedo hasta el mercado. Es más, comenzó a preocuparse por un posible declive del mercado italiano y por tanto pensaba en la necesidad de internacionalizar la compañía.

Ejercicio vivencial: escribe tu historia de vida

Para desarrollar tu autenticidad, toma el ejemplo de Carlo e intenta escribir tu propia historia de vida. Todos tenemos una vida con subidas y bajadas en el camino. Este es un ejercicio que realizo frecuentemente en mis sesiones de *coaching* con directivos.

Piensa en tu vida como si fuera un libro. La mayoría de los libros se dividen en capítulos. Divide tu propia vida en los capítulos que creas convenientes. Cada capítulo cuenta una pequeña historia, es decir, tiene una trama. Trata de pensar en los eventos principales o cruciales de tu vida como *puntos de inflexión o transiciones* que conducen de un capítulo al siguiente, y da un nombre a cada capítulo. Asegúrate de incluir estos cuatro elementos:

1. **Experiencias cenit:** Describe los momentos más positivos de tu vida en los que has sentido una sensación de alegría y paz interior.
2. **Experiencias cruciales:** Describe momentos de tu vida en los que has sentido una sensación de desilusión o desesperación.
3. **Personas que tuvieron la mayor influencia:** Identifica

cuatro o cinco personas que hayan generado el mayor impacto en la historia de tu vida.
4. **Primeros recuerdos**: Describe las experiencias positivas y negativas de tu infancia.

Veamos una de las experiencias cruciales de Carlo, cuando su visión para la empresa entró en conflicto con la de su primo Bruno. Esta situación le presentó a Carlo algunas decisiones difíciles.

Dos visiones en conflicto

En la mente de Carlo, las ventajas del crecimiento internacional eran claras: evitar problemas futuros cuando el mercado local se redujera y aprovechar las oportunidades de desarrollar nuevos productos con la marca *hecho en Italia* a nivel internacional. Pero Bruno veía demasiados desafíos en este enfoque, como la falta de capacidad —pues apenas podían satisfacer la demanda en Italia—, y el hecho de haber fracasado en su intento de entrar en el mercado canadiense, donde no supieron adaptarse. Además, Bruno no estaba seguro de saber negociar con socios internacionales en inglés.

Estas dos visiones contradictorias para la empresa empezaron a dañar los beneficios del negocio. El beneficio de la compañía disminuyó entre 1991 a 1996 porque era imposible ponerse de acuerdo en las inversiones, mientras que, al mismo tiempo, se estaban descuidando las exportaciones.

Carlo había desarrollado una visión estratégica para la empresa y estaba listo para hacer la transición a la dirección general de la compañía. Los primeros indicios de que el mercado italiano estaba en declive no le pasaron desapercibidos y estaba decidido a hacer de Volpi una gran bodega internacional. Su objetivo era exportar el 80% de la producción para el año 2000. Pero esta era una decisión que tenía que negociar con su primo Bruno. Carlo y Bruno entraron en un período de reinventarse a sí mismos y a su empresa.

Carlo dice que el estilo de liderazgo de Bruno contribuyó a la falta de expansión en el mercado internacional. Lejos de hablar inglés fluido, la actitud de Bruno era: «No entiendo por qué mis clientes no hablan italiano». Además, Bruno se había acostumbrado a dirigir la empresa sin consultar y no le gustaba delegar.

En esta encrucijada, la empresa estaba cada vez más paralizada debido a que Bruno y Carlo no lograban ponerse de acuerdo sobre cuestiones estratégicas importantes. En 1996, Bruno y Carlo tenían tres opciones sobre la mesa: vender la bodega, que Carlo le comprara su parte a Bruno o contratar a un tercero para dirigir la empresa. Finalmente, Carlo tomó la decisión de ser el único propietario.

Fue una decisión difícil: Carlo no sólo consideró el pasado y los logros de las generaciones anteriores, sino también el futuro de su joven familia. Para lograr la compra tuvo que vender varias propiedades, pero su deseo de invertir en la bodega con nuevas instalaciones, nuevos productos y empleados lo impulsó.

Crecimiento internacional

Carlo compró la parte de Bruno en septiembre de 1996. Su visión ahora era liderar una gran empresa, tal y como había visto de niño liderar a su padre. Como había predicho, la demanda en Italia comenzó a disminuir y Cantine Volpi comenzó a perder clientes. Pero Carlo se había preparado para el mercado internacional al asistir a ferias internacionales de vino en Londres y Burdeos. «Comprendí la mentalidad diferente del mercado internacional», dice.

El enfoque tradicional de los enólogos italianos no estaba muy orientado al cliente. Sin embargo, Carlo adoptó una nueva mentalidad orientada al cliente y la innovación: «Ofrecemos vinos de mi región, con diferentes etiquetas y botellas. Pero si esto no te gusta, podemos crear algo nuevo». Este cambio significa que Cantine Volpi puede ofrecer a sus clientes los mejores vinos y también trabajar con ellos para encontrar y cocrear el producto adecuado.

En 1999, Carlo combinó su estrategia internacional con la decisión de comenzar a producir vino orgánico. Conoció a uno de los agentes más importantes de Londres, Bottle Green, y comenzaron a trabajar juntos en algunos vinos orgánicos. Bottle Green buscaba una bodega en Italia con certificación oficial para producir vinos orgánicos y exportar a Reino Unido. Esto fue clave para el éxito a largo plazo de Cantine Volpi, pues fue uno de los primeros en el mercado italiano de vinos orgánicos, lo que le dio una ventaja competitiva.

Carlo aplicó su mantra de liderazgo visionario: «Si quieres ser líder en el mercado, debes ver lo que otras personas no pueden ver». Los vinos orgánicos eran cada vez más populares, pero sólo había tres bodegas de este tipo, de las más de treinta mil en Italia. Carlo fue un visionario. Muchas empresas tradicionales pensaron que los vinos orgánicos no eran más que una moda que desaparecería. Hoy en día, la mayoría de las bodegas italianas tienen líneas orgánicas, que representan casi el 20% del mercado. Para Cantine Volpi, los productos orgánicos representan ahora el 60% de su producción total.

Más adelante, Bottle Green y Cantine Volpi buscaron proveedores de renombre para vinos orgánicos en Italia mientras producían, etiquetaban y almacenaban el vino en Tortona. Cantine Volpi cumplió con las estrictas reglas para el estatus orgánico y recibió certificación para vender en el Reino Unido.

Un año más tarde, participaron en una de las ferias de vino orgánico más importantes de Francia y encontraron nuevos clientes en Suiza, Japón, Alemania, Holanda, Dinamarca y Bélgica. Al ofrecer vinos orgánicos, Volpi pudo entrar y explorar mercados nuevos. Para producir esos vinos, la empresa tuvo que pasar por un proceso de reconversión que normalmente llevaba hasta tres años, pero Carlo se había preparado bien y sólo tardó un año en obtener la certificación oficial.

Hoy en día, esta bodega familiar italiana cuenta con una treintena de empleados. No son muchos, pero conviene recordar que una marca tan prestigiosa como la española Protos sólo cuenta con alrededor de cincuenta empleados. Carlo se encarga personalmente de catar y elegir los vinos, junto con su enólogo. También emplea a un biólogo que ayuda en la elaboración del vino, a un contador y a un gerente de producción que reportan directamente a él, al igual que cuatro agentes de exportación adicionales que cubren Estados Unidos, Japón, Canadá y Alemania. El otro agente es libre de vender productos especiales y personalizados en todo el mundo; un enfoque que sigue la filosofía de invertir tanto en innovación como en tradición al explorar las particularidades de los viñedos y mantener la pasión por la tradición.

Carlo es un apasionado de las dos líneas bien distintas de productos de Volpi. La primera es una gama de vinos tradicionales de la región con profundas raíces en las tierras de su familia, cuyo etiquetado se ha mantenido inalterable durante décadas. La segunda es una gama de vinos orgánicos y no orgánicos de otras regiones de Italia. Estos pueden tener muchas etiquetas, botellas, presentaciones, e incluso publicidad, diferentes. Se puede diseñar un nuevo producto en conjunto con los clientes para satisfacer sus necesidades y gustos.

En total, los vinos Volpi se venden en cuarenta países y son incluidos en las revistas de vinos más prestigiosas del mundo. Su internacionalización ha sido un éxito. Mientras que en 1996 las exportaciones representaban el 8% de la producción, dos décadas más tarde las ventas al extranjero representan el 80% del negocio.

El *script* auténtico de las historias de superación

El psicólogo Dan McAdams de la Universidad Northwestern y su equipo[4] estudiaron narrativas personales similares a las de Carlo y observaron que todas las personas «buscan construir narrativas que den a su vida una apariencia de coherencia y propósito». Lo que diferencia las personas es su nivel de *generatividad,* que se refiere a su compromiso de transcender sus propios intereses para dedicar tiempo y energía a mejorar la vida de los demás.

Lo fundamental de los verdaderos líderes es que no son egocéntricos, sino que son personas generativas. Lo que los distingue es que están motivados a contribuir al crecimiento y el desarrollo de los demás y dejar un legado positivo con un impacto duradero.

En 1998, McAdams y su equipo realizan un estudio pionero sobre el análisis de historias autobiográficas. Comparan las historias de vida de personas altamente generativas, como maestros y voluntarios, con una muestra de adultos menos generativos. Los resultados publicados en la prestigiosa revista *Journal of Personality and Social Psychology*, revela que la narrativa de vida de una persona generativa tiene cinco elementos:

- La suerte con su familia.
- El sufrimiento de los demás.
- La determinación moral.
- Las secuencias de redención.
- La búsqueda del bien común.

Al principio de la historia, el protagonista cree que tiene una ventaja especial (suerte con su familia) que contrasta significativamente con el dolor y la desgracia que sufren muchas otras personas (sufrimiento de los demás).

Al ver el mundo como un lugar donde las personas con suerte deben cuidar de otros con menos fortuna, el protagonista se compromete a vivir según un conjunto de valores y creencias personales nobles y honorables que guían su comportamiento a lo largo de su vida (determinación moral).

Al avanzar la historia, el protagonista se enfrenta a un desafío personal: una desilusión, un engaño o incluso una tragedia en su vida. Pero estos eventos negativos, lejos de convertirse en una fuente de desesperación, a menudo se transforman o redimen en resultados positivos (secuencias de redención), debido a los propios esfuerzos del protagonista. Por lo tanto, las cosas malas que suceden suelen transcender en algo bueno.

Al mirar hacia el futuro, el protagonista establece metas que beneficien a los demás (búsqueda del bien común), especialmente para las futuras generaciones, dejando un legado positivo y duradero para la sociedad en su conjunto.

Ahora, puedes analizar la narrativa que escribiste antes, sobre la historia de tu vida. ¿De qué depende que tu historia se convierta en una narrativa auténtica? Depende de una serie de elementos:

- – los capítulos de tu historia.
- – la estructura de los eventos en tu trama.
- – el tono emocional de tu narrativa.

Los capítulos de tu historia son eventos cruciales que destacas a lo largo de tu vida y que se corresponden con etapas significativas para ti. Por ejemplo, tu infancia, la universidad, el primer trabajo, la creación de una familia, una experiencia internacional, etc.

La estructura de la trama se refiere a la secuencia de eventos o experiencias. La secuencia más importante es cómo reaccionas ante los desafíos. Una secuencia de redención es cuando los eventos negativos de tu vida se transforman en algo positivo en tu narrativa; es decir, hay una experiencia de regeneración y resiliencia.

Finalmente, puedes evaluar el tono emocional general de tu historia de vida. Asigna un valor que vaya del −10, emociones negativas, al +10, emociones positivas a cada capítulo de tu vida. Luego busca un patrón a lo largo de tu narrativa: ¿ves una línea ascendente, descendente o con altibajos?

Vamos a analizar los ejemplos de la historia de vida de Steve Jobs y la historia de vida de Carlo Volpi, representados en la Figura 3.3.a y la Figura 3.3.b, respectivamente, que te pueden ayudar a comprender tu propia historia.

En el caso de Steve Jobs, los capítulos de su vida incluyen diez eventos cruciales: adopción, abandono de la universidad, el curso de caligrafía, crear Apple, el despido de Apple, crear dos nuevas empresas —NeXt y Pixar—, el regreso a Apple, el fatal diagnóstico de cáncer, la cirugía y el legado. En el eje vertical, puedes ver cómo cada capítulo tiene asignado un valor emocional.

Cuando miras la gráfica en su totalidad, podemos observar una historia de altibajos. Y lo más interesante es que el tono emocional global es positivo porque incluye secuencias de redención: un evento negativo es superado con una experiencia positiva.

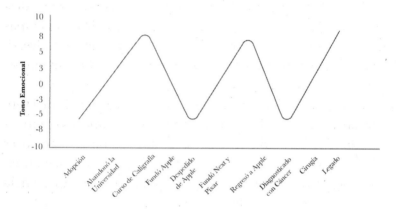

FIGURA 3.3.a. Tono emocional de la historia de vida de Steve Jobs.

En el caso de Carlo Volpi, los capítulos de su vida incluyen once eventos cruciales: primeras experiencias en el negocio familiar, el fallecimiento de su padre, la universidad, la tragedia de su hermano, primeros años de trabajo en su bodega, reuniones con clientes para conocer el negocio, una nueva visión estratégica para la bodega, conflicto con Bruno, solución del conflicto con la compra total del negocio, una nueva línea de vinos orgánicos y la expansión internacional de su negocio familiar.

Cuando observas la gráfica de Carlo Volpi, puedes apreciar un patrón muy similar a la de Steve Jobs. Es una narrativa con altibajos emocionales e igualmente con un tono emocional global positivo donde el protagonista muestra resiliencia y sale fortalecido de las tragedias y conflictos.

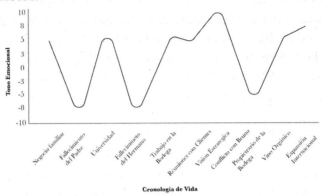

FIGURA 3.3.b. Tono emocional de la historia de vida de Carlo Volpi.

En 2013, viajé a Tel Aviv para dar una charla sobre liderazgo auténtico. Me invitó la psicóloga y experta en liderazgo Ronit Kark de la Universidad Bar Ilan en Israel. Compartimos un gran interés por el enfoque autobiográfico al liderazgo. No es casualidad, ya que Ronit fue alumna de Boas Shamir, el pionero de esta perspectiva.

En un viaje de trabajo desde Jerusalén hasta Cesarea, examinamos las historias de vida de un grupo de estudiantes de MBA, que habían escrito como parte de mi curso sobre liderazgo en el IE Business School. Siguiendo el mismo esquema que te acabo de describir, los estudiantes escriben una narrativa sobre su vida que incluye los principales eventos en su vida, tanto positivos como negativos como si fueran los capítulos de un libro. Además, escriben sobre sus metas en los próximos cinco años.

El análisis del contenido, la estructura y el tono emocional de estas historias reveló un patrón fascinante que diferencia a las personas más generativas con metas que buscan el bien común. Las historias de personas generativas muestran un punto de inflexión en su narrativa. En otras palabras, existe un evento crucial en su vida a partir del cual se han replanteado su sentido de ser y su propósito. Por ejemplo, uno de los directivos hablaba de un momento de inflexión en su vida en estos términos: «El despertar: me desperté sintiéndome muy deprimido... Pasé por una etapa en la que reorganicé mi vida. Me volví más consciente de mí mismo y sensible a los demás». Los líderes auténticos suelen vivir un renacimiento.

Estos resultados son congruentes con la distinción entre jefes y líderes que en 1977 popularizó Abraham Zaleznik en su clásico artículo publicado en *Harvard Business Review*. A diferencia de los jefes, los líderes han vivido un renacimiento. Zaleznik observó que hay dos tipos de personas: *once-born*, aquellas que han vivido una vida apacible desde su nacimiento con pequeños ajustes y *twice-born*, aquellas que su vida está marcada por dificultades y adversidades. La actitud de los *once-born* es acomodarse a las circunstancias y preservar el *statu quo*. Mientras que los *twice-born* tienden a buscar oportunidades de cambio, tanto personal como social y son los que Zaleznik considera verdaderos líderes.

He analizado estas diferencias de personalidad en mis cursos de formación para el desarrollo del liderazgo con ejecutivos. Recuerdo un programa con un grupo destacado de 40 directivas de Arcelomittal, una multinacional en el sector industrial, que impartí en Luxemburgo y donde las participantes escribieron una narrativa sobre su historia de vida.

Claramente, había dos tipos de directivas: las *once-born*, con trayectorias lineales en su carrera profesional y su vida, quienes tendían a buscar la estabilidad dentro de la compañía; sin embargo, las directivas *twice-born*, quienes habían sufrido uno o dos grandes desafíos en su vida profesional o personal, estaban más orientadas al cambio.

Por ejemplo, una de las ejecutivas, que había superado importantes obstáculos en su vida, mencionaba: «Quiero que otros me recuerden como una persona que hizo cambios en esta empresa». Los verdaderos líderes buscan la forma de transcender los propios intereses y contribuir al bienestar de la empresa. Al compartir sus historias, sirven de referente. ¿Cómo puedes utilizar el *storytelling* en tu día a día?

Cómo ser auténtico evocando el pasado

> *La vida no es la que uno vivió, sino la que uno recuerda,*
> *y cómo la recuerda para contarla.*
>
> GABRIEL GARCÍA MÁRQUEZ

Carlo dice que contar historias es una parte fundamental en la forma en que dirige su empresa: «Les cuento mi historia a los empleados. Y el mensaje de esa historia es que, con determinación, puedes lograr lo que quieras en la vida». Quiere transmitir, no sólo una forma de trabajo, sino también una forma de vivir. Su extraordinaria historia de superación se convierte en un modelo a seguir para su equipo.

Contar historias es algo muy humano, que seguramente nació la primera vez que unos seres humanos se sentaron alrededor del fuego y empezaron a comunicarse. Estamos *hechos* de historias y estamos *programados* para escucharlas. Nos gustan las historias porque nuestro cerebro se ilumina cuando las escuchamos. Nos transportan a nuestro pasado y nos conectan con nuestras emociones. Crean momentos memorables.

El *storytelling* es una herramienta especialmente efectiva en los procesos de socialización y *onboarding* de los nuevos empleados. Cuando Carlo contrata a un nuevo empleado para su bodega, lo primero que dice es: «Estás aquí para aprender un trabajo que es bueno para ti». Carlo se enorgullece de haber hecho de Cantine Volpi una empresa donde los empleados pueden desarrollar su carrera y se encarga personalmente de supervisar sus programas de formación. A los recién llegados se les asigna un mentor, quien transmite los valores de la compañía a través de sus historias.

El arte de contar historias también sirve para dar una continuidad y coherencia a la empresa en momentos de cambio. Por ejemplo, Carlo resalta en sus historias el nexo entre la tradición y la innovación. En la página web de Volpi explica: «El vino es una tradición, pero los gustos de la gente cambian, lo que supone crear nuevos vinos. Debemos mantenernos al día con las tendencias del mercado para saber qué es lo que realmente quieren los jóvenes. La clave del éxito es mantener la tradición, a la vez que atiendes a las necesidades de los clientes para hacerlos felices».

Como hemos visto, las historias de los líderes auténticos buscan el bien común. El *storytelling* refuerza este valor de colaboración. Carlo dice: «La empresa es un equipo y todos deben rendir. Si todos juegan bien, el equipo gana. Si alguien no juega bien, el equipo fracasa». Es importante reconocer el éxito de sus empleados, delegar y elogiar el buen desempeño. Además, cuando las cosas salen mal, el líder debe asumir su responsabilidad como la persona que ha seleccionado y formado al equipo.

En su día a día, Carlo sigue siendo un modelo para sus empleados. Llega al trabajo cada mañana a las 7:30 de la mañana. Se reúne con su equipo de enólogos durante una hora. Luego es momento de responder los correos electrónicos. Después llega la hora de la contabilidad, la administración y de la gestión con los bancos. El resto del día lo dedica a abordar nuevos problemas y desafíos.

El *storytelling* como herramienta para crear una misión empresarial

A través de historias auténticas como la de Carlo, se puede comunicar la misión de una empresa de una forma más vital, colorida, memorable y transcendental para que los empleados se sientan conectados emocionalmente a la compañía y se motiven para alcanzar los objetivos comunes. En uno de mis cursos de formación a un grupo de altos directivos de una gran empresa española en el sector industrial, utilicé la técnica del *storytelling* para ayudarles a reescribir su misión corporativa.

La misión es la razón de ser de la empresa, como el IKIGAI de la compañía, que define el impacto que tiene en el mundo. Por ejemplo, la misión de Starbucks es «inspirar y nutrir el espíritu humano: una persona, una taza y un vecindario a la vez». De hecho, soy una gran fan de Starbucks donde he escrito muchas de las páginas de este libro. Casi todas las mañanas mi primera taza de café es en el Starbucks de mi vecindario.

Te dejo la hoja de ruta para escribir la misión de tu empresa, tu equipo, tu familia o tu grupo de amigos. Es un ejercicio basado en el método del caso que tuve la oportunidad de aprender durante mi año de becaria Fulbright en la Universidad de Harvard y después pude practicar como profesora en la Universidad de Western Ontario en Canadá, para formar a directivos en *coaching*, liderazgo y gestión del cambio. El método del caso consiste en tres fases: individual, grupos pequeños y grupo completo. Aquí lo aplico para reescribir la misión de esta empresa escribiendo sus propios casos.

1. **Fase individual**: Cada participante individualmente piensa y escribe un caso o historia que ilustre un

ejemplo de excelencia laboral. Para ello, contestan a la pregunta: ¿En qué situación hemos alcanzado nuestro mejor trabajo?, y escriben un resumen de la historia en unas 200 palabras.

2. **Fase de grupos pequeños**: A continuación, los participantes se reúnen en grupos pequeños para presentar su caso y elegir el caso que mejor represente lo que hace la empresa y sus valores fundamentales. En grupo, desarrollan este caso elegido en unas 500 palabras.

3. **Fase de grupo completo**: Se ponen en común los casos seleccionados y el grupo completo identifica los tres elementos de una misión: los clientes (lugares y personas), las acciones de la empresa (lo que hace la empresa) y el impacto (cambios positivos). El resultado es una misión empresarial más completa, personal e inspiradora.

Reescribe tu historia: ¿Cómo de satisfecho estás con tu vida?

Hoy en día, a sus casi sesenta años, Carlo está satisfecho con su vida. Los líderes auténticos abrazan su pasado, sus orígenes, y comparten sus historias de superación ante la adversidad con sus empleados. Carlo utiliza su propia biografía para motivar a sus empleados y su familia, conectar con ellos emocionalmente y trasmitirles sus valores de esfuerzo y perseverancia.

No está seguro de si su hijo Marco, de veintitantos años, seguirá sus pasos: «Sólo puedes trabajar en la bodega si te apasiona», pues significa comprender e intuir qué es un *buen* vino.

Cree que Marco necesita además experiencia fuera de la bodega, para apreciar y comprender mejor el mundo. La vinificación es ahora un negocio global, con competidores en China, Sudamérica, Australia, Europa y Estados Unidos. «Por eso necesitas trabajar con toda tu alma, no sólo con tu cerebro», argumenta Carlo.

Cuando hablamos sobre su legado, mira a Marco, invitándolo a continuar la saga. Su legado es mantener viva la bodega: «Mantener la identidad de la familia y su pasión por el vino es mantener el nombre de la bodega». Aunque Marco no parece estar listo todavía, su hermana menor acaba de incorporarse a la Wine Society, en Bocconi. Quién sabe, tal vez sea ella quien lleve a Volpi a su siguiente etapa.

Conócete a ti mismo
¿Estás satisfecho contigo mismo y con tu vida?

Utiliza la escala de satisfacción con la vida desarrollada por Carol Ryff para examinar hasta qué punto estás satisfecho contigo mismo y con tu historia de vida. Indica en qué medida estás de acuerdo o en desacuerdo con las siguientes afirmaciones utilizando una escala de 1, «muy en desacuerdo», a 5, «muy de acuerdo».

1. Cuando miro la historia de mi vida, me complace cómo han resultado las cosas.
2. En general, me siento seguro y positivo acerca de mí mismo.
3. Me gustan la mayoría de los rasgos de mi personalidad.
4. Cometí algunos errores en el pasado, pero siento que, en general, todo salió bien.
5. En gran parte, estoy orgulloso de quién soy y de la vida que llevo.
6. El pasado tuvo sus altibajos, pero en general, no lo cambiaría.
7. Cuando me comparo con amigos y conocidos, me siento bien acerca de quién soy.

Autocorrección: Suma las puntuaciones. Puedes ser la clave

al final del libro (Capítulo 3, Nota 8).

¿Qué significa una puntuación alta? Carol Ryff explica que una persona altamente satisfecha con su vida ha sabido reconocer y aceptar aspectos de sí mismo, cualidades buenas y malas, y valora su vida pasada resaltando algo positivo después de los momentos difíciles. Por el contrario, una persona poco satisfecha con su vida está decepcionada, alienada consigo mismo porque le gustaría ser alguien diferente.

¿Cómo puedes reescribir la historia de tu vida para mejorar tu autenticidad y satisfacción con tu vida?

10 reglas más para ser un verdadero líder compartiendo TU AUTOBIOGRAFÍA

· ·

Regla 21. Siéntete orgulloso de tus raíces y de tu origen.

Tu historia de vida es un recurso invaluable que te ayuda a descubrir y conectar con tu esencia. Cuando compartes historias basadas en tus propias experiencias, creas un vínculo emocional con quienes te rodean y construyes una comunidad sólida. En el libro *Why Should Anyone Be Led by You*[6], Rob Goffee y Gareth Jones enfatizan la importancia de examinar tu autobiografía para anclar tu identidad en personas, lugares y eventos concretos, y compartir esas experiencias con los demás.

Cuando volvemos a nuestras raíces, podemos comprender mejor cómo hemos llegado a ser la persona que somos en la actualidad. Por ejemplo, Carlo Volpi ha compartido su historia personal de dificultades, y se siente orgulloso de asumir la responsabilidad de la empresa familiar.

Regla 22. Re-escribe la narrativa de tu historia de vida.

Tu historia de vida es un proceso de reflexión, elaboración, edición y ampliación de tu propia vida. Reconoce que la pasión está arraigada en tus experiencias únicas, y que tu historia personal es la fuente de tu energía interior.

Carlo, por ejemplo, experimentó el significado profundo de su historia cuando dice: «La bodega era mía. Esto estaba muy presente en mi mente, mi alma y mi cuerpo. Y fue una de las cosas que me dio la fuerza para seguir adelante». Creció rodeado de uvas y vino, lo cual marcó su camino. Los sueños que recordamos con pasión siempre tienen como telón de fondo nuestra experiencia personal.

Regla 23. Sé el protagonista de tu propia historia.

Asegúrate de mostrar determinación y credibilidad en el papel del autor de la narrativa. Al igual que una emocionante *road movie*, tu vida es un viaje de autodescubrimiento y transformación personal. Los líderes auténticos no son meros espectadores pasivos de los eventos, sino que toman el control de su propia vida.

Carlo Volpi, por ejemplo, personifica esta actitud proactiva cuando dice: «Tenía una gran curiosidad por comprender todos los aspectos de la bodega, así que trabajé junto a los empleados más experimentados». Con este enfoque activo, logró adquirir una sólida formación en todos los aspectos del negocio. Esta agencia personal de dirigir tu propia vida es lo que te permite desarrollar una narrativa coherente que inspire a otros.

Haz una pausa y reflexiona...

¿Quién está al **volante de tu vida**? ¿Estás asumiendo el papel principal en tu historia o estás dejando que otros tomen las riendas?

Te propongo un ejercicio muy sencillo. Escribe 2 listas.

Lista 1: observa lo que haces en un día típico de tu vida.

Lista 2: escribe lo que te gustaría hacer.

Ahora compara las dos listas.

Regla 24. Identifica patrones en tu historia de vida.

Al observar los momentos cruciales, momentos de éxito y

momentos difíciles, descubres los hilos temáticos y las motivaciones subyacentes que han construido tu camino. Estos patrones pueden estar relacionados con necesidades como la conexión, el control, el poder o el amor, entre otros.

Por ejemplo, para Carlo, un punto de inflexión en su historia fue el conflicto con Bruno sobre el futuro de la empresa. Después de una reflexión profunda, Carlo tomó la decisión de comprarle su parte a Bruno y convertirse en el único propietario de Cantine Volpi. Este evento marcó un cambio significativo en su trayectoria y reflejó su deseo de tener el control y la responsabilidad total de su negocio.

Nuestras historias personales nos ofrecen una narrativa que nos ayuda a seguir adelante y encontrar un sentido de unidad y propósito en medio de los altibajos de la vida. La narrativa que construimos sobre nosotros mismos nos brinda una sensación de continuidad y coherencia en una vida aparentemente caótica.

Haz la prueba...

Analiza los capítulos de tu autobiografía, con el objetivo de descubrir los patrones que han marcado tu vida y comprender las **motivaciones** subyacentes que te impulsan hacia tus metas.

Regla 25. Transforma las malas experiencias en buenas noticias.

Aunque no puedes cambiar los eventos pasados de tu vida, tienes el poder de reescribir tu historia y encontrar un significado positivo a las situaciones difíciles. Enfócate en convertir los momentos bajos en lecciones valiosas para crecer y aprender de ellas. Es importante mantener una actitud esperanzadora hacia el futuro. Reconoce que el trabajo arduo de hoy puede conducir a resultados positivos a largo plazo.

Por ejemplo, cuando Cantine Volpi comenzó a perder clientes locales, Carlo se dio cuenta de que tenía que prepararse para el mercado internacional y tomó la decisión de asistir a ferias internacionales de vinos. De esta forma, Carlo descubrió el mercado internacional y convirtió una mala noticia en un buen resultado. Cuando reescribes tu historia con una perspectiva positiva, cada desafío es una oportunidad para crecer y desarrollar tu liderazgo.

Haz la prueba...

Identifica los momentos bajos en tu autobiografía y **reescribe** tu historia con el objetivo de encontrar un significado positivo a estas situaciones difíciles...

Regla 26. Escucha el tono emocional de tu narración.

Evalúa cómo se desarrollan los acontecimientos a lo largo del continuo de emociones positivas y negativas. No tengas miedo a revelar tus vulnerabilidades y debilidades, ya que son parte integral de tu historia. Una de las lecciones más valiosas que puedes transmitir es la capacidad de recuperarte después de experimentar un fracaso. A medida que construyes tu historia de vida, es crucial crear una narrativa progresiva que conecte los acontecimientos de manera significativa, comunicando una evolución positiva a lo largo del tiempo.

La historia de Carlo Volpi es un ejemplo inspirador de

éxito. Comienza con emociones negativas, marcadas por pérdidas personales, pero termina con emociones positivas como la pasión y el entusiasmo por un futuro prometedor. Carlo supo encontrar un delicado equilibrio entre la innovación y el respeto por la tradición. Invirtió en la innovación mientras mantenía la esencia de la tradición en su empresa.

Párate y reflexiona

Presta atención a los altibajos emocionales presentes en tu autobiografía y evalúa si estás construyendo una narrativa **progresiva** en la que las emociones negativas evolucionan hacia emociones positivas.

Regla 27. Considera tus valores y principios morales.

La integridad de tus acciones está arraigada en el tipo de apego que has desarrollado en los primeros vínculos afectivos en tu familia. Tu historia de vida te ayuda a identificar cómo has adquirido estos valores que se transmiten a veces inconscientemente en nuestras familias. La claridad y consciencia de estos valores y propósitos aumenta cuando atraviesas eventos cruciales y momentos de transformación en tu vida.

Por ejemplo, el mantra de liderazgo de Carlo, «si quieres ser un líder en el mercado, debes ver lo que otras personas no pueden ver», refleja el valor que adscribe a la responsabilidad personal y que se vuelve más evidente durante su período de internacionalización. Durante estos momentos clave, nuestras convicciones fundamentales cobran mayor relevancia y nos proporcionan un sentido de coherencia y apertura hacia el mundo.

Haz la prueba...

Busca patrones, en tu narrativa, para identificar los **valores** fundamentales que han guiado tus acciones a lo largo de tu historia. Elige los tres valores más importantes que han sido los pilares en tu vida.

Regla 28. Explora tus configuraciones ideológicas.

Utiliza la narrativa de tu vida para crear una *novela polifónica* que refleje las diversas voces y contextos sociales que han influido en tus principios morales. Identifica tus referentes y modelos y establece conexiones significativas con grupos sociales con los que te sientas identificado, por ejemplo, con personas de tu generación o con una asociación de emprendedores. Cuando construyes tu historia en un contexto más amplio, enriqueces tu narrativa y muestras cómo las relaciones humanas con otros individuos han forjado tu personalidad.

Por ejemplo, en el caso de Carlo, destaca su pertenencia a asociaciones con proveedores de vinos orgánicos acreditados, lo cual refleja su compromiso con la sostenibilidad y el respeto por la naturaleza. Además, estos vínculos le permitieron adquirir una certificación para vender en el Reino Unido. Recuerda que establecer puentes dentro de tus comunidades te ofrece una identidad social, que se basa en la identificación con una causa compartida, que puede incluir la sostenibilidad, la igualdad, etc.

Regla 29. Conecta con diferentes personas seleccionando distintas partes de tu historia.

Me encanta la frase de Rob Goffee y Gareth Jones, «los líderes son diferentes cosas para diferentes personas. El truco está en lograrlo sin dejar de ser verdadero con uno mismo». Utiliza distintos fragmentos de la historia de tu vida para relacionarte con diferentes colaboradores. Como un *auténtico camaleón*, destaca las similitudes entre tu historia y la de tus colaboradores en términos de experiencias, valores y preferencias.

Los líderes auténticos, al igual que Carlo, poseen una alta sensibilidad social y saben cómo compartir partes de su historia que resuenen en los demás. Por ejemplo, cuando Carlo afirma: «con determinación puedes lograr lo que quieras en la vida», está conectando con el deseo de progresar y desarrollarse que tienen sus empleados.

Haz una pausa y reflexiona...

Ha llegado el momento de compartir **fragmentos de tu historia** para conectar con las personas que te rodean, ya sean tus colaboradores, familiares o amigos. Para ello, selecciona las partes de tu historia personal que mejor puedan resonar en ellos, creando así **vínculos afectivos** más significativos.

Regla 30. Mantén siempre a los demás en tu corazón.

Preocúpate por el bien común. Las personas generativas ponen sus fortalezas al servicio de las personas que les rodean y de las nuevas generaciones. Puedes tomar como ejemplo a Carlo Volpi, quien no sólo rescató la empresa familiar, sino también preservó la identidad de su familia para las generaciones venideras.

Al trabajar con este enfoque a largo plazo, estás creando un legado con un propósito compartido. Recuerda que el conocimiento de tu historia de vida crea expectativas positivas y valida tu liderazgo a los ojos de quienes te siguen.

Haz una pausa y reflexiona…

Para finalizar, es importante proyectar los puntos de tu historia de vida hacia el futuro y establecer metas claras para los próximos cinco años. Piensa en cómo tus experiencias y aprendizajes pueden ayudar a **futuras generaciones**.

El segundo capítulo de la vida de Steve Jobs es *Amor y pérdida*. Su *pérdida* se redime con *amor*: «Aún amaba lo que hacía… Todavía estaba enamorado… Decidí empezar de nuevo». La historia de la vida de Carlo Volpi comienza con una tragedia familiar y termina con una maravillosa y exitosa empresa familiar de renombre internacional. «Vivimos la vida hacia adelante, pero la entendemos hacia atrás», concluye Boas Shamir.

CONCLUSIÓN DE LA PRIMERA PARTE

El *yo proteico*: Resolver la primera paradoja de la autenticidad

¿Recuerdas cuando te presente al *yo proteico*? Es un buen momento para resumir las implicaciones de vernos a nosotros mismos de una forma multidimensional, como un poliedro con múltiples caras, pero una base común. El *yo proteico*, hace referencia a Proteo, dios griego del mar que podía adoptar múltiples formas y nos ayuda a resolver la primera paradoja de la autenticidad.

Según la psicóloga ocupacional Susan Harter, experta en el concepto de uno mismo, las narrativas autobiográficas ofrecen una solución a esta paradoja. La historia de nuestra vida es como la base del poliedro:

> Al desarrollar una narrativa autobiográfica, el individuo crea una sensación de continuidad a lo largo del tiempo, a la vez que crea conexiones coherentes entre los acontecimientos más relevantes de la vida, cada uno de los cuales puede experimentarse como auténtico... Además, la construcción narrativa es un proceso continuo, ya que no sólo creamos, sino que también revisamos la historia de nuestras vidas, y creamos nuevas perspectivas que facilitan un mayor desarrollo del ser.

Veamos cómo los tres protagonistas Rafael de la Rubia, Hiroko Samejima y Carlo Volpi, resuelven esta paradoja y gestionan su identidad proteica sin dejar de ser auténticos practicando tres competencias: *pasión, humildad y story-telling*.

Cada uno de ellos construye su identidad con personas significativas en su vida, adaptándose a diferentes roles y contextos. Rafael, como atleta, empresario y músico; Hiroko Samejima presenta una narrativa polifónica que resuena con las voces de los jóvenes consumidores japoneses; y Carlo Volpi negocia su rol familiar con su primo y socio comercial Bruno en la bodega Cantine Volpi.

Gestionar tu personalidad proteica sin dejar de ser auténtico, a menudo implica una negociación de identidad, especialmente con personas cercanas a ti, que están acostumbradas a una particular faceta tuya. Una buena estrategia para abordar cualquier sorpresa o resistencia es comunicar tu diversidad de roles. En lugar de ver tus múltiples identidades como conflictivas, puedes construir una narrativa coherente que proporcione un sentido de continuidad a tu vida y que explique las transiciones.

En una narrativa del yo que emerge de la lucha, Rafael de la Rubia construye una historia de vida donde anticipa y supera los desafíos. Sus transiciones de identidad y su carrera parecen estar cuidadosamente planeadas y se desarrollan en el momento adecuado. Durante los períodos de transición, Rafael se enfrenta a la tarea de negociar su identidad con personas significativas en su vida. Un ejemplo de esta negociación de identidad ocurre cuando su hija se siente más cómoda con el Rafael empresario que ha conocido durante toda su vida, en lugar de aceptar al Rafael músico que está emergiendo.

Esta negociación de identidad con su hija implica encontrar un hilo conductor entre las diferentes facetas de su identidad proteica. Este hilo organizador en la narrativa de vida de Rafael está ligado a la clase social. Su historia se vuelve coherente y legítima cuando el lector comprende que su origen humilde ha influido en su trayectoria. Rafael ha pasado la mitad de su vida trabajando para satisfacer sus necesidades básicas. Ahora, en la segunda mitad de su vida, tiene la oportunidad de perseguir sus sueños y permitirse disfrutar de su pasión por la música.

En la narrativa como una verdadera líder, auténtica y natural, Hiroko Samejima pasa de su rol bien establecido como diseñadora en el departamento de *marketing* de Chanel a convertirse en la fundadora de una nueva microempresa. Sin embargo, al igual que Rafael de la Rubia, Hiroko también enfrenta la tarea de negociar su nueva identidad laboral con su familia. Para convencer a sus padres de esta nueva identidad profesional, Hiroko presenta una narrativa polifónica que incorpora las voces de su generación y su cultura.

Hiroko se sitúa en el contexto de la sociedad japonesa, y amplifica las voces de los jóvenes consumidores japoneses que desean diferenciarse de la producción en masa a través de la moda sostenible. Como resultado, Hiroko logra hacer una transición profesional y pasar de empleada en Chanel a convertirse en emprendedora de éxito comprometida con la moda sostenible.

En una narrativa de superación y aprendizaje, Carlo Volpi adquiere un profundo conocimiento de los secretos de la elaboración del vino y asciende al puesto de CEO en su empresa familiar. Durante este período de aprendizaje, Carlo se sumerge en todos los aspectos de la bodega, desde el viñedo hasta el mercado, desarrollando una visión estratégica y global de la compañía.

En este camino, también surge un momento de tensión cuando Carlo se enfrenta a la tarea de negociar su identidad con su primo Bruno. Carlo destaca las oportunidades que ofrece el mercado internacional y la creciente industria del vino orgánico. Su preparación y determinación es lo que le permite ascender a la posición de CEO.

Para concluir, Michael H. Kernis y Brian Goldman, reconocidos investigadores de la autenticidad en la gestión empresarial, respaldan esta estrategia de un enfoque multifacético del yo con un concepto que denominan *flexibilidad funcional* y que te puede ayudar a tener confianza en tus múltiples roles:

> La flexibilidad funcional implica tener confianza en la propia capacidad para desplegar múltiples aspectos del yo —incluso cuando pueden ser contradictorios— en diferentes situaciones de la vida. Una persona con alta flexibilidad funcional experimenta poca ansiedad o dificultad al invocar estos diferentes aspectos de sí mismo, ya que están bien definidos y pueden ser expresados con confianza.

Cuando reconocemos nuestras múltiples identidades, tenemos la oportunidad de explorar y desarrollar diferentes aspectos de nuestra personalidad. Algo que podemos descubrir escribiendo nuestra propia historia.

Cada uno de nosotros tenemos una historia con momentos altos y momentos bajos. La historia de nuestra vida es la fuente de nuestra pasión. Cualquier cosa que hagamos apasionadamente tiene su origen en nuestra experiencia vital. Está bien mirar hacia atrás y reflexionar sobre los momentos de amor y de pérdida que hemos tenido en nuestra vida.

SEGUNDA PARTE

EL *HÁBITO* DE APRENDER: SÉ FIEL A TU MEJOR VERSIÓN

En esta segunda parte te presento al *yo potencial*. La idea clave aquí es que la autenticidad se trata menos de *ser* uno mismo, que de *crecer* para llegar a ser tu mejor versión. Por lo tanto, el segundo elemento de la autenticidad es el hábito de aprender. Jordan Peterson, el controvertido y popular psicólogo canadiense, enfatiza la responsabilidad individual de convertirte en «lo que podrías ser...». Comparto esta perspectiva dinámica del yo. Lo verdaderamente único del ser humano es la responsabilidad de cambiar y mejorar con el tiempo, para ser fieles a nuestra mejor versión: el *yo potencial*.

¿Alguna vez te has preguntado, por ejemplo, cómo surgen los verdaderos líderes? Por lo general, pensamos en ellos como un conjunto de cualidades carismáticas innatas, pero llegar a convertirte en una persona auténtica no es un destino, sino un proceso continuo. En mi investigación, descubrí que la mayoría de los líderes auténticos tienen una *mentalidad de crecimiento*, término acuñado por Carol Dweck para definir las creencias que las personas tienen sobre el aprendizaje como un proceso continuo para toda la vida. Cuando las personas creen que pueden aprender nuevas habilidades y destrezas, es más probable que pongan esfuerzo dedicando tiempo y energía, lo que eventualmente las llevará a alcanzar su máximo potencial.

Muchos de los verdaderos líderes que he conocido se han enfrentado y superado dificultades en la vida, desarrollando confianza y resiliencia. Rakesh Aggarwal, Dena Schlutz y Ángel Ruiz son líderes auténticos que han hecho del aprendizaje un hábito.

Me encanta la frase del escritor uruguayo Mario Benedetti, «Cuando creíamos que teníamos todas las respuestas, de pronto cambiaron todas las preguntas». La segunda parte del libro trata sobre la autenticidad y el cambio a lo largo de la vida. Los líderes se destacan en tiempos de crisis y cambio, lo que da lugar a un crecimiento personal y profesional. Como sugiere Mario Benedetti, cuando las claves del éxito en el pasado ya no funcionan, necesitamos reinventarnos, pero el cambio podría amenazar nuestra autenticidad. ¿Cómo nos reinventamos a nosotros mismos, a nuestro equipo y a nuestra organización, mientras nos mantenemos fieles a nosotros mismos?

Aquí te presento tres historias inspiradoras de líderes auténticos que se reinventaron y, en ese proceso, no sólo se mantuvieron fieles a sí mismos, sino que también transformaron a sus equipos y organizaciones: Rakesh Aggarwal, un emprendedor con mentalidad de crecimiento, que nunca deja de innovar; Dena Schlutz, hija de un ranchero, con una empatía con la que construye relaciones honestas y duraderas; y Ángel Ruiz, un luchador cuya fortaleza mental lo convierte en un sobreviviente por naturaleza.

Aprenderás lecciones sobre cómo mantener una mentalidad de crecimiento, desarrollar resiliencia ante la adversidad, construir relaciones auténticas con los demás y cultivar tu fortaleza mental. También vas a encontrar encuestas respaldadas científicamente que te pueden ayudar a conocerte mejor a ti mismo y tomar conciencia de tu personalidad. ¿Qué te motiva más, prevenir el fracaso o alcanzar el éxito? ¿A qué atribuyes las causas de tus éxitos y tus fracasos: a ti mismo o a factores externos? ¿Qué significa para ti la autenticidad? Al final de cada capítulo te dejo 10 reglas más para ser un verdadero líder, desarrollando una mentalidad de crecimiento, practicando la empatía y construyendo resiliencia.

4
MENTALIDAD DE CRECIMIENTO: DESARROLLA FUERZA DE VOLUNTAD

> No podemos limitarnos a continuar por el
> camino que ya hemos recorrido...
>
> AMANCIO ORTEGA

En 2015, Amancio Ortega superó brevemente a Bill Gates como el segundo hombre más rico del mundo. Como sabes, Amancio Ortega es el fundador de la cadena de moda global Inditex, propietario de Zara, Máximo Dutti, Oysho, Bershka y Pull&Bear. En su libro *Así es Amancio Ortega, el hombre que creó Zara,* Covadonga O'Shea relata la vida de Ortega como una historia de progreso, desde la pobreza a la riqueza.

Hijo de un trabajador ferroviario y una empleada doméstica en un pequeño pueblo del norte de España, dejó la escuela a los 14 años y se mudó a la ciudad portuaria de La Coruña para trabajar con un sastre local, donde aprendió los entresijos de la costura. Hay una anécdota que cuenta que, un día su madre no pudo comprar comida en el supermercado, por falta de dinero, y este incidente motivó al futuro empresario a trabajar aún más para cuidar a su familia.

Hoy, el estilo de vida del rey de la moda de 80 años sigue reflejando la humildad de sus orígenes y la determinación de sus sueños. Todavía viste un *uniforme* simple de *blazer* azul, camisa blanca y pantalón gris. En 2017, Amancio Ortega donó 320 millones de euros al sistema sanitario público español para luchar contra el cáncer. Rara vez habla en los medios, pero en una de las pocas entrevistas en 2007 dijo: «Nunca me quedaba contento con lo que hacía y siempre he tratado de inculcar esto mismo a todos los que me rodean».

El caso de Rakesh Aggarwal: La determinación de retrasar recompensas (India – Australia)

Al igual que Amancio Ortega, Rakesh Aggarwal tiene un espíritu emprendedor, una mentalidad de crecimiento y el hábito de seguir aprendiendo. Nunca deja de innovar, se adapta a las nuevas circunstancias y tiene una visión a largo plazo de su empresa y de la industria en la que opera.

En 1992, Rakesh terminó su grado de Ingeniería en la India, su país natal y se fue a Australia donde empezó a trabajar en una fábrica de leche con operaciones anticuadas y, años más tarde, se convirtió en el CEO de la compañía con la última tecnología ecorresponsable. Te cuento la historia de Rakesh porque te puede ayudar a descubrir las mejores prácticas para aprender, cambiar, adaptarte y progresar.

Conocí a Rakesh a través de su sobrina Arti Aggarwal, alumna mía en el máster de *management*, quien admiraba la hazaña empresarial y los logros de su tío en Australia. Y cuando hablé por primera vez con él en febrero de 2016, acababa de terminar su jornada laboral, pero se le veía fresco y animado.

Rakesh dice que la tenacidad es la clave de su éxito. Incluso en las circunstancias más difíciles, mantuvo su espíritu emprendedor y su vitalidad para seguir adelante. Aprendió a retrasar las recompensas y perseguir un impacto duradero en su negocio.

Su determinación lo convirtió en un ejemplo de líder innovador ante los medios australianos: «El hombre que ignoró a los bancos y convirtió la fábrica de leche antigua de Longwarry en una fábrica exitosa de productos lácteos orientada a la exportación, y que después vendió por la considerable suma de $67 millones», informó el periódico local *Baw Baw Citizen* en febrero de 2015. Y la revista *Smartcompany*, dice que Rakesh es un ejemplo de cómo «se crean oportunidades cuando los líderes encuentran maneras innovadoras de gestionar el riesgo».

Longwarry Food Park, Victoria, Australia

La historia de Longwarry comienza en 1992, cuando Rakesh decide mudarse a Australia para trabajar en una fábrica de leche en polvo propiedad de Bonlac Foods. «Quería tener una vida mejor para mi familia, mi esposa y mis dos hijos», dice. Los primeros seis meses fueron bastante duros. Su hijo menor se rompió una pierna cuando llegaron a Australia y su esposa apenas hablaba inglés.

Tras cinco años en la empresa, Rakesh decide montar su propia consultora de ingeniería, a la que llama Saurin, en honor a sus dos hijos Saurabh y Rohin. La consultora funcionaba muy bien. Esta primera experiencia de éxito aumentó su confianza en su capacidad de emprendimiento.

Y mientras que él se dedicaba a la consultoría, la fábrica para la que había trabajado empezó a tener problemas. Bonlac Foods tenía que vender sus plantas ya que consumían demasiada energía. De tal forma, Rakesh pensó que ahí se abría una oportunidad de negocio. Quería rescatar la empresa para la que había trabajado en sus días de gloria, implementando tecnologías verdes de última generación y lograr así unas operaciones eficientes y respetuosas con el medio ambiente.

FOTOGRAFÍA 4.1. Rakesh Aggarwal, fundador
y CEO de Longwarry Food Park (Australia).

Enfrentar desafíos y retrasar las recompensas

Desafíos financieros

Buscó financiación para comprar la fábrica. Pero los bancos se negaban a prestarle el dinero, porque les parecía una operación de alto riesgo. Y él, entonces, pensó en dividir el negocio en tres áreas: el terreno, la maquinaria y los edificios. Y con este enfoque, consiguió tres préstamos separados, de tal forma que en 2001 finalmente compró la fábrica.

El pacto de no competencia

Podíamos esperar que con ello se acababan sus problemas, pero en realidad ahí comenzaban, porque una de las cláusulas del acuerdo de compra con Bonlac le impedía a Rakesh producir leche durante tres años.

Pensarás que es un poco ilógico comprar una fábrica de leche sabiendo que no puedes vender leche. Pero es que Rakesh siempre ubica el tiempo más allá del corto plazo. ¿Qué hizo durante esos tres años? En lugar de tomarlo como un revés, Rakesh aprovechó para hacer negocios inmobiliarios con el terreno. Creó un aparcamiento para camiones y, de esa forma, generó recursos para pagar los préstamos y dedicarse a lo que él tenía en mente, que era transformar la fábrica con tecnología verde.

De tal forma que tres años más tarde, en 2006 cuando pudo empezar a producir tenía una fábrica con un consumo de energía un 30% más bajo, que utilizaba la mitad del agua que antes y que por tanto era mucho más productiva, eficiente y ecológica.

Después del primer año de producción, vendió $17 millones de dólares australianos y un año después esos $17 se convirtieron en $41 millones y la exportación suponía el 90% de sus ventas. Longwarry Food Park fue reconocida como una de las empresas de más rápido crecimiento de Australia por la *Business Review Weekly*.

La crisis financiera mundial

Las cosas le van muy bien, pero al año siguiente llega la crisis financiera mundial del 2008. «Nadie estaba preparado», dice Rakesh. Eso supuso cancelación de pedidos, grandes caídas de precios hasta un 60% e impagos. La supervivencia de la compañía estaba de nuevo en sus manos.

En esas circunstancias, Rakesh decide centrarse en su reputación como una compañía limpia y verde. Y eso la diferencia de sus competidores muy claramente y le permite obtener unos créditos que, en ese momento, eran absolutamente necesarios para sobrevivir. Convirtió este reto en una oportunidad. «Fuimos la única empresa de lácteos en Australia que generó ganancias ese año», dice Rakesh.

La crisis además le enseña que era necesario diversificarse y crear nuevas gamas de productos, como por ejemplo la leche fresca y los quesos. Esta estrategia de diversificación la desarrolla junto a su hijo Saurabh, que dejó la banca de inversión en UBS para incorporarse a la empresa familiar.

Con esa estrategia la compañía se recupera y consigue crecimientos de entre un 25 y un 30% anual. Longwarry Food Park reencontró la prosperidad y el crecimiento de nuevo. Durante este periodo, la planta pasó de producir 400.000 litros de leche a más de un millón de litros.

Rakesh es un ejemplo fuerza de voluntad y autocontrol. Demostró ser capaz de retrasar recompensas. Esperó pacientemente durante tres años invirtiendo en tecnología verde y reputación para conseguir la recompensa de una fábrica eficiente.

¿Cómo los seres humanos regulan su comportamiento, para retrasar la satisfacción inmediata, en aras de obtener mayores beneficios a largo plazo?

El test de la golosina de Stanford: El poder del autocontrol

Con esta pregunta en mente, el psicólogo Walter Mischel diseñó el famoso Test de la Golosina, conocido originalmente en inglés como *The Marshmallow Test*. Quizás hayas escuchado hablar de esta prueba que se ha popularizado en redes sociales. Es una investigación clásica y apasionante, con muchas aplicaciones en diferentes áreas de la vida, para mejorar tu autocontrol y alcanzar tus metas desde la dieta hasta el ahorro.

El test de la golosina consiste en un experimento realizado al final de la década de 1960 a 653 niños preescolares de entre tres a cinco años en una escuela infantil de la Universidad de Stanford. El experimento consistía en llevar a un niño a una habitación y ofrecerle dos opciones: (1) puedes comer una golosina ahora mismo o (2) puedes esperar 15 minutos y comer dos golosinas. Puedes imaginarte la cara de los niños intentando resistirse a la tentación de comerse de inmediato la nube de azúcar y pensando, ¿me como la golosina ahora o me espero un poco... y me podré comer dos golosinas?

El experimento se ha repetido innumerables veces (ver Figura 4.1). Incluso algunos de mis alumnos directivos con hijos en edad preescolar han hecho la prueba. ¿Puedes adivinar cuántos niños y niñas resistieron la tentación de comerse una sola nube de azúcar? Aproximadamente un tercio fueron capaz de esperar los 15 minutos para poder comerse las dos nubes de azúcar.

¿Qué consecuencias tiene la capacidad de autocontrol a largo plazo? Mischel y su equipo en la Universidad de Columbia enviaron cartas a los padres de los niños y niñas que pasaron por la prueba, para hacer un seguimiento, y descubrieron algo asombroso: aquellos que fueron capaces de esperar se habían convertido en adolescentes más competentes académicamente y socialmente, tenían mejores habilidades de comunicación verbal, más capacidad de atención, eran más organizados y podían tolerar mejor la frustración y el estrés.

FIGURA 4.1. Réplica de el test de la golosina de Stanford:
La fuerza de voluntad es la clave del éxito.

Aún más fascinante es constatar que años más tarde Mischel descubrió que la demora de la gratificación es un pronóstico del éxito en la vida adulta, tanto en el ámbito académico, profesional, como personal. Quienes mostraron mayor fuerza de voluntad tenían más éxito en el trabajo, establecían relaciones más sinceras en su vida y poseían un mayor autocontrol ante situaciones de estrés, incluso menos predisposición a la obesidad.

Ante estos beneficios, la siguiente pregunta es: ¿se puede entrenar la fuerza de voluntad? Los investigadores recogieron una segunda ola de datos con el objetivo de identificar las estrategias para vencer la tentación.[2] Estos estudios de seguimiento sugieren que en nuestro cerebro existen dos sistemas: un *sistema caliente* que es emocional e impulsivo, regulado por la amígdala; y un *sistema frío* que es racional y reflexivo, centrado principalmente en los lóbulos frontales y el hipocampo como un centro de la memoria. Esto es lo que más tarde Daniel Kanheman ha postulado en su libro *Pensando rápido y lento*, como «sistema 1» que es rápido y emocional, pero sesgado, y el «sistema 2» que es lento, racional y reflexivo.

¿Cómo enfriar el sistema emocional para aumentar tu autocontrol? Las personas podemos aprender a desviar la atención de la recompensa inmediata, tomando distancia cognitiva y pensando en cómo promover mejores resultados o cómo prevenir desgracias en el futuro. Por ejemplo, el propio Mischel tenía una adicción al tabaquismo y después de ver una imagen de una persona con cáncer, empezó a asociar en su mente el cigarrillo a la muerte y aumentó su motivación para prevenir esta fatalidad, hasta que dejó de fumar.

En este ejemplo, Mischel puso el foco en prevenir la muerte para regular su conducta. Otra persona con el mismo deseo de dejar de fumar podría haber puesto el foco en promover su salud en lugar de evitar la enfermedad. Hay dos formas de regulación a la hora de abordar cualquier tarea: una poniendo el foco en la prevención y la otra poniendo el foco en la promoción. Esta distinción se conoce como la teoría del foco regulatorio propuesta por el psicólogo Tory Higgins de la Universidad de Columbia.

Las personas con un foco de *promoción* están motivadas por el avance, el crecimiento y el desarrollo para alcanzar sus sueños y deseos. Por el contrario, la personas con un foco de *prevención* se centran en evitar el fracaso, al realizar una tarea buscando la seguridad, la protección y el cumplimiento de obligaciones.

Diversos estudios demuestran que cuando las personas se centran en un foco de promoción son más creativas, optimistas y toman más riesgos, sobre todo si la tarea se plantea como algo beneficioso a alcanzar. Sin embargo, cuando las personas se centran en un foco de prevención son más precavidas, precisas y conservadoras, sobre todo si se trata de una tarea que implica pérdidas. En otras palabras, las persona con foco de prevención tienen aversión a perder, mientras que las personas con foco en promoción tienen deseo de ganar.

Cuando observo en las empresas a directivos he comprobado que no todos aprenden de la misma manera. Existen directivos que se sienten motivados a aprender cuando les muestras un modelo positivo a seguir. Por ejemplo, la pasión contagiosa de Richard Branson. Sin embargo, hay otros directivos que muestran más interés cuando les presento un modelo negativo a evitar, como por ejemplo la falta de ética de Elisabeth Holmes.

Basado en el planteamiento original de Higgins, un equipo de psicólogos —Penelope Lockwood de la Universidad de Toronto y Christian Jordan y Ziva Kunda de la Universidad de Waterloo[3]— realizaron una serie de estudios investigando esta cuestión. Los resultados, publicados en la prestigiosa revista científica *Journal of Personality and Social Psychology*, constataron esta interesante diferencia: Las personas con foco en la promoción están motivadas por modelos a seguir que resaltan las estrategias para lograr el éxito. Por el contrario, las personas con foco en la prevención están motivadas por modelos a seguir que destacan estrategias para evitar el fracaso.

Como puedes ver en la Figura 4.2, las personas con foco de promoción tienen una motivación media de 8.67 sobre 9 cuando les muestras modelos positivos de éxito (ej. Un líder que mejora la vitalidad de los empleados). Sin embargo, su motivación baja significativamente a 7.65 cuando ven un modelo negativo de fracaso (ej. Un líder que aumenta el absentismo y la rotación). Este patrón es inverso cuando observamos a las personas con foco de prevención. Su motivación es máxima de 8.58 cuando ven a un modelo negativo a evitar y su motivación es mínima de 7.59 cuando el modelo a seguir es positivo.

Estas investigaciones tienen numerosas aplicaciones para las estrategias de formación, persuasión y *marketing.* El máximo nivel de motivación se alcanza cuando hay un ajuste o encaje entre el foco regulatorio de la persona y el modelo que se le muestra.

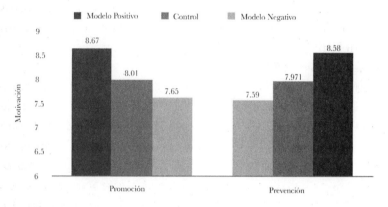

FIGURA 4.2. Motivación de los individuos centrados en la promoción frente a la prevención, después de la exposición a un referente positivo, un referente negativo o ningún objetivo (grupo control).

Conócete a ti mismo

¿Cuál es tu foco: prevención o promoción?

Lockwood y su equipo desarrollaron una encuesta con dieciocho afirmaciones que son relevantes para el foco regulatorio. Puedes usar esta escala del 1, «nada cierto sobre mí», al 9, «muy cierto sobre mí», para indicar el número que mejor te describe.

1. En general, estoy concentrado en prevenir eventos negativos en mi vida.
2. Estoy ansioso por no poder cumplir con mis responsabilidades y obligaciones.
3. Con frecuencia me imagino cómo lograré mis anhelos y aspiraciones.
4. A menudo pienso en la persona en la que temo que podría convertirme en el futuro.
5. A menudo pienso en la persona que idealmente me gustaría ser en el futuro.
6. Normalmente me concentro en el éxito que espero lograr en el futuro.
7. A menudo me preocupa no lograr mis objetivos académicos/profesionales.
8. A menudo pienso en cómo alcanzaré el éxito académico/profesional.
9. A menudo me imagino experimentando cosas malas que temo que me puedan suceder.
10. Con frecuencia pienso en cómo puedo prevenir fracasos en mi vida.
11. Estoy más encaminado a prevenir pérdidas que a lograr ganancias.
12. Mi objetivo principal en este momento es lograr mis ambiciones académicas/profesionales.
31. Mi objetivo principal en este momento es evitar convertirme en un fracaso académico/profesional.
14. Me veo como alguien que se esfuerza principalmente por alcanzar su yo ideal y cumplir mis anhelos, deseos y aspiraciones.
15. Me veo como alguien que se esfuerza principalmente por convertirse en el yo que debería ser, y cumplir con mis deberes, responsabilidades y obligaciones.
16. En general, estoy enfocado en lograr resultados positivos en mi vida.
17. A menudo me imagino experimentando cosas buenas que espero que me sucedan.

18. En general, estoy más orientado a lograr el éxito que a prevenir el fracaso.[4]

Autocorrección: Puedes ver la clave para promoción y prevención al final del libro (Capítulo 4, Nota 4).

Rakesh Aggarwal claramente cae en el lado de la promoción del foco regulatorio. Se imagina alcanzando un futuro mejor para su negocio y su familia. Tiene la motivación para probar cosas nuevas, innovar y luchar, si es necesario, para avanzar y alcanzar el éxito, como te cuento a continuación.

Combatir el fuego con autenticidad

Otra vez las cosas marchaban muy bien para Rakesh, pero el 21 de febrero de 2012, recibe una llamada de su hijo Saurabh a las dos de la madrugada. Saurabh le cuenta que ha habido una explosión y que la fábrica está ardiendo sin control. Todos los empleados habían seguido el protocolo y no hay que lamentar daños personales. Pero se producen daños por fuego que ascienden a 5 millones de dólares y, lo peor, no podía vender ningún producto.

Ante esta situación, Rakesh vuelve a pensar en el largo plazo. Y toma dos decisiones. Lo primero, «no puedo abandonar a mis granjeros», pensó. «Así que, ¿qué hago? ¿me convierto en *bróker*? ¿Les sigo comprando la leche y yo la vendo a mis propios competidores, aunque sea con pérdidas?», se preguntaba Rakesh.

Los proveedores son fundamentales en el negocio lácteo y no podía permitirse el lujo de perder a los mejores granjeros de la zona. Si estos comenzaban a vender a otras fábricas, los perdería para siempre. Así que se convirtió en *bróker* para mantenerlos de su lado: continuó comprándoles leche y vendiéndola con pérdidas.

La segunda tiene que ver con sus empleados. «¿Qué hago con los trabajadores? ¿Les sigo pagando o les despido?» se pregunta Rakesh. «No quiero dejar ir a mis empleados, pero no tengo ni idea de cuánto tiempo tardaremos en volver a poner la planta en funcionamiento». Longwarry se encuentra en una zona rural y llevaría hasta un año encontrar y formar nuevos empleados.

Entonces, Rakesh negocia con la compañía de seguros para que sea su personal quien se haga cargo de la reconstrucción de la fábrica. Y consigue, gracias a ello, realizarla en un tiempo récord de siete semanas, porque el compromiso con la compañía de los trabajadores es innegable. De tal forma, Rakesh consigue levantar de nuevo su empresa.

Detox de dopamina: Cómo resistir las tentaciones

Durante estas crisis, Rakesh parece tener una brújula interna que pone el foco en avanzar para lograr sus ambiciones. Cuando escuchaba a Rakesh pensaba que todos tenemos metas para mejorar nuestras vidas. Sin embargo, hay quienes lo consiguen y otros que, con el mismo talento, no pueden avanzar.

¿Cuál es la diferencia? Pues seguramente la diferencia está en salir de esa zona de confort y seguridad. De esa autocomplacencia que, generalmente nos lleva a quedarnos en el mismo lugar. Por el contrario, las personas como Rakesh deciden hacer algo para mejorar. Ponen el foco en la promoción para entrar en una zona bien distinta, que es la zona de aprendizaje y la del crecimiento.

Me parece un campo de estudio maravilloso y quise profundizar en el tema. He analizado la relación entre el foco de regulación y la autenticidad en un grupo de 127 alumnos del MBA, formándose para ser futuros líderes. El estudio consistía en completar el cuestionario de Lockwood y sus colegas, para medir el foco de promoción y prevención, así como el cuestionario de autenticidad de Wood y sus colegas, que vimos en el capítulo 1.

Los futuros líderes reportaron un foco de promoción (p. ej., seguir sus anhelos y aspiraciones) en mayor medida que un foco de prevención (p. ej., evitar el fracaso). Lo más interesante, si cabe, es que aquellos que tenían el foco de promoción más alto también tenían las mayores puntuaciones en autenticidad.

Si conocemos el funcionamiento de nuestra mente, podemos convertirnos en verdaderos líderes. Cuando nuestra mente pone el foco en conseguir nuestros sueños, estamos abiertos a considerar nuevas posibilidades, más cómodos con la ambigüedad y el cambio y nos sentimos más auténticos. Por el contrario, cuando nuestra mente pone el foco en prevenir problemas, buscamos evitar el fracaso y la decepción de los demás. Como resultado, nos sentimos menos auténticos.

¿Cuál es el obstáculo que hace que no seamos capaces de focalizarnos en alcanzar nuestros sueños? Tiene que ver mucho con nuestra voz interior, con nuestras creencias. Cuando estamos en modo prevención, la voz interior nos dice: «no lo intentes… a ver si te vas a equivocar, a ver si no te va a salir bien». Y este miedo al fracaso, nos paraliza. Somos lo que hablamos, sobre todo lo que nos decimos a nosotros mismos.

«Todo ser humano puede ser, si se lo propone, escultor de su propio cerebro», es la célebre frase de Santiago Ramón y Cajal. Antes se pensaba que el cerebro estaba *hardwired* no podía cambiar después de cierta edad. Ahora sabemos por la neurociencia que el cerebro está *softwired*, tiene neuro-plasticidad, es decir, la capacidad de cambiar su estructura, crear nuevas neuronas y conexiones neuronales.

Si yo me digo, «si, puedo aprender... lo voy a conseguir o por lo menos lo voy a intentar» voy a poner todo el esfuerzo necesario. Las personas que tienen esta mentalidad de crecimiento y esfuerzo tienen un potencial increíble de aprendizaje. Y además, lo tienen a cualquier edad. Con estos pensamientos estás esculpiendo tu cerebro.

Los verdaderos líderes como Rakesh regulan su comportamiento con una voz interior como una brújula interna que apunta el foco hacia la consecución de sus metas.

¿Qué sucede cuando nos guiamos por nuestra brújula interna? Entender este mecanismo de promoción de metas ayuda a desarrollar un liderazgo auténtico. En 2016, aproveché un año sabático en la Escuela Europea de Administración y Tecnología (ESMT, por sus siglas en inglés) en Berlín para ahondar sobre esta cuestión y colaborar con mi colega Laura Guillen en un apasionante estudio que incluía una base de datos con 153 líderes y 1451 empleados que Laura había recogido como parte de un proyecto de consultoría. Los líderes de los equipos indicaban su foco regulatorio de promoción frente al de prevención y dos meses después, a través de una encuesta 360°, sus compañeros, jefes y subordinados evaluaron su estilo de liderazgo.[5]

Los resultados, que presentamos en la conferencia anual de la Academy of *Management* en Los Ángeles, California, demostraron un interesante patrón. Aquellos líderes con un alto foco de promoción de metas y además un bajo foco de prevención de fracasos, se veían a sí mismos más identificados con su papel de líder. Y, a su vez, los demás los perciben como líderes visionarios.

¿Cuál es la razón? Cuando regulas tu comportamiento motivado por sus propios anhelos, deseos y estándares (tu brújula interior), tu liderazgo surge de forma natural. Y esta autenticidad es percibida por tus compañeros, subordinados y jefes, quienes ven en ti una persona con una visión que inspira a otros a buscar nuevas oportunidades.

El hábito de aprender y la innovación

Rakesh inspira a otras personas a mirar más allá de lo esperado. Siempre ha tenido la innovación y el aprendizaje en su visión de la compañía. De hecho, estimula a los trabajadores para experimentar con nuevas ideas, muchas de las cuales además se ponen en práctica. Unos empleados que viven con orgullo formar parte de esta, que es una historia de éxito a pesar de todas las dificultades.

Unos setenta empleados son responsables de las cuatro líneas de producción. Trabajando en tres turnos, mantienen la fábrica funcionando las 24 horas del día, los siete días de la semana. Las líneas de producción se organizan a través de equipos autogestionados de unas cuatro personas.

La innovación y la formación continua son parte de la rutina diaria de los supervisores y operadores. «Somos una empresa innovadora, por lo que siempre estamos cambiando, y tratamos de encontrar formas de ahorrar energía o tiempo, lo que significa que las personas deben recibir formación regularmente», explica Rakesh. Para lograrlo, ha creado reuniones periódicas —charlas informales al comienzo de cada turno, que pueden tomar alrededor de diez minutos— como parte de la rutina diaria de trabajo. El supervisor reflexiona sobre lo que funciona y lo que podría funcionar mejor, los cambios potenciales y los planes con cada equipo.

Rakesh explica cómo ser innovador fue importante para el éxito de la fábrica. «En las grandes empresas, la gente tiende a tener aversión al riesgo, mientras que en mi propio negocio podía permitirme correr riesgos», dice. «No tenemos miedo de experimentar».

Cuando Rakesh entrevista a un nuevo empleado, lo primero que evalúa es su capacidad de aprendizaje y crecimiento. Su expectativa es que todos los miembros de la empresa puedan participar en la toma de decisiones con la formación adecuada. En su filosofía de gestión es central la creencia de que las personas pueden cambiar sustancialmente y mejorar con la práctica. Esta mentalidad de crecimiento es la que transmite a sus empleados.

Ejercicio experiencial: cómo desarrollar tu mentalidad de crecimiento

En su excelente y popular libro *Mindset: La actitud del éxito*[6], Carol Dweck, profesora de Psicología en la Universidad de Stanford, identifica dos tipos de mentalidades: una fija y otra de crecimiento. Las personas con una mentalidad fija creen que la inteligencia y otras habilidades son innatas, algo con lo que naces y no se puede cambiar. Por lo tanto, si tienes una mentalidad fija frente a un examen de matemáticas, es probable que te digas a ti mismo algo como: «No soy bueno en matemáticas, ¿para qué voy a estudiar?».

En cambio, las personas con una mentalidad de crecimiento creen que siempre puedes cambiar sustancialmente lo inteligente que eres y que cuanto más trabajes y más esfuerzo pongas en ello, mejor lo harás. Por ejemplo, cuando te enfrentas a un examen difícil, una persona con una mentalidad de crecimiento como Rakesh Aggarwal piensa: «Puedo mejorar, debo seguir aprendiendo, estudiaré quince minutos más todos los días». Pero, cultivar una mentalidad de crecimiento puede ser complicado cuando estás acostumbrado a una visión fija de tus habilidades.

Orgulloso de estar asociado con una historia de éxito

Cuando tienes una mentalidad de crecimiento, tienes más probabilidades de tener éxito. Un éxito que los empleados se sienten orgullosos de compartir. Los líderes auténticos como Rakesh hacen que sus seguidores se sientan orgullosos de estar asociados a ellos y a sus historias de éxito.

Longwarry aparece regularmente en las noticias recibiendo premios, como el de Empresa Privada de más Rápido Crecimiento en Australia, en 2008; Exportador del Año, en 2011; Medalla de Oro, en 2012, de Sídney Royal; y una de las 500 principales empresas privadas de Australia, en 2014. Los empleados están muy orgullosos de trabajar en Longwarry.

Después del incendio, Rakesh trasladó sus oficinas mucho más cerca de la fábrica. Y ahora todos los días la visita y dedica un tiempo a charlar con sus empleados, ya sea sobre el trabajo o cualquier otro aspecto de su vida.

Llegados a 2014, Longwarry fue adquirida por el gigante lácteo italiano Parmalat. Y fue así porque Rakesh pensaba que para seguir creciendo necesitaban unos niveles de inversión que su familia ya no podía asumir. Él se mantiene como director y desea permanecer todo el tiempo que sea posible para ser testigo del crecimiento de su proyecto.

Cuando hablas con Rakesh admite que, en muchos momentos, le asaltaban las dudas, que vivió con ansiedad lo que sucedía, pero que siempre supo que debía aparentar calma y actuar como si todo estuviera bajo control. Como él dice, a veces el precio del liderazgo es la soledad, porque no puedes compartir ciertas cosas, para no preocupar a los demás.

Después de publicar *Yours Truly*, tuve el honor de tener como invitado especial a Rakesh para compartir sus experiencias de liderazgo con mis alumnos de máster en *management* en el IE University en Madrid. Sus lecciones invaluables despertaron un gran interés en los futuros líderes, que buscaban estrategias para mejorar sus habilidades y su confianza.

Hay una anécdota que me pareció muy entrañable. Rakesh tuvo un breve encuentro con Tony Blair, el primer ministro británico en aquel momento, durante una visita oficial a Australia. Impresionado por la imagen de confianza que Blair proyecta de sí mismo, Rakesh le preguntó cuál es el secreto de su confianza. Blair respondió: «Simplemente, finges estar seguro». A veces, fingir confianza es parte del guión de la autenticidad. Algunos expertos sugieren la estrategia de *fake it until you make it*, algo así como «fíngelo hasta que lo consigas».

Al igual que un actor galardonado, Rakesh me parece un líder auténtico, seguro de sí mismo y motivado por el avance y el crecimiento. ¡Rakesh es un líder de la leche! :)

Autenticidad y crecimiento personal

El trabajo de Carol Ryff, de la que te he hablado antes, incluye el crecimiento personal como uno de los elementos clave para el bienestar emocional de una persona. El crecimiento se refiere a la orientación que una persona tiene hacia la superación personal, que está asociada a la experiencia de autenticidad.

Conócete a ti mismo

¿Cuál es tu nivel de crecimiento personal?

Dedica un momento a evaluar hasta qué punto estás de acuerdo o en desacuerdo con estas ocho afirmaciones de Carol Ryff, utilizando una escala de 1, «muy en desacuerdo», a 6, «muy de acuerdo».

1. En general, siento que sigo aprendiendo más sobre mí mismo a medida que pasa el tiempo.
2. Soy el tipo de persona a la que le gusta probar cosas nuevas.
3. Creo que es importante tener nuevas experiencias que desafíen la forma como piensas en ti y en el mundo.
4. En mi opinión, las personas pueden seguir creciendo y desarrollándose sin importar la edad.
5. Con el tiempo, he adquirido mucho conocimiento sobre la vida que me ha convertido en una persona más fuerte y capaz.

6. Tengo la sensación de que me he desarrollado mucho como persona a lo largo del tiempo.
7. Para mí, la vida ha sido un proceso continuo de aprendizaje, cambio y crecimiento.
8. Me gusta ver cómo han cambiado y mejorado mis puntos de vista con el paso de los años.

Autocorrección: Suma las puntuaciones. Puedes ver la clave al final del libro (Capítulo 4, Nota 8).

Según Ryff, una puntuación alta constata que posees una sensación de desarrollo continuo, te ves a ti mismo en crecimiento, estás abierto a nuevas experiencias y tienes sentido de autorrealización de tu potencial. Por el contrario, una puntuación baja denota que tienes una sensación de estancamiento personal, te sientes aburrido y desinteresado con la vida, y te parece difícil desarrollar nuevas actitudes o comportamientos.

10 reglas más para ser un verdadero líder con una MENTALIDAD DE CRECIMIENTO
· ·

Regla 31. Cultiva tu mentalidad de crecimiento.

Experimenta y prueba cosas nuevas. Recuerda que la práctica hace al maestro. Haz del aprendizaje un hábito fundamental en tu vida. Rakesh, por ejemplo, posee una mentalidad de desarrollo y crecimiento continuo, tanto para sí mismo como para su empresa. Incluso cuando el incendio devastó la fábrica, su enfoque principal seguía siendo el mismo: «Mi deseo de seguir creciendo era lo más importante en mi mente».

Regla 32. Identifica tu propósito a largo plazo: tu *IKIGAI*.

Cuando nos vemos a nosotros mismos en constante evolución hacia un propósito, es más probable que podamos adaptarnos y crecer de manera efectiva. Por ejemplo, Rakesh desarrolló una visión a largo plazo de sí mismo, de su empresa y de la industria en la que opera. Esta visión estratégica le proporciona una comprensión que le permite aprender, cambiar, adaptarse y progresar.

Ver la luz al final del túnel te da esperanza y motivación para seguir adelante. Como afirmó el filósofo Nietzsche, cuando tienes un porqué o un propósito claro, puedes encontrar la manera de superar casi cualquier obstáculo que se presente en tu camino.

Regla 33. Identifica tus KPIs para evaluar el progreso hacia tus metas.

Es importante tomar el control de tu tiempo y evaluar tu progreso, siguiendo tu propia brújula interna, escuchando tu voz interior y teniendo tu propio criterio de éxito. Rakesh, por ejemplo, demostró una gran determinación en su trayectoria profesional y personal. Para él el éxito es ver crecer su proyecto empresarial, aunque para ello fuese necesario vender su empresa.

Haz una pausa y reflexiona...

¿Qué significa el éxito para ti? Identifica tus **KPI** (*key performance indicators*), aquellos criterios u objetivos que te permiten monitorizar el progreso hacia tus metas.

Regla 34. Retrasa las recompensas y gratificaciones: superar la procrastinación.

La capacidad de vencer tentaciones en el corto plazo a favor de conseguir metas significativas en el largo plazo es una cualidad de autocontrol esencial para alcanzar el éxito. Por ejemplo, la fuerza de voluntad, tenacidad y determinación de Rakesh fueron fundamentales para superar situaciones difíciles.

A pesar de enfrentarse a los desafíos más difíciles, Rakesh se mantuvo firme en la búsqueda de sus metas a largo plazo. Comprendió la importancia de retrasar las recompensas inmediatas y se centró en generar un impacto duradero en su negocio y en las generaciones futuras.

Aquellas personas capaces de retrasar las recompensas tienen mayor éxito profesional, mejor salud física y mejor salud emocional.

Haz la prueba...

Identifica tus mayores **tentaciones y distracciones** que tienes que vencer a diario. ¿Cuáles son las recompensas inmediatas que pueden obstaculizar la consecución de tus metas significativas a largo plazo? ¿Hay alguna actividad que no puedas dejar de realizar durante todo un día? Por ejemplo, revisar tu cuenta en Instagram antes de ponerte a trabajar. Escríbelas en un *post-it* y colócalo en un lugar visible.

Regla 35. *Détox* de dopamina: Ejercita tu fuerza de voluntad.

La dopamina es un neurotransmisor del cerebro, asociado a las recompensas, que motiva la repetición de la conducta. Por ejemplo, cada vez que recibimos un *me gusta* en nuestras redes sociales, nuestro cerebro segrega dopamina y nos produce en sentimiento placentero que nos va haciendo *adictos*. El problema es que va creando tolerancia y cada vez necesitamos más estimulación para conseguir los mismos niveles de dopamina en nuestro cerebro.

Para evitar estas distracciones de dopamina y superar la procrastinación, se ha popularizado una práctica denominada *détox* de dopamina o también ayuno de dopamina, que comenzó en Silicon Valley. Consiste en reducir aquellos placeres instantáneos del día a día (ej. móviles) para evitar el comportamiento impulsivo y mejorar la concentración de nuestro cerebro en metas a largo plazo.

Regla 36. Evita una mentalidad fija ante las dificultades.

Cuando reflexionas sobre los momentos difíciles en los que te has enfrentado y superado problemas, puedes apreciar cómo esas experiencias han cambiado tu perspectiva y te han ayudado a crecer y madurar a lo largo de los años. Para aprender de las dificultados es importante evitar quedarse en una mentalidad fija y concentrarte, en cambio, en las consecuencias positivas y en las habilidades que puedes adquirir con el tiempo.

Por ejemplo, cuando Rakesh descubrió que la fábrica no podía producir leche durante tres años, en lugar de abandonar el proyecto, actualizó la maquinaria existente con tecnología verde. Esta decisión no sólo demuestra su habilidad para salir fortalecido ante la adversidad, sino también de su compromiso con la sostenibilidad.

fueron las **consecuencias positivas** para ti o para otras personas? Anota estos logros.

Regla 37. Evita el «si no está roto, no lo arregles»: foco prevención.

Adoptar un foco preventivo, centrado en minimizar los errores, te obliga a estar en modo alerta y puede limitar tu capacidad de innovación. Cuando operamos en este modo alerta, nuestra capacidad para desempeñar un papel de liderazgo inspirador y visionario disminuye considerablemente.

Las empresas que ponen demasiado foco en monitorizar de errores a menudo pierden el espíritu emprendedor y la motivación para tomar riesgos necesarios para la innovación. Se centran en un estilo de liderazgo de *micromanagement*. En cambio, Rakesh promueve la experimentación y asume riesgos moderados como formas de mejorar, haciendo de la innovación el sello distintivo de su empresa.

Haz una pausa y reflexiona...

Si te encuentras en una situación en la que te sientes **estancado**, no te aferres a lo seguro. Revisa tus metas y necesidades: ¿Por qué tengo una alta necesidad de seguridad y protección?

Regla 38. Eleva tu motivación a través de metas desafiantes: foco promoción.

En lugar de conformarte con el *statu quo* del estilo de prevención, persigue metas ambiciosas y desafiantes. Recuerda que el foco de promoción se caracteriza por centrarse en el logro y el progreso, en vez de en evitar los fracasos. Cuando te centras en avanzar, te abres a experimentar una mayor autenticidad. Los verdaderos líderes se involucran en comportamientos no convencionales y orientados al cambio. Están dispuestos a ampliar sus propios límites y los de aquellos que les rodean.

Un buen ejemplo es el caso de Rakesh, después de que el incendio devastara su fábrica. En lugar de aceptar las reglas convencionales, Rakesh demostró su mentalidad de promoción al convencer a la compañía de seguros de que hiciera algo inusual: contratar a sus propios trabajadores para reconstruir la fábrica. Esta decisión de desafiar las normas establecidas muestra su capacidad para buscar soluciones innovadoras.

Haz una pausa y reflexiona…

Piensa en una o dos metas desafiantes en tu vida laboral o personal. Para que las metas funcionen tienen que seguir una serie de factores, conocidos como **SMART**: específicas, medibles, alcanzables, relevantes y temporales.

Regla 39. Promueve una cultura de innovación.

Cuando compartes tu mentalidad de crecimiento con otros, creas una cultura de innovación y desarrollo. Mantén una orientación de aprendizaje y busca oportunidades para compartir tus metas y aspiraciones con tus colegas y personas significativas en tu vida.

Por ejemplo, cuando Rakesh entrevista a un nuevo empleado, lo primero de lo que habla es de la innovación y el crecimiento. Cuando compartes esta orientación hacia el aprendizaje con los demás, estás sembrando una semilla que fomenta tanto el desarrollo individual como el de la organización. Leí una vez que el empleado estrella de hoy, que sin embargo no es capaz de aprender, seguramente se va a convertir en el empleado problema de mañana.

Haz una pausa y reflexiona...

Evalúa si existe una cultura de aprendizaje en tus equipos de trabajo. ¿Existe un clima donde se fomenta la **curiosidad** y el crecimiento?

Regla 40. Conviértete en un referente a seguir para el aprendizaje y el crecimiento.

Cuando actuamos según los principios del crecimiento personal y profesional, nos convertimos en un modelo a seguir, liderando con el ejemplo. Los esfuerzos de Rakesh son reconocidos por el ministro de Manufactura, Exportaciones y Comercio de Victoria en Australia quien destaca: «Usted está dando un excelente ejemplo, un modelo a seguir para un futuro más sostenible y próspero».

Con una mentalidad de crecimiento excepcional, Amancio Ortega ha logrado pasar de *cero a Zara*. La innovación define la cultura corporativa de Inditex. Y, más allá de los negocios, Ortega busca dejar un legado positivo en la sociedad: «Mi deseo es que los resultados de mi experiencia vital, tanto personal como profesional, lleguen a todos aquellos miembros de la sociedad que más necesitan apoyo y aliento». De la misma manera, Rakesh Agarwal, aspira a impulsar el crecimiento y desarrollo de la industria láctea, para conseguir una mejor alimentación en el mundo.

5

AUTENTICIDAD RELACIONAL: FOMENTAR RELACIONES AUTÉNTICAS

No tenía ni idea de que ser auténtica podría hacerme tan rica como me ha hecho. Si lo hubiera sabido, lo hubiera sido mucho antes.

OPRAH WINFREY

Durante la década de 1990, mientras vivía en Estados Unidos, pude presenciar el impacto fenomenal de Oprah Winfrey, presentadora de televisión. En 1997, la revista *Life* catalogó a Oprah Winfrey como «la mujer más poderosa de Estados Unidos», y casi dos décadas después, en 2014, la revista *Forbes* la incluyó entre las 100 mujeres más poderosas del mundo, en el puesto 14. Ese mismo año, su riqueza personal superó los 2.9 mil millones de dólares, convirtiéndola en la mujer más rica de Estados Unidos.

¿Cuál es el secreto de su éxito? «Ser auténtica», dice ella. El *Oprah Winfrey Show* era realmente diferente. Debora Tannen analizó el estilo de Winfrey en la revista *Time:*[1] Con una empatía increíble, Winfrey creó el formato de «conversaciones auténticas» en lugar de un mero «intercambio de información». De esta forma, dejó de invitar a expertos a su programa de televisión y empezó invitar a la gente común, para hablar sinceramente de sus problemas personales.

La influencia de Oprah es tal que puede convertir un libro desconocido en un éxito de ventas[2] o ayudar a Barack

Obama a ganar unas elecciones[3] a través de lo que se conoce como el Efecto Oprah.

El caso de Dena Schlutz: Liderar con inteligencia emocional (Estados Unidos)

Los verdaderos líderes como Oprah Winfrey se reinventan a sí mismos, y surgen de la nada para convertirse en referentes sociales. Van desarrollando un tesoro de recursos psicológicos de los que echan mano a medida que los necesitan para lidiar con los avatares de la vida, evitando caer en espirales negativas.

Dena Schlutz es una exitosa empresaria de una inmobiliaria en Colorado, pero este es sólo el último episodio de lo que ha sido una vida llena de extraordinarias experiencias, en las que su luz le ha marcado siempre el camino para salir del infortunio.

Hoy, de mediana edad, Dena vive en Colorado con su familia, que además de su marido Iván, incluye tres hijos, dos nietos, dos caballos y dos perros, y compite en eventos de salto con su caballo de sangre caliente holandés.

Conocí la historia de Dena por uno de sus hijos, que presentó su caso en una de mis clases de liderazgo. Para saber cómo Dena pasó del infortunio a la transformación personal y el crecimiento programé una entrevista con ella por *skype*, en la que pude apreciar su hermosa casa en Colorado, decorada con las impresionantes esculturas de bronce que construye su marido Iván.

Tenía mucha curiosidad por conocer cómo se había mantenido psicológicamente fuerte ante el trágico accidente de su marido y cómo se había reinventado en una empresaria de éxito.

FOTOGRAFÍA 5.1. Dena Schlutz, fundadora y directora
ejecutiva de Estate Professionals (EE. UU.).

El apego a la familia: Una identidad relacional

Dena creció en una finca en Colorado y desde muy pequeña
tuvo que asumir un papel de liderazgo central en su familia.
Le dieron enormes responsabilidades, tanto en la escuela como en la finca. La educaron para hacer lo que era necesario
hacer, con el fin de mantener la estabilidad del núcleo familiar y esto incluía incluso cocinar y cuidar de los caballos. La
jornada de una niña que iba al colegio y que luego tenía que
ayudar en la finca, obviamente, era dura. Pero ella dice que se
sentía satisfecha después de un día intenso de trabajo.

Dena fue siempre una buena estudiante y soñaba con ir a la universidad, pero la situación de su familia se complicó. Su padre les abandonó cuando tenía trece años, su madre cayó en una profunda depresión de la que ya nunca se recuperaría. Tres años después tuvo que acudir con ella a un tribunal de quiebras, de tal forma que necesitó empezar a trabajar desde muy joven y, aunque acabó el instituto con excelentes calificaciones, tuvo que renunciar a ir a la universidad. Eso sí, siempre mantuvo una actitud positiva en aquellos momentos de dificultad y siempre tuvo en mente su sueño de ir a la universidad.

Su hermana Sandy, la recuerda como «la más trabajadora de los cuatro hermanos». Este apego a su familia se nota incluso en la forma en la que Dena habla de sí misma. Su identidad está en relación con sus vínculos familiares. Dena se define como la hija de un ganadero. Esto es lo que en psicología conocemos como la *identidad relacional*. Piensa en ti, en esas veces que te has referido a ti mismo como el hijo o la hija de un arquitecto, un albañil, de una doctora, o una empresaria.

Estos primeros lazos familiares son una fuente importante de salud emocional para la vida adulta. El apego a nuestros padres va conformando nuestra identidad y vamos aprendiendo habilidades de inteligencia emocional. Dena despliega su potencial de liderazgo utilizando las cuatro habilidades de inteligencia emocional clave, según el experto Daniel Goleman: Autoconocimiento, autocontrol, empatía y competencia social.

Voy a ir contándote cómo cada uno de los episodios de la vida de Dena ilustran, de una forma clara, la relevancia de estas cuatro habilidades de inteligencia emocional.

El accidente: Una mirada hacia adelante con autocontrol

A los 23 años se casó con Iván, que se estaba formando como piloto y mecánico de aviación. Fue entonces cuando por fin pudo ir a la universidad, al tiempo que trabajaba para poder costearse los estudios. Cuando todo les iba bien, Iván sufrió un grave accidente mientras realizaba el mantenimiento de un avión. Un accidente que le dañó el cerebro y lo encontraron sangrando inconsciente.

Dena se vio en el trance de tener que autorizar una intervención quirúrgica de máximo riesgo. Justo antes de entrar al quirófano, Iván le hizo prometer que no abandonaría sus estudios pasara lo que pasara con él. Así que mientras le operaban, ella sacó, no se sabe muy bien de donde, la determinación para concentrarse en preparar unos exámenes que tenía en tan sólo una semana.

Aunque Iván estaba consciente en el hospital, el lado derecho de su cuerpo estaba paralizado por la lesión cerebral. Los médicos no sabían si sobreviviría a la cirugía o si podría volver a caminar. Dena recuerda la responsabilidad que representó decidir sobre la vida de otra persona. Fue un momento crítico para ella: se dio cuenta de que su rol en la vida había cambiado para siempre: «Sentía un miedo terrible», recuerda. Pero, aun así, mostró una gran capacidad de autocontrol y gestión de las emociones.

Iván estuvo en el quirófano durante unas tres horas. Cuando los médicos salieron, todo lo que dijeron fue: «Tendremos que esperar a ver qué pasa». Después de dos semanas en cuidados intensivos, la presión en su cerebro comenzó a disminuir. Iván fue capaz de mover el brazo izquierdo, aunque tenía el lado derecho casi completamente paralizado.

La vida después del accidente: Autoconocimiento

El proceso de rehabilitación de Iván fue largo y fue duro, no sólo por la recuperación física, sino porque además tenía que renunciar a su sueño de ser piloto. La rutina diaria era que Dena le llevaba al hospital a la rehabilitación en su camino a la universidad y que sus padres le recogían cuando él acababa. Un apoyo familiar sin el que hubiera sido muy difícil que Dena hubiera continuado con sus estudios.

«¿Cómo va a ser nuestro futuro? ¿Cómo debo prepararme?». Estas eran algunas de las preguntas que pasaban por la mente de Dena al entrar en esta nueva etapa de su vida. Estos momentos de reflexión son un buen ejemplo de su capacidad de autoconocimiento. Se ha convertido en la figura principal en la toma de decisiones y en la organización de la familia. Necesita diseñar un plan.

Como afirma su hermana, con Dena no importa lo difícil que sea una situación, que siempre hace lo necesario para mejorarla. Aunque se convirtió en responsable de sacar adelante a su familia, para ella era algo que le resultaba fácil y casi natural de asumir.

Lo primero que hizo fue prepararse para ser competitiva en el mercado laboral. Dena comenzaba a sentirse más segura para asumir el liderazgo de la familia y comenzar una nueva carrera profesional.

Dos años después del accidente, Dena se graduó como la mejor de su clase (*magna cum laude*) y tuvo otro bebé, su hijo Logan. Su determinación y autoconocimiento le llevaron a conseguir el trabajo que muchos de sus compañeros deseaban, un trabajo en una empresa Fortune 500, Hewlett Packard, cerca de donde vive y con unas excelentes oportunidades para una carrera ejecutiva. Así podía pagar su préstamo universitario de $36,000 dólares y cuidar al bebé.

La perspectiva de la otra persona: Empatía

Este cambio inevitablemente puso la relación con Iván bajo presión y Dena procuró entender cómo se sentía Iván. Afortunadamente, la buena actitud de Iván le ayudó mucho en su proceso de recuperación. Poco a poco fue recobrando la movilidad. La necesidad de reinventarse después del accidente le llevó a descubrir una vena artística que hasta entonces ignoraba.

Iván descubrió su lado artístico cuando comenzó en su periodo de rehabilitación; le hicieron trabajar con arcilla y uno de los días convirtió aquel pedacito de arcilla en una hermosa escultura. Luego empezaría a trabajar con el bronce y hoy ha ganado varios premios y realiza exposiciones.

Dena escucha activamente y presta atención a lo que dices. Tiene una gran habilidad para leer tus emociones y responder con empatía, no sólo a lo que dices sino a cómo te sientes. Esta empatía con su marido y el resto de la familia le ha convertido en la persona a la que los demás miembros de la familia acuden en busca de apoyo y soluciones.

Cuando hablas con Dena, de cómo salió adelante, de cómo lidió con todas estas dificultades, dice que ella se limitó a mirar hacia delante con optimismo más que a pensar en lamentarse sobre lo que estaba pasando. Esta actitud optimista es la que aprendió en aquella finca de su padre que, en lugar de preocuparse por lo duro que era lo que le había tocado vivir, se ocupaba de prepararse para un futuro mejor.

Una carrera profesional: Competencia social

Poco después de ser contratada por HP, fue ascendida con un importante aumento salarial. Su desempeño fue excelente. El compromiso y el intenso trabajo de Dena pronto le generó el respeto de su jefe y colegas que la describen como una persona fuerte, enérgica y con la que es fácil trabajar. Pasados sólo dos años tenía un brillante panorama de carrera profesional en la empresa.

Dena disfrutaba cada aspecto del trabajo. Pero su problema era la dificultad de encontrar un balance adecuado entre la vida profesional y la vida familiar. Trabajaba hasta sesenta horas a la semana. Su esposo Iván y el bebé estaban solos en casa todo el día y Dena dice que se sentía culpable.

Entonces le pidió a su jefe un horario más flexible que le permitiera ser más productiva para la empresa mientras cuidaba mejor a su familia. Se le concedió la flexibilidad que necesitaba en el acto. Dena fue una pionera en el teletrabajo antes de la pandemia del coronavirus. Trabajaba de martes a sábado y pasaba el domingo y el lunes en casa para cuidar de la familia. Para sus colegas esto refleja la confianza que su jefe tenía en ella. Dena sobresale en sus competencias sociales de influencia y persuasión.

Cómo desarrollar las habilidades de inteligencia emocional

El gran recurso psicológico de Dena, como trabajadora y como responsable de familia, es su inteligencia emocional. Daniel Goleman fue el primero en acuñar el término «inteligencia emocional» en su exitoso libro del mismo nombre de 1995, y desde entonces se ha vuelto de uso coloquial en el campo del desarrollo personal y profesional.

Goleman encontró que lo que distingue a los directivos excepcionales no era su cociente intelectual, sino que el 90% se debe a otras habilidades *soft,* como el autoconocimiento, el autocontrol, la empatía y las competencias sociales. El liderazgo se basa menos en habilidades técnicas y más en estas habilidades blandas.

El autoconocimiento se refiere a tu capacidad de conocer tus fortalezas y tus limitaciones, así como tus valores y motivaciones y el impacto que tiene en los demás. Algunos de los indicadores clave es la confianza en uno mismo. Por ejemplo, Dena sabe que tras el accidente de Iván su vida ha cambiado y tiene un plan para prepararse bien en el futuro.

El autocontrol consiste en poder regular y gestionar tus emociones y tus impulsos en momentos de ambigüedad y cambio. En el caso de Dena, cuando su marido entra al quirófano para una operación arriesgada, ella consigue gestionar su miedo y concentrarse en sus estudios.

La empatía es la capacidad que tienes de ponerte en el lugar de la otra persona, sus sentimientos y tenerlos en cuenta para responder de forma apropiada. La capacidad de Dena para entender las emociones de Iván durante el proceso de rehabilitación le ayudaron en su pronta recuperación.

Y finalmente, la competencia social se demuestra en tu habilidad para persuadir e influenciar a otras personas en situaciones de cambio. Un ejemplo claro es cuando Dena solicita a su jefe en HP mayor flexibilidad para poder conciliar el trabajo con su vida familiar y se lo conceden de inmediato.

Con mi equipo de investigación, analizamos estas cuatro habilidades de inteligencia emocional en 222 alumnos de MBA, como parte de un programa de desarrollo de habilidades directivas en el que trabajan en pequeños *grupos de aprendizaje* de 5-6 personas.[4] La edad media de los participantes era de treinta años y tenían alrededor de seis años y medio de experiencia laboral. Durante el programa, los participantes realizaban una evaluación 360° en la que, además de evaluar su propia inteligencia emocional, evaluaban a los otros miembros del grupo. De esta forma, cada participante recibe un informe personalizado en el que puede comparar su puntuación con el *feedback* de sus compañeros.

Los resultados publicados en la revista *Academy of Management Learning & Education*, demuestran que estos líderes tienen una autopercepción relativamente alta de su inteligencia emocional, alrededor de 4 puntos de media sobre 5. La competencia más alta es la empatía con 4 puntos, seguida de autoconocimiento 3.95, después autocontrol con 3.91 y la más baja es la competencia social con 3.87.

Te dejo el test que utilizamos en este estudio para que puedas evaluar tu inteligencia emocional. Después vamos a ver porqué es importante el *feedback*.

Conócete a ti mismo

¿Cuál es tu inteligencia emocional?

Evalúa el grado en el que, cada una de las afirmaciones, se aplica a ti. Utiliza esta escala del 1 «nada» a 5 «completamente».

1. Tengo confianza en mis habilidades para llevar a cabo mis planes.
2. Mantengo la calma en situaciones de tensión y estrés.
3. Entiendo los puntos de vista de otra persona.
4. Me adapto fácilmente a gente nueva.
5. Muestro determinación cuando tengo que hacer una tarea difícil.
6. Gestiono bien mi tiempo para hacer las actividades que son importantes.
7. Puedo ponerme en el lugar de otra persona y sentir su estado de ánimo.
8. Puedo trabajar con otras personas en varias tareas.

9. Me recupero relativamente rápido después de un fracaso.
10. Soy una persona que sabe cuándo trabajar y cuándo tomarse un descanso.
11. Muestro empatía hacia las emociones de otras personas.
12. Me adapto a los cambios de forma constructiva y persuasiva.

Como te muestro en la Figura 5.1, suma tus puntuaciones en cada categoría para obtener la puntuación total en cada habilidad de inteligencia emocional.

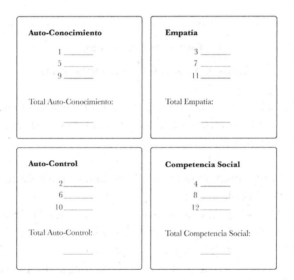

FIGURA 5.1. Habilidades de inteligencia emocional.

Tu puntuación en cada uno de las cuatro habilidades varía entre 3 y 15 puntos. Haz un círculo de color rojo en la habilidad donde hayas obtenido una puntuación más baja de 6.

Esto indica que este es un área que puedes mejorar. Ahora rodea en color verde el factor donde hayas obtenido una puntuación más alta de 10. Esto indica que esta es tu fortaleza.

Evitar los sesgos cognitivos: La importancia del *feedback*

¿Es nuestra autopercepción correcta? ¿Nos vemos a nosotros mismos de la misma manera que nos ven los demás? Con estas preguntas en mente, nos fijamos en la comparación entre las autopercepciones y la retroalimentación de los compañeros (la media del grupo). Y la respuesta es rotundamente ¡no! Nuestra autopercepción no coincide con el *feedback*.

En general, los líderes sufren de un exceso de confianza y sobrevaloran su inteligencia emocional. Autoconocimiento: 3.95 vs. 3.69; autocontrol: 3.91 vs. 3.71; empatía: 4.00 vs. 3.68 y competencia social: 3.87 vs. 3.71. Es interesante que en nuestro estudio, la mayor diferencia entre la autopercepción y el *feedback* la observamos en la empatía. Tu piensas que te estás poniendo en el lugar del otro, pero los otros no lo ven así.

Tendemos a sobreestimar nuestras habilidades en general. Cuando te miras al espejo puede que te veas como un león, sin embargo, los demás puede que te vean sólo como un pequeño gato. Esta es una imagen que comparto en mis cursos de *coaching* para visualizar que, muchas veces, nos autoengañamos y no podemos confiar únicamente en nuestro punto de vista.

¿Qué está sucediendo? Todos tenemos sesgos. El psicólogo Daniel Kahneman, Premio Nobel de Economía en 2002 y autor del superventas *Pensando, rápido y lento*, demostró la racionalidad limitada de los seres humanos. Siempre me han maravillado sus investigaciones, que descubrí en mis años de universidad en la Universidad Autónoma de Madrid. Y luego tuve la increíble oportunidad de escuchar una charla suya en la Universidad de Harvard. Recuerdo claramente su énfasis en el sesgo de exceso de confianza que nos lleva a subestimar el tiempo que tardamos en hacer cualquier actividad, por ejemplo, escribir un libro. ¡Algo que mi editor puede constatar! ☺

Y muchos otros psicólogos de la percepción han descubierto increíbles sesgos cognitivos que muestran cómo nuestro cerebro nos engaña. Considera este ejemplo de la Figura 5.2 conocido como la ilusión de Ebbinghaus. ¿Son los dos círculos oscuros del centro del mismo tamaño?

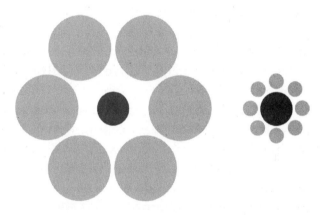

FIGURA 5.2. La ilusión de Ebbinghaus.

La mayoría de las personas creen erróneamente que el círculo de la derecha es más grande que el círculo de la izquierda. Esta aparente diferencia de tamaño es simplemente una ilusión óptica debido al contexto. El círculo de la derecha parece más grande porque está rodeado de círculos pequeños, mientras que el de la izquierda parece más pequeño porque está rodeado de círculos grandes.

Nuestro cerebro es vago por naturaleza. Intenta ahorrar energía y ha aprendido a procesar la información dentro de un contexto. Para ser más eficiente, nuestro cerebro ha desarrollado estrategias, denominadas heurísticos que son como atajos mentales. En general, estos atajos funcionan y nos ahorran mucho tiempo y energía en nuestro día a día. Sin embargo, hay ocasiones en que son erróneos y no podemos ir siempre en piloto automático.

Obtener el *feedback* sobre tus habilidades, como la inteligencia emocional, de otras personas que te conocen bien, es invaluable. Nuestra autoevaluación está sesgada, y la retroalimentación es el mejor antídoto a estos sesgos.

Creemos que somos más amables o empáticos de lo que nos creen los demás, lo que nos supone un desafío para aceptar comentarios críticos: es probable que incluso nuestros colegas más positivos perciban que tenemos más debilidades de las que nos atribuiríamos. Debido a que, recibir *feedback* de nuestros compañeros cuestiona nuestra visión de nosotros mismos, es muy probable que desarrollemos mecanismos de defensa psicológica para evitar sentirnos mal. Recibir retroalimentación negativa puede ser doloroso. Piensa en ti, ¿estas abierto a los comentarios honestos de los demás?

En la segunda parte de nuestro estudio sobre liderar con inteligencia emocional nos fijamos en esta pregunta. ¿Cómo los líderes reaccionan al *feedback* crítico de sus compañeros? ¿Están abiertos a aceptar sus comentarios y ajustar sus propias percepciones a la baja?

Los resultados son sorprendentes. En general, recibir comentarios críticos de sus compañeros estimuló la reflexión e hizo que la autoimagen de los líderes fuera más realista. Pero aquí viene lo más interesante: no todos respondieron a los comentarios de la misma manera. Estadísticamente, este ajuste se produce más en mujeres que en hombres. Las mujeres ajustan su autopercepción al *feedback* de los demás más que los hombres. ¿Casualidad? Esta diferencia apareció las tres veces que los líderes recibieron el *feedback* de sus compañeros a lo largo del año, al final de cada uno de los tres semestres.

Como puedes ver en la Figura 5.3, las mujeres adaptaron más rápidamente su perspectiva sobre sí mismas para coincidir con las opiniones de los demás. Al final del año, la mujer promedio se veía a sí misma casi exactamente como la veían sus compañeros en tres de las cuatro habilidades de inteligencia emocional. Por ejemplo, la autoconfianza, representada en la primera barra del gráfico, es de 3.84 (autoevaluación) frente a 3.67 (*feedback*) en enero; 3,64 frente a 3,44 en abril; y 3,42 frente a 3,47 en junio. Prácticamente al final del año académico la autoevaluación y el *feedback* de su autoconfianza es la misma.

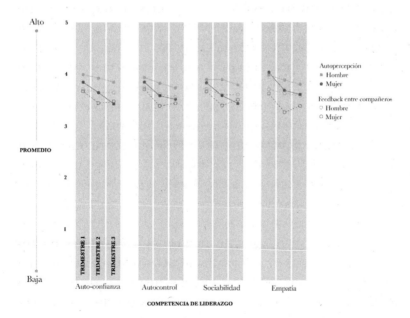

FIGURA 5.3. Cerrar la brecha o el desfase entre el *feedback*
y la autopercepción para hombres y mujeres.

Los hombres revelaron un patrón diferente. La autoconfianza comenzó en 3,99 (autoevaluación) frente a 3,70 (*feedback*) en enero; 3,92 frente a 3,46 en abril; y 3,84 frente a 3,64 en junio. Los hombres hicieron oídos sordos al *feedback* y continuaron teniendo un alto concepto de sí mismos.

Esta interesante conclusión despertó un gran interés en los medios de comunicación y me llamaron de varios periódicos de negocios en Estados Unidos para saber más sobre el tema. Las conclusiones del estudio también se publicaron más tarde en la revista de negocios *Harvard Business Review*,[5] y en este video de HBR,[6] que te recomiendo ver si quieres tener una imagen más visual de los resultados.

¿Cuál es la razón de esta diferencia entre mujeres y hombres ante el *feedback* de los demás? ¿Es esta diferencia buena o mala? Estas son las preguntas que les interesaban a los periodistas.

Una posibilidad es que a las mujeres se les enseña a ser más sensibles a las opiniones de otras personas. En este proceso de socialización, las mujeres interiorizan la importancia de sus relaciones con los demás y desarrollan una identidad relacional de sí mismas. Como ya expliqué, Dena es un buen ejemplo de una mujer con una fuerte identidad relacional: soy la hija de, la esposa de, la madre de, la jefa de… Su identidad está definida por las relaciones que establece con su familia y sus clientes. Esta puede ser una razón por la que las mujeres están más motivadas a escuchar y asumir el *feedback* de los demás.

Esta mayor apertura y sensibilidad de las mujeres al retorno de sus compañeros es un arma de doble filo: aumenta su autoconciencia, capacidad de aprendizaje y mejora las relaciones con las personas que les rodean; pero también puede que, esa apertura y sensibilidad, bloqueen la misma confianza que el *feedback* pretende impulsar. Puede desanimar a las mujeres a asumir nuevos desafíos profesionales.

Por ejemplo, un informe interno de Hewlett-Packard muestra que los hombres solicitan un trabajo cuando cumplen sólo el 60% de los requisitos, pero las mujeres sólo lo hacen cuando están seguras de que pueden cumplir con el 100% de ellos. El *feedback* constructivo de los compañeros tiene la intención de solucionar este problema, pero sorprendentemente, como vimos en nuestro estudio sobre el *feedback*, la llamada «brecha de la confianza» de género puede ampliarse.

Al mismo tiempo, la tendencia de los hombres a sobrestimar sus habilidades e ignorar lo que dicen los demás, difícilmente es una receta para el éxito a largo plazo. Cuanto mayor sea la brecha, más frustrado y alienado te sentirás en tus relaciones. Al final, tus compañeros evitarán darte *feedback*, y estás perdiendo una oportunidad para aprender y mejorar; de alcanzar tu mejor versión. A medida que la brecha sea menor, más auténtico te sentirás en tus relaciones.

Una de las técnicas que utilizo con mis clientes de *coaching* para desarrollar su liderazgo auténtico es una evaluación 360° de su inteligencia emocional. Aquí te dejo un ejercicio sencillo como un primer paso.

Conócete a ti mismo
¿Cuál es la diferencia entre tu autopercepción y el *feedback*?

Sigue estos tres pasos:

1. Haz una lista de las personas con las que trabajas y pídeles que completen el cuestionario de inteligencia emocional que acabas de completar.

2. Calcula las puntuaciones en las cuatro habilidades de inteligencia emocional y comprueba la brecha entre tus puntuaciones y la media de las puntuaciones de tus compañeros. ¿Eres un sobreestimador o un subestimador?
3. Luego, reflexiona sobre el *feedback* que acabas de recibir y tradúcelo en un plan de acción. Anota un área que te gustaría mejorar y un hábito nuevo que te proapones implementar.

También puedes realizar el ejercicio con los miembros de tu familia o tu grupo de amigos.

Reinventarse: Fundadora y CEO de Estate Profesional

Dena se reinventó utilizando su fuerza interior y sus habilidades sociales para tomar una decisión crucial en su vida. Fundó Estate Profesional, la empresa que ha gestionado con éxito durante más de veinte años. Una inmobiliaria cuya especialidad clara son las fincas y casas de lujo. Esa decisión le permitió desarrollar parte de su jornada laboral en casa y, de esa forma, sentirse más cerca de su familia.

A pesar de conseguir la flexibilidad por parte de su empresa para una mejor conciliación, Dena seguía sintiendo la presión de no defraudar ni a su jefe, ni a su pareja, ni a su hijo. Después de tres años intensos, comenzó a sentir ansiedad y presión por tratar de complacer a todo el mundo. Su jefe demandaba largas horas de trabajo y la personalidad de su esposo había cambiado y no era tan fácil tratar con él. Dena se había convertido en la responsable de la familia a la que todos acudían para buscar su apoyo y soluciones.

Decidió que algo tenía que cambiar. Estaba decidida a crear la flexibilidad que necesitaba para poder disfrutar de su vida personal y de un nuevo reto profesional. Estaba convencida de que, crear su propio negocio inmobiliario, era la mejor forma de hacerlo. Siempre le había interesado la propiedad y podría poner en práctica sus habilidades sociales, así como sus estrategias de organización y planificación a largo plazo; esta vez para su propio negocio.

Dena tanteó la opinión de todos y escuchó sus puntos de vista sobre su decisión. Su suegra Hilda Schlutz, una emprendedora de origen cubano, la animó y apoyó en su decisión. Sin embargo, su hermana Sandy pensaba lo contrario. Creía que HP le ofrecía una carrera profesional mucho más sencilla.

Para Dena, lo más importante era hacer un trabajo del que pudiera sentirse orgullosa. Se decía a sí misma: «Voy a guiar a las personas en la toma de decisiones sobre la mayor inversión de sus vidas», «estoy orgullosa de tener una buena formación y conocimientos» y «estoy lista para trabajar por mi cuenta».

Resultó ser la elección correcta. Su hermana Sandy ahora reconoce que el trabajo en el sector inmobiliario ha resaltado muchas de las mejores cualidades de Dena: «Ser persistente, no darse por vencida, su capacidad de adaptación y cambio, y su capacidad de ser flexible. Nunca tiene miedo a probar cosas… hace que las cosas nuevas funcionen». Habilidades de inteligencia emocional, que hacen de Dena una verdadera líder.

Por ejemplo, su autocontrol y disciplina para gestionar el tiempo son fundamentales para su éxito. El día de Dena comienza a las 5:30 a. m. con meditación, ejercicio, una sesión de planificación y luego reuniones con sus clientes. Desplazarse a visitar los inmuebles es una parte importante del trabajo. Su tiempo y energía se dividen entre su negocio y su familia y socializa muy poco. Su mejor amiga de la infancia vive en California con la que charla de vez en cuando.

Su gran activo como empresaria es la confianza que construye con sus clientes, acompañándolos, como ella dice, en la decisión de la mayor inversión que harán en sus vidas. Su mejor estrategia de *marketing* son sus referencias y el boca a boca de sus clientes. Se siente honrada de que la consideren como parte de su familia.

En 2014 sus ingresos se acercaron a los 6,5 millones de dólares y en 2015 duplicó esa cifra. Está orgullosa de lo que ha logrado y de levantarse cada mañana llena de energía y entusiasmo. Cuando le pregunté de dónde viene esa pasión y fuerza interior, no dudó en contestar: «De mi familia».

Cómo dar *feedback* positivo:
Conversación auténtica vs. narcisista

Hemos visto anteriormente la importancia de estar abierto al *feedback* crítico para convertirnos en nuestro mejor yo potencial. Pero esto es sólo una cara de la moneda. Es igualmente importante compartir información positiva. ¿Qué sucede cuando las personas comparten experiencias positivas?

FIGURA 5.4. El estilo conversacional auténtico es positivo y constructivo.

El trabajo de Shelly Gable,[7] profesora de Psicología en la Universidad de California, Santa Bárbara, explica cuatro maneras de responder a alguien que comparte una experiencia positiva contigo. Como puedes ver en la Figura 5.4, los cuatro estilos conversacionales pueden variar en dos dimensiones: activo frente a pasivo y positivo frente a negativo.

Aquí te dejo un ejemplo de diferentes conversaciones entre dos personas que son parte de un equipo de desarrollo de productos en una compañía: Ruth le dice a su compañero Alex: «Oye, acabo de completar mi trabajo para el nuevo producto».

1. **Reconocimiento auténtico**: «¡Qué buenas noticias! ¡Genial! ¿Qué tenías que hacer? ¿Cuánto tiempo te llevó? ¿Cómo te sientes? ¿Qué tienes que hacer después?».
2. **Reconocimiento económico**: «Me alegro».
3. **Comentario narcisista**: «Qué bien, a mí me acaban de ascender. Ahora estoy leyendo este artículo interesante en Internet. Ven y lo miras…».
4. **Comentario agresivo**: «Te llevó mucho tiempo. Parece demasiado difícil para ti. Espero que no hayas cometido ningún error. Yo terminé mi último trabajo hace dos días».

Las conversaciones auténticas ayudan a desarrollar relaciones positivas con los demás. Si te centras en la otra persona con un apoyo entusiasta, y muestras un interés genuino por lo que hace y siente, tu respuesta fortalece el vínculo con esa persona mucho más que un simple *bien hecho*. En cambio, cuando te centras demasiado en ti mismo, ignorando el comentario de la otra persona, y volviéndolo hacía ti con una actitud narcisista, estás socavando la relación poco a poco, o peor aún, una comunicación agresiva daña la relación rápidamente.

Dena e Iván: Una relación auténtica

Dena tiene elogios sinceros para la nueva carrera artística de su marido Iván. «Después de todos los incidentes que ha superado, creo que su arte simboliza su optimismo y su pasión por la vida», comenta Dena.

Para Iván ser piloto no era un simple objetivo profesional, sino que era una vocación y una tradición familiar: su padre había sido piloto de aerolíneas comerciales. Después del accidente, trabaja desde casa en su estudio de arte donde puede crear sus esculturas. Gran parte de su trabajo está inspirado en temáticas de los nativos americanos.

Trabaja principalmente por encargo, y su madre le ayuda con las galerías de arte y a encontrar formas de presentar su nuevo trabajo. Dejar un legado a través de sus obras de arte es lo que le mantiene motivado. Su trabajo ha recibido premios y se ha vendido por miles de dólares en todo el mundo, pero para Iván el arte es más que una profesión.

Entiende que su arte es el resultado de un gran cambio en su vida. «Mi inspiración proviene de todas las personas que me han ayudado a llegar a donde estoy hoy», reconoce. Pero el deseo de Iván es ir más allá de la expresión personal. «Creo que es muy importante para un artista contribuir a la comunidad», dice, y explica que su arte se enfoca en aquellos aspectos que pasan desapercibidos por la sociedad. «Realizo mis esculturas para llamar la atención sobre cosas que otras personas pasan por alto». Su arte e historia de vida han aparecido en *The Ordinary and the Extraordinary* de la cadena CBS, e incluso en el *Oprah Winfrey Show*.

¿Cuál es tu tipo de autenticidad?

Dena es una verdadera líder. Es una persona auténtica capaz de establecer buenas relaciones con los demás.

Wang Yi Nan, un investigador de psicología de la Beijing Normal University en China, ha desarrollado lo que llama la Encuesta de Autenticidad Relacional para evaluar esta capacidad de establecer relaciones auténticas.[8]

Hay tres tipos de autenticidad: relacional asertiva, egocéntrica y sumisa. La idea clave aquí es que tu autenticidad no surge en contra de los demás (autenticidad egocéntrica), ni a través de la aprobación incondicional de los demás, mientras ocultas tu verdadero yo (autenticidad sumisa). Más bien, la verdadera autenticidad (autenticidad asertiva) proviene de lograr una «unidad armoniosa entre tu y los demás». La autenticidad desequilibrada en cualquiera de sus dos formas —egocéntrica o sumisa—, reduce tu bienestar emocional. Te animo a completar la escala desarrollada por Wang para conocer tu tipo de autenticidad.

Conócete a ti mismo

¿Cuál es tu tipo de autenticidad?

Puedes valorar las siguientes afirmaciones de 1, «no me describe en absoluto», a 5, «me describe muy bien».

Autenticidad asertiva

1. Soy plenamente consciente de cuándo insistir y cuándo transigir.

2. Siempre encuentro la manera de conciliar mis necesidades y las exigencias de los demás.
3. No renunciaría a mi verdadero yo ni haría que otros renunciarán al suyo.

Autenticidad egocéntrica

1. Suelo decir la verdad, sin preocuparme por lo que otros piensen de mí.
2. Sólo digo lo que pienso, sin preocuparme por los sentimientos de los demás.
3. Siempre ofendo a la gente cuando hablo con franqueza.

Autenticidad sumisa

1. Siempre disimulo mis verdaderos pensamientos por miedo a la desaprobación de los demás.
2. Por lo general, trato de acomodarme a los demás.
3. No me atrevo a decir la verdad a los demás porque me preocupan sus sentimientos.[9]

Autocorrección: Suma las puntuaciones de cada tipo de autenticidad. Puedes ver la clave al final del libro (Capítulo 5, Nota 9).

¿Qué significa tener una puntuación alta en autenticidad asertiva? Wang explica que cuando tienes una autenticidad asertiva alta no estás comprometiendo tus intereses a cambio de la aprobación de los demás, ni dices todo lo que pasa por tu mente sin filtro, a expensas de ofender a otros.

Construyendo relaciones auténticas en el trabajo, la familia y la comunidad

Dena tiene facilidad para crear relaciones auténticas con otras personas en diferentes ámbitos de su vida.

En el trabajo, sus colegas en HP admiran la fuerza que demostró después del accidente de su marido. Para su sorpresa, se había convertido en un referente para algunos de sus compañeros. Por ejemplo, para Tracey Reichard, quien trabajó con ella estrechamente, dice que aprendió grandes lecciones de vida.

Te dejo algunas de estas lecciones que te pueden ayudar a desarrollar tu inteligencia emocional:

- **Autoconocimiento**: Tracey aprendió a identificar y aprovechar al máximo sus fortalezas. Después de presenciar la situación de Dena, se dio cuenta de que en general eres más fuerte de lo que crees, pero debes ser valiente, trazar tu camino y seguirlo.
- **Autocontrol**: Tracey aprendió a priorizar teniendo en cuenta el trabajo y la familia. Gestionar el tiempo y la energía ayudó a su compañera a cambiar el rumbo de su futuro. No se quejaba, simplemente se tomaba el tiempo para planificar el siguiente paso.
- **Capacidad de influencia**: Tracey se sorprendió gratamente cuando el equipo directivo permitió a su amiga cambiar su horario laboral, porque en ese momento no era política de empresa. Aprendió que, cuando eres persuasiva, puedes lograr que la gente entienda tu perspectiva.
- **Empatía**: Una de las muchas habilidades sociales de Dena es hacer que los demás se sientan cómodos. «Si había tensión en la oficina, ella era la persona que tranquilizaba a

la gente. Hacía muchas preguntas y compartía lo que sucedía realmente. Cuando alguien se le acercaba con un problema, nunca le hacía sentir mal o tonta a esa persona. En cambio, abordaba el problema y trataba de encontrar una solución», recuerda Tracey.

En su comunidad, Dena trabaja como voluntaria para ayudar a organizaciones juveniles como los Boy Scouts, United States Pony Club y Fellowship of Christian Athletes.

Dena también es consciente de que a lo largo de los años se ha beneficiado de los consejos de los demás. Por ejemplo, el consejo de su jefe y mentor en HP: «Cuando tomes decisiones, hazte esta pregunta: ¿de qué manera esta decisión afectará mi vida cuando tenga 100 años?». Poder mirar hacia atrás y estar orgulloso de lo que has logrado, personalmente y para los demás, es lo que te motiva para levantarte cada día.

Al lidiar con la adversidad, descubrió quién podría llegar a ser realmente. Esto es la autenticidad del *yo potencial*. Esto aumentó su confianza en sí misma, hasta el punto en que ahora siente que no hay montaña que no pueda escalar.

Si tuviera que describir a Dena, diría que es una estrella adorable … y ahora vas a entender por qué te digo esto.

Competentes desagradables y tontos adorables: ¿A quién elegirías?

Este es el sugerente título del artículo de Tiziana Casciaro y Miguel Sousa Loba publicado en la revista *Harvard Business Review* en 2005, donde analizan cómo elegimos con quién trabajar. Las personas eligen a sus compañeros de trabajo según dos criterios: su competencia (¿es bueno haciendo la tarea?) y su simpatía (¿es agradable trabajar con él o ella?).

Estos dos criterios, competencia y simpatía, son universales y los utilizamos para evaluar a otras personas, según los estudios pioneros de Susan Fiske sobre la cognición social (una mezcla entre la psicología cognitiva y la psicología social). Como puedes ver en la Figura 5.5, estas dos dimensiones crean una matriz con cuatro arquetipos de personas que, aunque son representaciones exageradas y simplificadas de estas características, seguro que puedes pensar en gente de tu empresa que encajaría en cada uno de estos cuadrantes:

- **El competente degradable**: el experto antipático que sabe cómo hacer las cosas, pero su actitud arrogante de sabelotodo resulta desagradable para los demás.
- **El tonto adorable**: la persona que no destaca por sus conocimientos o competencias técnicas, pero resulta agradable estar con él o ella por su amabilidad y porque crea un buen ambiente.
- **La estrella adorable**: lo tienen todo los conocimientos y la simpatía; tienen talento y al mismo tiempo una actitud encantadora. Son personas luz que brillan y hacen brillar a otros.
- **El incompetente desagradable**: no tienen los conocimientos técnicos y además presenta una actitud antipática socialmente.

Obviamente, los verdaderos líderes como Dena son estrellas adorables y todos preferimos trabajar con ellos. Nadie quiere trabajar con el incompetente insoportable. Pero si te dieran a elegir entre el competente insoportable y el tonto adorable, ¿a quién elegirías? La mayoría de las personas *dice* que escogería al competente desagradable. Parece razonable pensar que la competencia prevalezca sobre la simpatía a la hora de trabajar.

Sin embargo, los resultados de este estudio demostraron que la mayoría de la gente *hace* justo lo contrario. Si te cae mal una persona, es irrelevante que sea competente. Probablemente prefieras buscar el conocimiento en otro sitio. Sin embargo, si te cae bien una persona vas a intentar aprovechar al máximo el talento que puedas encontrar en ella. La conclusión es que «un poco más de simpatía logra mucho más que un poco más de competencia», si quieres tener influencia en el trabajo. Este efecto se conoce como el sesgo de la simpatía.

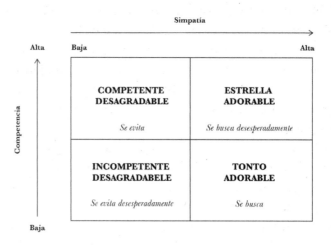

FIGURA 5.5. La matriz de la cognición social, competencia y simpatía (adaptación de Tiziana Casciaro y Miguel Sousa Lobo. HBR 2005).

¿Te has sorprendido alguna vez al ver a alguien ascender en una empresa, a pesar de que parecía carecer de las competencias necesarias? ¿Qué factores determinan la progresión de tu carrera en la organización? Como acabamos de ver, la competencia es necesaria pero no suficiente, la competencia debe de ir acompañada de inteligencia emocional. Hazte estas dos preguntas: ¿eres bueno? y ¿eres querido?

¿Cómo se aplican estos dos criterios a las mujeres como Dena, que buscan tener influencia y liderazgo? Muchos piensan erróneamente que centrarse en las competencias técnicas, mostrando un alto grado de conocimientos y experiencia, es suficiente. Sin embargo, el sesgo de simpatía puede ser todavía mayor en las mujeres.

Quisimos poner a prueba esta idea y con mis colegas del ESMT en Berlín y de INSEAD en Francia, realizamos un estudio en una multinacional en el sector tecnológico.[10] Un total de 297 ingenieros informáticos completaron una encuesta 360° *online* para evaluar su competencia en el desempeño, su simpatía y su influencia en la organización.

Los resultados, publicados en la revista *Human Resource Management*, revelan un patrón interesante. Las mujeres con un buen desempeño, que se muestran competentes, tienen más influencia y posibilidades de avanzar su carrera en la organización sólo si, además, muestran amabilidad y están dispuestas a ayudar a los demás. Un resumen de estos resultados también está publicado en *Harvard Business Review*[11] que te recomiendo leer si quieres ahondar en el tema. Aunque idealmente todos buscamos a personas talentosas y agradables para trabajar, para las mujeres es un requisito fundamental ser vistas como estrellas adorables en el ámbito laboral, si quieren avanzar su carrera.

Relaciones positivas con los demás

Como te decía, Dena es una estrella adorable, es una persona luz que brilla y hace brillar a los demás. Las buenas relaciones que establece con otras personas son su fuerza interior. Carol Ryff destaca la importancia de las relaciones cálidas y de confianza con los demás, para nuestro bienestar emocional.

Las personas que son capaces de amar a otro ser humano, con un sentimiento profundo de afecto, son más felices.

Cuando actúas con una autenticidad asertiva expresas tu verdadero yo y permites que otros pueden ser ellos mismos, estás construyendo relaciones positivas. En cambio, cuando actúas de forma egocéntrica o cuando buscas la aprobación de los demás en actitud sumisa, las relaciones con los demás se deterioran.

Conócete a ti mismo

¿Cuál es la calidad de tus relaciones?

Tómate un momento para evaluar tus relaciones con los demás.

Indica en qué medida estás de acuerdo o en desacuerdo si estas siete afirmaciones de Carol Ryff se aplican a ti, al utilizar una escala del 1, «muy en desacuerdo», al 6, «muy de acuerdo».

1. La mayoría de la gente me ve como cariñoso y afectuoso.
2. Disfruto de las conversaciones personales y mutuas con familiares o amigos.
3. Para mí es importante ser un buen oyente cuando mis amigos cercanos me hablan de sus problemas.
4. Siento que aprovecho mucho mis amistades.
5. La gente me describiría como una persona generosa, dispuesta a compartir mi tiempo con los demás.
6. Sé que puedo confiar en mis amigos y ellos saben que pueden confiar en mí.
7. Mis amigos y yo simpatizamos con los problemas de cada uno.

Autocorrección: Suma las puntuaciones. Puedes ver la clave al final del libro (Capítulo 5, Nota 12).

¿Qué significa obtener una puntuación alta en tus relaciones? Si tu puntuación es alta, tienes relaciones de confianza, te preocupas por el bienestar de otros y entiendes la reciprocidad en las relaciones humanas.

Por el contrario, si tu puntuación es baja, te resulta difícil ser abierto o preocuparte sinceramente por los demás, te encuentras aislado y frustrado en las relaciones interpersonales. Puede que no estés dispuesto a hacer concesiones para mantener vínculos importantes en tu vida.

10 reglas más para ser un verdadero líder construyendo RELACIONES HONESTAS

Regla 41. Aprovecha al máximo tus fortalezas.

Ser consciente de tus competencias es el primer paso en el proceso de aprendizaje. Por ejemplo, la hermana de Dena, destaca en ella: «su persistencia; su capacidad de adaptación y cambio, así como su disposición a probar cosas nuevas y hacerlas funcionar. No tiene miedo a enfrentarse a nuevos desafíos».

Estas fortalezas han sido una fuente de inspiración para su hermana y, como hemos visto, también para algunas de sus compañeras en HP que han aprendido de sus fortalezas.

Haz la prueba...

Peter Drucker, considerado el padre de la gestión personal, propone este ejercicio para **identificar tus fortalezas**. Cada vez que tomes una decisión o una acción importante, escribe lo que esperas que ocurra. Nueve meses más tarde, compara los resultados reales con tus expectativas.

Regla 42. Mantén una mirada optimista.

Transforma las adversidades en oportunidades. Adopta una actitud proactiva para mantener un estado emocional saludable, positivo y enérgico. Recuerda apoyarte en tus fortalezas naturales. Durante y después del accidente de su marido, Dena mantuvo una actitud optimista, viendo el problema como algo temporal, que afecta al ámbito de su familia, pero no a su vida profesional y que ha ocurrido de forma fortuita.

Esta perspectiva optimista de Dena, conocida como las 3 P's del optimismo que explica Martin Seligman, el padre de la psicología positiva, te ayudará a afrontar los problemas. Puedes aprender a ser optimista.

Haz la prueba...

Utiliza la técnica de las 3 P´s del optimismo. Piensa en un acontecimiento negativo y contesta a estas 3 preguntas:

- **Permanencia**: ¿Es esto algo permanente o es algo temporal? Los optimistas ven los problemas como una *mala racha*.
- **Permeabilidad**: ¿Va a permear o influir en las demás áreas de mi vida? Los optimistas ubican los problemas en un área específica de su vida.
- **Personalización**: ¿Por qué ha ocurrido este problema? Los optimistas atribuyen los eventos negativos a una causa externa.

Regla 43. Mantén el nivel de estrés equilibrado para que te motive.

La presión moderada es fundamental para mantener el autocontrol y la estabilidad emocional frente a los desafíos. Los líderes auténticos encuentran una motivación interna que los impulsa constantemente, sin rendirse. Dena refleja precisamente esta cualidad: «No importa cuál sea la situación, nunca se rinde», dice su hermana. Ha aprendido a mantener un nivel moderado de estrés incluso en los momentos más difíciles de su vida.

La popular ley de Yerkes-Dodson postula una relación de U invertida entre el estrés y el rendimiento. Niveles bajos de estrés nos conducen al aburrimiento; mientras que niveles demasiado altos conducen al *burnout*. Es ideal mantener niveles moderados de estrés para un máximo desempeño (lo veremos en detalle en el siguiente capítulo).

Haz una pausa y reflexiona...

Aplica la popular ley de Yerkes-Dodson para encontrar tu *sweet spot* (nivel óptimo de productividad cuando tu estrés es moderado).

Regla 44. Visualiza tu mejor versión posible.

Identifica tus fortalezas y piensa cómo pueden ayudarte a alcanzar tu auténtico *yo potencial*. Esta reflexión aumentará tu optimismo y tus expectativas para el futuro. Dena, por ejemplo, siempre ha sentido un gran interés por el sector inmobiliario. Y supo aprovechar sus fortalezas en habilidades sociales, organización y planificación a largo plazo en su nueva carrera profesional como emprendedora.

Imaginar la persona que podrías llegar a ser te acerca a tu meta.

Haz una pausa y reflexiona...

Visualiza tu mejor *yo potencial* e imagina cómo sería tu vida si utilizaras al máximo tus talentos.

Regla 45. Evita la defensividad y escucha el feedback constructivo.

Los comentarios críticos pueden ser valiosos porque te ayudan a reflexionar y a tener una imagen más realista de ti mismo. Escucha atentamente los comentarios que recibes, siempre que estén respaldados con datos. No caigas en la defensividad, la arrogancia y la justificación para proteger tu ego, porque así te cierras al aprendizaje. La confianza es importante, pero el exceso de confianza puede obstaculizar tu crecimiento.

Hay dos modos de reacción ante el *feedback* crítico: (1) el modo defensivo: racionalizas y justificas tus acciones para mantener una imagen idealizada de ti mismo, y (2) el modo de aprendizaje: recibes la información para ajustar tu autopercepción.

Haz la prueba...

Piensa en una situación en el pasado donde recibiste *feedback* crítico (puede ser en el ámbito laboral o personal). ¿Cómo reaccionaste a los comentarios?

---

1. **Modo Aprendizaje**: escuché activamente y cambié mi forma de pensar y actuar.
2. **Modo Defensivo**: justifiqué mi posición o simplemente lo ignoré.

Regla 46. Ofrece feedback positivo.

No subestimes el poder de ofrecer *feedback* positivo. Al compartir experiencias positivas con las demás, muestras genuinamente tu apoyo. En nuestra conversación, Dena alaba los logros de su esposo Iván: «Después de todos los incidentes que ha superado, creo que su arte simboliza su optimismo y su pasión por la vida».

Estos comentarios positivos fortalecen la relación. La *norma de la reciprocidad* dice que las personas nos sentimos en la obligación moral de tratar a otros de la misma forma que nos tratan a nosotros.

Haz una pausa y reflexiona…

Piensa en una situación reciente en la que alguien ha compartido un logro contigo. Recuerda cuál fue tu respuesta. Anota tu respuesta y comprueba tu **estilo conversacional**, colocando tus comentarios en uno de los cuadrantes de la Figura 5.4.

Regla 47. Desarrolla una autenticidad equilibrada y asertiva.

Recuerda que es importante ser transparente y encontrar un equilibrio entre ser fiel a ti mismo y considerar el punto de vista de los demás. Por ejemplo, Dena sabe bien cómo tener conversaciones difíciles con sus jefes para negociar subida de salario y una mayor flexibilidad de horario. Estos son momentos claves en los que sabe comunicar con transparencia y asertividad.

Seguramente hayas escuchado hablar del ejercicio de la columna izquierda. Tuve la gran oportunidad de practicar y analizar este ejercicio con el mismo Chris Argyris en su curso sobre comunicación empresarial durante mi año en Harvard Business School. La experiencia que se crea en la clase es increíble, así como el aprendizaje que es difícil de olvidar. Yo lo utilizo siempre que puedo en mis cursos de *coaching*. Te animo a que lo pruebes.

Haz la prueba…

Realiza el ejercicio de las 2 columnas de Chris Argyris y Donald Schon. Deconstruye una conversación difícil que hayas tenido con un colega, familiar o amigo, comparando lo que dices (columna derecha) con lo que piensas y sientes (columna izquierda).

Divide una página en dos columnas:

- **Columna derecha**: Escribe la conversación tal y como ocurrió en forma de diálogo, como si fuera el texto de una obra de teatro.
- **Columna izquierda**: Escribe lo que estabas pensando y sintiendo, pero que no dijiste.

Luego reflexiona sobre esos pensamientos y sentimientos, que si hubieras compartido durante la conversación probablemente la hubieran hecho más efectiva.

Regla 48. Muestra autoconfianza en tus habilidades.

Las personas seguras de sí mismas demuestran convicción en su capacidad para tomar decisiones, organizar y ejecutar planes de acción. Además, tienen una motivación intrínseca y su liderazgo nace desde el interior. Cuando lideras con inteligencia emocional aumentas la confianza en ti mismo.

Dena es un ejemplo de una persona que muestra esta inteligencia emocional. Disfruta de seguir aprendiendo cosas nuevas y encuentra una gran satisfacción personal al lograr sus objetivos.

Si bien tiene en cuenta sus compromisos con las personas y las organizaciones, también valora su propio desarrollo y bienestar. Si sólo te preocupas en complacer a los demás, corres el riesgo de perder tu propia identidad. Pero si sólo te enfocas en tus propios intereses, puedes ser percibido como egoísta.

Haz una pausa y reflexiona...

Vuelve a la Figura 5.1 y fíjate en la puntuación más alta rodeada en verde y la puntuación más baja rodeada en rojo. Reflexiona sobre tus **fortalezas** en inteligencia emocional: ¿cómo podrías utilizarlas más para aumentar la confianza en ti mismo? Ahora reflexiona sobre tus **debilidades** en inteligencia emocional: ¿cómo podrías neutralizar su impacto negativo?

Regla 49. Aprovecha tu competencia con simpatía para ganar influencia.

Ser bueno en lo que haces es necesario, pero no suficiente. Tus habilidades técnicas o *hard skills* deben de ir acompañadas de habilidades blandas o *soft skills* como la empatía, la escucha activa, o la amabilidad. Ser gregario, social y servicial con los demás te ayudará a recoger los beneficios de tus competencias más técnicas.

Debes estar atento a las señales sociales para adaptarte de manera efectiva a las nuevas demandas de las situaciones. Dena decidió emprender su propio negocio en el sector inmobiliario, donde aprovecharía al máximo tanto sus competencias técnicas como su actitud amigable y simpática.

Haz una pausa y reflexiona...

Estima hasta qué punto utilizas los dos criterios para tener éxito: **competencia y simpatía.** Si preguntaras a las personas con las que trabajas, a los miembros de tu familia o a tus amigos, ¿en cuál de los cuatro cuadrantes de la Figura 5.5 te colocarían?: estrella adorable, competente desagradable, incompetente desagradable, o tonto adorable?

Regla 50. Invierte en construir relaciones auténticas.

Cultivar relaciones sociales positivas que confirman y refuerzan tu identidad aumenta el respeto mutuo y fomenta la cooperación. Un ejemplo de esto es cómo Dena desarrolla relaciones de confianza con sus clientes, dedicándoles tiempo y energía. Los testimonios que la respaldan dan fe de su liderazgo auténtico y genuino, así como de su actitud solidaria, empática, honesta y positiva hacia su trabajo.

La calidad de tus relaciones refleja la calidad de tu liderazgo. El dilema es saber cómo equilibrar tu tiempo y energía entre las tres canastas de la vida: tú mismo, tu trabajo y tu familia. En mis cursos de formación les pido a los participantes que dibujen estas tres canastas y escriban la cantidad de horas al día que dedican a cada canasta de la vida. Luego les pido que pongan en porcentajes la cantidad de energía que ponen en cada canasta. Esta reflexión puede ser muy reveladora para gestionar mejor sus prioridades.

Haz la prueba...

Dibuja los tres círculos que representen **las tres canastas de tu vida**: tú mismo, tu familia y tu trabajo. Escribe la cantidad de horas al día y la cantidad de energía que dedicas a construir relaciones en cada una de estas canastas. ¿Está la distribución de tu tiempo y energía en consonancia con tus valores y prioridades?

La inteligencia emocional ha sido clave en el éxito de Oprah Winfrey, llevándola a convertirse en una de las personas más influyentes de Estados Unidos. Su filosofía de vida de «hacer lo mejor en este momento te coloca en el mejor lugar para el próximo momento»; es también la filosofía de Dena Schlutz: la luz de Dena, que muestra el camino ante la adversidad con confianza.

6

RESILIENCIA Y VULNERABILIDAD: EN CONTROL DE TU PROPIO DESTINO

Es importante sentirse cómodo siendo auténtico...
sólo así conseguirás lo mejor de cada persona.

KEVIN JOHNSON

Kevin Johnson asumió el cargo de director general de Starbucks el 3 de abril de 2016, después de tres años como director de operaciones. Cree que ser auténtico permite que las personas hagan mejor su trabajo. Para Johnson, un momento crucial, que lo ayudó a entender la importancia de la autenticidad, fue cuando le diagnosticaron un melanoma hace varios años. «En cierto modo te motiva a dar un paso atrás y preguntarte qué es lo verdaderamente importante en la vida», le dijo a *Business Insider*.[1] Su reflexión sobre la autenticidad me parece una de las más reveladoras para los líderes:

> Creo que todos los seres humanos compartimos las mismas experiencias. Todos hemos experimentado alegrías y tristezas, hemos experimentado la dificultad de tratar de lograr algo y los desafíos de superar obstáculos. Y creo que, algunas veces, a medida que envejeces y ganas más experiencia, te sientes más cómodo al reconocer de manera auténtica algunas de esas vulnerabilidades.

Algunas personas temen que demostrar vulnerabilidad resulte en una pérdida de poder. Sin embargo, la vulnerabilidad puede beneficiar a los líderes, permitiéndoles generar confianza con sus empleados y otros *stakeholders*.

El caso de Ángel Ruiz: El coraje de la vulnerabilidad (Cuba - Estados Unidos)

Ángel Ruiz deja ver su vulnerabilidad, frente a sus compañeros y subordinados, al compartir con ellos muchos de sus desafíos, en su vida y su trabajo.

Ángel ha saboreado el triunfo. Pero también ha sobrevivido experiencias de adversidad y trauma. Hablando con él tengo la sensación de que, lo que realmente disfruta, es del proceso de encontrar un nuevo desafío que superar. Vive en un perpetuo estado de supervivencia, una combinación de vulnerabilidad y fortaleza mental que lo hace auténtico en su liderazgo y en su vida. Es un luchador y su nuevo campo de batalla ahora es Ericsson, la empresa sueca en telecomunicaciones.

Ruiz logró algo extraordinario, y la historia de cómo lo hizo ilustra el segundo elemento de la autenticidad: hacer del aprendizaje un hábito. Descubrió que, al establecer nuevos hábitos pequeños, pero esenciales, en la empresa y en la vida, podía superar extraordinarios obstáculos. Ángel logro el éxito porque aprendió a ser resiliente, a compartir su vulnerabilidad y a mantenerse auténtico consigo mismo.

Una historia de resiliencia y adaptación

Probablemente hayas escuchado hablar de la resiliencia y seguro que conoces a alguien resiliente que ha superado experiencias traumáticas en su vida. Vamos a ir viendo en las siguientes páginas cuáles son las características de las personas resilientes y cómo podemos aprender de ellas.

Existe una famosa investigación longitudinal dirigida por Emily Werner, psicóloga del desarrollo en la Universidad de California en Davis, en la que examinaron el desarrollo, a lo largo de 40 años, de 698 niños y niñas, quienes estaban en situación de riesgo como la pobreza, y que nacieron el año 1955 en la isla de Kauai, en Hawái. Sorprendentemente, alrededor de un tercio de estos niños lograron convertirse en adultos perfectamente adaptados. ¿Qué características tenían estos niños resilientes a la adversidad?

Aquellos niños resilientes a la adversidad eran alegres, amables y afectivos. Mostraban una actitud reflexiva, habilidades de resolución de problemas, con motivación de logro e implicación escolar. Además, habían establecido lazos afectivos en su infancia con al menos una persona y contaban con un círculo social de apoyo que les daban consejos en momentos críticos de transición.

Ángel Ruiz es como uno de esos niños, con una infancia difícil en su Cuba natal, que logró el éxito. A finales de la década de los sesenta, Ángel de 12 años, llegó a Estados Unidos desde Cuba sin hablar una palabra de inglés y... este es el inicio a una historia de resiliencia.

Sus primeras experiencias desarrollaron en él una fuerza mental y una resiliencia extraordinaria, que lo prepararon para otros desafíos monumentales más adelante en su vida. Casi tres décadas después, tuvo que librar una larga y difícil batalla contra el cáncer. Durante los últimos meses de quimioterapia, recibe una llamada para ascenderlo a director ejecutivo de la empresa sueca Ericsson, en América del Norte. Sin pensarlo dos veces, aceptó el nuevo puesto. Su reto entonces fue dirigir las operaciones de Ericsson en plena crisis de las telecomunicaciones en 2001.

La historia de Ruiz apareció en la *Dallas Magazine* de enero de 2016. Su hijo, que había sido alumno mío en el máster de *management*, orgulloso de su padre me envió el artículo. Quedé fascinada con su historia. Un año después, cuando Ángel estaba en Barcelona para asistir al *World Mobile Congress*, nos reunimos para conversar sobre su vida y su liderazgo.

Ángel acababa de cumplir sesenta años. Me habló en español e inmediatamente conectamos. Tiene un interés genuino sobre cómo es la vida académica. Y antes de comenzar la entrevista, charlamos sobre mi investigación, la formación y la consultoría sobre el liderazgo. Ángel es una de esas personas que después de hablar con él durante diez minutos, sientes que le conoces de toda la vida.

Trabajar en el sector de las telecomunicaciones es como trabajar en el ojo del huracán del cambio. Y en medio del ajetreo y el bullicio del *World Mobile Congress*, el ritmo del cambio parece aún más rápido.

Ángel habla despacio, como si tratara de compensar la velocidad de ese cambio acelerado, y se toma su tiempo para reflexionar y contarme ejemplos específicos de su día a día como CEO de Ericsson en Norteamérica.

Ejercicio experiencial: ¿Eres una persona resiliente?

¿Qué hace que algunas personas como Ángel prosperen, mientras que otras quedan rezagadas ante la adversidad?

Esta es la pregunta que subyace al apasionante trabajo del padre de la psicología positiva Martin Seligman,[2] de la Universidad de Pensilvania, del que te hablé brevemente en el capítulo anterior para introducir el optimismo. La psicología positiva estudia científicamente cómo aprovechar las fortalezas que permiten a las personas y las empresas prosperar.

Seligman comienza su artículo sobre construir resiliencia (*building resilience*) publicado en la revista *Harvard Business Review* en 2011 contando la historia de dos directivos, llamados Douglas y Walter, quienes han sido despedidos de su trabajo. Después de lo sucedido, ambos estaban triste, deprimidos y con ansiedad por un futuro incierto.

En el caso de Douglas, estos sentimientos negativos le duraron dos semanas. En este tiempo su voz interior le explicaba por qué le habían despedido: «Yo no soy el problema. El problema es la economía, estamos en un mal momento. Esto pasará. Tengo talento». La voz interior continúa hablando sobre su visión de futuro: «Voy a conseguir un nuevo trabajo» y esta es la hoja de ruta para lograr ese trabajo: «voy a actualizar mi currículo y voy a enviarlo a empresas». Envió su currículo a diez empresas y todas le rechazaron. Pero lejos de desanimarse, lo envió a otras seis empresas, en un sector diferente. Finalmente obtuvo un mejor trabajo que el que tenía antes.

En el caso de Walter, la historia fue diferente. Entró en una espiral de desesperación. Su voz interior le dijo: «Me han despedido porque no soy capaz de trabajar bajo presión. Esto me va a pasar siempre y es que yo no estoy hecho para las finanzas». Cuando reflexionaba sobre el tiempo que esto duraría, su voz interior continúo diciendo: «Esto va para largo. Estamos en una recesión económica». Como consecuencia de estos pensamientos, Walter nunca buscó trabajo y terminó viviendo de nuevo con sus padres.

Este es un problema fundamental, porque el fracaso laboral y sentimental, desafortunadamente, es uno de los traumas más comunes de la vida. Sin embargo, las respuestas de las personas frente a la adversidad varían considerablemente. En el ejemplo de Seligman, los directivos Douglas y Walter son dos extremos opuestos.

En un extremo están las personas que caen en una profunda depresión, con síntomas de trastorno de estrés postraumático (TEPT), como Walter. En el medio están la mayoría de las personas, que al principio reaccionan con depresión y ansiedad, pero que después de un mes están como antes del trauma. Han vuelto al punto de partida.

Esto es lo que etimológicamente significa resiliencia, que viene del término latín *resilio* y que expresa la idea de volver atrás. La resiliencia es el logro de adaptarse de forma positiva a la nueva situación, a pesar de estas experiencias de adversidad.

Luego, hay otro grupo pequeño de personas, como Douglas, que muestran un crecimiento postraumático. También pasan por un periodo corto de depresión, ansiedad, e incluso TEPT, pero después de un año, se encuentran mejor que antes del trauma.

La *indefensión aprendida* es cuando las personas experimentan un evento negativo y no pueden hacer nada para evitarlo, no tienen ningún control; la mayoría de las personas llega un momento que lo aceptan y no hacen nada. La mayoría, pero no todas. Descubrieron que como un tercio nunca se vuelven indefensos y experimentan crecimiento ¿Cuál es la clave? ¡El optimismo!

De hecho, en el año 2022 un estudio de Rosa da Silva y su equipo en la Universidad de Sao Paulo, demostró que, estadísticamente, las reacciones a la adversidad se distribuyen según una curva normal o campana de Gauss. En la Figura 6.1, puedes ver una representación gráfica de la distribución estadística de la resiliencia. Aproximadamente, un 16% de las personas experimentan *estrés* postraumático (la zona izquierda de la curva), mientras que un 16% muestran *crecimiento* postraumático (la zona derecha de la curva) y la mayoría de las personas tienen valores medios de resiliencia.

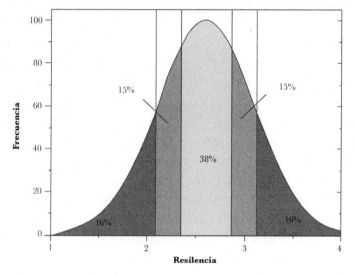

FIGURA 6.1. Curva normal de resiliencia.
Fuente: *International Journal of Social Science Studies*, Vol. 10, No. 5; 2022.

¿En qué lado de la curva de resiliencia te encuentras? ¿Cuáles son tus recursos psicológicos? Martin Seligman presenta una encuesta de veinticuatro rasgos positivos relacionados con las fortalezas de resiliencia, tales como la curiosidad, la integridad y la persistencia, que pueden hacernos fuertes frente a la adversidad.

Aquí te dejo una pequeña muestra de 10 de esas fortalezas asociadas con la resiliencia, que te pueden ayudar a mejorar tu situación en esa curva.

Conócete a ti mismo
¿Cuál es tu nivel de resiliencia?

Tómate un momento para clasificar la siguiente muestra de diez afirmaciones del 1, «muy diferente a mí», al 5, «muy parecido a mí», para identificar algunas de las áreas en las que te destacas:[3]

- Me parece que el mundo es un lugar muy interesante.
- Siempre identifico las razones de mis acciones.
- Nunca abandono una tarea antes de terminarla.
- Una de mis fortalezas es ser capaz de generar ideas nuevas y diferentes.
- Me he mantenido firme en mi posición frente a una fuerte oposición.
- Siempre estoy dispuesto a correr riesgos para establecer una relación.
- Siempre admito cuando me equivoco.
- En un grupo trato de asegurarme de que todos se sientan incluidos.
- Siempre miro el lado positivo.
- Quiero participar plenamente en la vida, no sólo verla desde los márgenes.

Autocorrección: Suma las puntuaciones. Puedes ver la clave al final del libro (Capítulo 6, Nota 3).

Es imposible vivir sin haber fracasado en algo, al menos que vivas tan cautelosamente que es mejor no haber vivido.

J.K. ROWLING

Siempre he admirado el trabajo de J.K. Rowling y cómo consiguió el éxito con la saga de Harry Potter. Estaba en un proceso de divorcio, en paro y con pocos recursos económicos. En un viaje en tren de Manchester a Londres le surgió la idea de un niño que no sabía que era mago hasta que llegó a una escuela de magia. Su primer libro *Harry Potter y la Piedra Filosofal* fue rechazado por doce editoriales, hasta que Bloomsbury decidió publicar su obra.

El modelo PERMA de resiliencia

¿De qué depende que una persona sea resiliente? Seligman y su equipo han descubierto que depende de cinco factores:

- **Emociones positivas** (*Positive emotions*).
- **Compromiso** (*Engagement*).
- **Relaciones** (*Relationships*).
- **Significado** (*Meaning*).
- **Logro** (*Achievement*).

FOTOGRAFÍA 6.1. Ángel Ruiz, director general
de Ericsson Norteamérica (EE. UU.).

PERMA por su acrónimo en inglés. Ángel es uno de esos casos excepcionales que muestra crecimiento postraumático gracias a estos elementos PERMA. Te cuento cómo la historia de Ángel ilustra cada uno de estos elementos en las siguientes páginas.

De Cuba a Estados Unidos: Las primeras relaciones (la R de PERMA)

Nació en 1956, en una familia de trabajadores en Cuba. Sus primeros años de vida bajo Castro no fueron nada fáciles. Su padre, Ángel Arturo Ruiz, trabajaba como supervisor de una bodega, pero perdió su trabajo en 1963, cuando solicitó los documentos para mudarse junto a su familia a Estados Unidos. Tuvo entonces que ganarse la vida con trabajos en la construcción y la recolección de caña de azúcar. Al final su familia consiguió su permiso de salida, gracias a que la hermana de su madre había emigrado a Estados Unidos en la década de 1950. Les llevó a la familia cinco años obtener el permiso necesario para salir del país.

El día que dejaron Cuba en 1968, Ángel pasó la noche dormido sobre el suelo del aeropuerto de La Habana con sus padres y su hermano menor, esperando durante treinta y seis horas uno de los dos vuelos diarios a Estados Unidos. Una vez que la familia aterrizó en Miami, Ángel recuerda vívidamente como él y su hermano corrieron hacia una máquina de comida para comprar un sándwich de jamón, una Coca-Cola y un paquete de chicles.

La familia se estableció eventualmente en Baltimore, con la tía de Ángel. No hablaba inglés Ángel ni ningún otro miembro de su familia. Su madre, que empezó a trabajar en una fábrica de flores sintéticas tenía muy claro que quería tener su propio negocio: un salón de belleza. Para ello, tenía que aprobar un examen de dermatología en inglés. Ella se preparó para esa prueba memorizando todas las respuestas, sin entender lo que memorizaba. Y aprobó el examen y tuvo su negocio durante más de veinte años en Orlando, Florida.

De su madre, por tanto, aprendió la determinación y el optimismo necesarios para conseguir los objetivos que uno se plantea en la vida. De su padre, que encontró trabajo como supervisor en una fábrica de especias, en la que Ángel trabajó durante un tiempo para pagarse sus estudios universitarios, aprendió su orientación hacia la consecución de resultados y la importancia de crear relaciones de confianza: «Di lo que harás y haz lo que dijiste qué harías, porque si no, perderás credibilidad con esa persona», recuerda Ángel.

Estos valores que aprendió de sus padres han sido importantes en su carrera ejecutiva. La determinación, el optimismo, la orientación hacia los resultados y las relaciones de confianza han sido pilares fundamentales de su liderazgo en la vida y en la empresa.

Tu *best possible self*: Visualiza tu mejor versión

Mirar hacia el futuro y visualizarse a uno mismo con éxito es una de las prácticas más poderosas de la psicología positiva. Cuando visualizas y escribes sobre tu mejor versión, te ayuda a fijar metas más claras y mejora tu optimismo al aumentar tus expectativas de éxito en el futuro. El ejercicio conocido como el Best Possible Self (BPS, o el *mejor yo potencial*) consiste en dos sencillos pasos:

1. Imagínate en un futuro, puede ser en diez años o un año, donde todo haya salido lo mejor posible. Has trabajado mucho y has logrado alcanzar tus objetivos. Por ejemplo, has conseguido el nuevo trabajo con el que estabas soñando, tu negocio está creciendo, has formado una familia maravillosa, etc. Visualiza esta situación y dedica un momento a pensar dónde estarías, con quién estarías y cómo te sentirías.
2. Escribe con el mayor detalle posible la descripción de esa imagen que acabas de tener sobre cuáles son esas metas, qué habilidades y deseos te gustaría lograr, en un futuro ideal. Puedes hacerlo sobre un ámbito de tu vida profesional y después repetir el ejercicio en el ámbito personal.

De hecho, un grupo de investigadores de la Universidad de Maastricht[4] plasmaron en un estudio longitudinal los beneficios de visualizar tu *mejor yo potencial* de forma regular en tu optimismo. En un experimento, comparan un grupo que practicaba el ejercicio del *best possible self,* durante cinco minutos al día con otro grupo que simplemente revisaba su agenda sobre las últimas 24 horas durante cinco minutos.

La conclusión de los resultados claramente demostró que visualizar y escribir sobre su mejor futuro, estadísticamente hace a la gente más feliz y optimista. Esta técnica cada vez se usa más en deportistas de élite. Sin embargo, en nuestro día a día tendemos a pensar más en actividades cotidianas que en nuestro mejor futuro. Piensa en ti, ¿cuántas veces has visualizado tus sueños en la última semana? Trabajar tu optimismo te ayuda a superar los desafíos.

Primeros desafíos: El estilo explicativo optimista (La P de PERMA)

En 1978, después de graduarse en Ingeniería Eléctrica con 22 años, Angel consiguió su primer trabajo como ingeniero en Bethlehem Steel en Pensilvania y también su primer desafío profesional. Dos años después tuvo que asumir su primer puesto de liderazgo, supervisando un equipo de 16 personas, todas mayores que él, en una compañía de telecomunicación llamada C&P en Maryland, una de las empresas pioneras del sistema Bell.

El grupo tenía una baja motivación y su productividad era más bien escasa, por lo que tuvo que comunicar esos pobres resultados a su jefe. Tuvo que lidiar con un grupo que incluso hizo una huelga de tres semanas con piquetes. Le resultó difícil ganarse el respeto y la confianza de su equipo.

¿Cómo se explica Ángel este primer *fracaso* de liderazgo? Tenía las habilidades técnicas o *hard skills*, pero necesitaba mejorar sus habilidades directivas, las *soft skills*. Para Ángel esto representó un aprendizaje sobre cómo el respeto no viene dado automáticamente por tu posición formal: tienes que ganarte el respeto y la confianza de tu equipo.

Esa experiencia le llevó a hacer un Máster en Business Administration (MBA) de la Universidad de Johns Hopkins, mientras seguía trabajando en esa empresa. Al acabarlo cambió de trabajo y sólo seis meses después se fue a Texas con su familia, para trabajar en una pequeña compañía de comunicación digital como gerente de proyectos. Recientemente se había casado con Miriam, y la pareja estaba feliz de estar cerca de sus familias con su hija de dos años, Desiree, y donde nació su segundo hijo en 1989, Arius.

Ángel es de las personas que cree que lo que conseguimos en nuestra vida está supeditado a nuestras capacidades y a nuestra forma de comportarnos y tomar decisiones. Esto es lo que se denomina un estilo explicativo con un locus de control interno que caracteriza a las personas optimistas. Y él estaba convencido de que con esos cambios iba a conseguir lo mejor para su familia. Este optimismo es la primera letra P (emociones positivas) del modelo PERMA.

Tu estilo explicativo: ¿Eres una persona de control interno o externo?

Todos diferimos en nuestra creencia de cuánto control tenemos sobre nuestra vida. A finales de la década de los sesenta, el psicólogo Julián Rotter realizó una serie de experimentos sobre la forma cómo los seres humanos se explican las cosas que les suceden.[5] Algunos de nosotros creemos que las cosas buenas y malas que ocurren dependen de nuestro propio comportamiento: locus de control interno. Por el contrario, otros sienten que lo que sucede depende de fuerzas externas sobre las que ellos no tienen control: locus de control externo.

Conócete a ti mismo

¿Cuál es tu locus de control: interno o externo?

Considera la versión corta del cuestionario original de Rotter de locus de control interno frente al externo. Redondea con un círculo la frase que mejor describe cómo piensas.

1.
   a. Muchas de las cosas desafortunadas en la vida de las personas se deben en parte a la mala suerte.

b. Las desgracias de las personas resultan de los errores que cometen.

2.
a. Una de las principales razones por las que tenemos guerras es que la gente no se interesa lo suficiente por la política.
b. Siempre habrá guerras, por mucho que la gente intente evitarlas.

3.
a. A la larga, las personas obtienen el respeto que merecen en este mundo.
b. Desafortunadamente, el valor de un individuo a menudo pasa desapercibido sin importar cuánto lo intente.

4.
a. La idea de que los profesores tienen estudiantes favoritos es una tontería.
b. Las notas de los estudiantes se ven influenciadas por eventos accidentales.

5.
a. Para ser un líder efectivo debes saber cuándo tomarte descansos.
b. Las personas que se convierten en líderes han tenido suerte.

6.
a. No importa cuánto te esfuerces, a algunas personas simplemente no les caes bien.
b. Las personas que saben cómo llevarse bien con otros han aprendido habilidades sociales.

7.
a. He descubierto que a menudo sucederá lo que va a suceder.
b. Confiar en el destino nunca me ha funcionado como tomar mi propia decisión.

8.
a. Cuando un estudiante está bien preparado, rara vez existe un examen injusto.
b. Muchas veces las preguntas en un examen no están relacionadas con el curso, y estudiar es casi inútil.

9.
a. Convertirse en alguien exitoso es cuestión de trabajo duro; la suerte poco o nada tiene que ver.
b. Conseguir un buen trabajo depende principalmente de estar en el lugar adecuado en el momento adecuado.

10.
a. Un ciudadano promedio puede influir en las decisiones del gobierno.
b. Este mundo está dirigido por unas pocas personas en el poder, y no hay mucho que el ciudadano pueda hacer al respecto.

11.
a. Cuando hago planes, estoy casi seguro de que puedo hacer que se cumplan.
b. No siempre es aconsejable planificar con demasiada antelación porque de todos modos muchas cosas suelen ser una cuestión de suerte.

12.
a. En mi caso, conseguir lo que quiero poco o nada tiene que ver con la suerte.
b. Muchas veces podría decidir simplemente lanzando una moneda.

13.
a. Lo que me sucede es obra mía.
b. A veces siento que no tengo suficiente control sobre la
dirección que toma mi vida.[6]

Autocorrección: Puedes ver la clave al final del libro
(Capítulo 6, Nota 6).

Existen diversos estudios que han revelado los beneficios de tener un locus de control interno. Por ejemplo, los niños que creen que sus acciones marcan la diferencia, tienen una mayor autoestima y desarrollan más resiliencia; los estudiantes capaces de controlar su estado de ánimo tienen un mejor progreso académico; y los adultos con un locus de control interno tienen más probabilidades de cambiar con éxito de trabajo y mejorar su salud física y mental.

Me encanta analizar las investigaciones y los estudios que nos hacen ver que las cosas no son en blanco y negro. Siempre hay variables moderadoras. Por ejemplo, ¿cuál puede ser la parte negativa de tener un locus de control interno? La gente con un locus de control interno, a menudo, es percibida por sus compañeros de trabajo y familia como responsables que se esfuerzan por conseguir sus objetivos. Esto hace que otros vayan a pedirles consejo, ayuda, apoyo y terminan *burnout* con sobrecarga de trabajo y responsabilidad.

Este lado oscuro del locus de control interno es lo que demostró un estudio dirigido por Christy Zhou de la Universidad de Duke.[7] En una serie de experimentos, las personas con altos niveles de control interno también son los que tienen niveles más altos de sobrecarga de trabajo, porque sus compañeros les piden ayuda, y sobrecarga de responsabilidades con sus parejas en el ámbito personal.

La llegada a Ericsson: Motivación de logro (La A de PERMA)

Ángel con un alto grado de control interno, tenía la motivación de lograr más y de buscar mejores oportunidades. En 1990, se incorporó a Ericsson como mánager de proyectos durante seis años, en los que aprendió cómo liderar sin autoridad.

Él dice que ese trabajo es el ejemplo de cómo tener toda la responsabilidad de un proyecto, pero con muy poca autoridad formal, porque en realidad nadie reporta a ti. Se trata de motivar a un equipo en el que cada cual tiene su propio jefe.

El liderazgo de Ángel siempre está orientado a la obtención de resultados. Los hechos son mucho más elocuentes que las palabras. El líder no es el mejor del grupo, pero sí es la persona que mejor conoce a cada uno de sus componentes, el que sabe lo que cada uno necesita para ofrecer su mejor versión. El líder crea el contexto, supervisa la evolución y aumenta la confianza en su gente con dirección. Los líderes hacen su trabajo a través de las personas.

El verdadero líder es como un director de orquesta. Como en una orquesta, muchas tareas de *hardware* y *software* son muy sofisticadas. Y «al igual que un director de orquesta, el líder no toca ningún instrumento, no es el mejor músico, sino aquel que sabe quién, qué y de qué forma necesita tocar cada instrumento para crear una hermosa melodía», explica Ángel.

Los logros de Ángel no pasaron desapercibidos entre los altos directivos de la empresa. En 1995 fue nombrado director de Business Operation y, en 2001, vicepresidente ejecutivo de Ericsson Norteamérica.

Orientación a resultados: Compromiso (la E de PERMA)

Recuerda que una de las características de los niños resilientes, en el estudio de Hawái, es su implicación y compromiso en la escuela. Las personas resilientes se implican en lo que hacen. ¿Por qué a Ángel le fue tan bien? Cuando le conocí, me llamó la atención su alto grado de compromiso con la empresa.

Su orientación a la obtención de resultados hace que, por ejemplo, esté convencido de que se debe utilizar la tecnología para promover el trabajo remoto y dotar a los empleados de una mayor autonomía. La tecnología ya no es una barrera para el trabajo a distancia, pero las actitudes de los líderes sí pueden serlo.

El trabajo remoto requiere dar mayor autonomía a los empleados, lo que a su vez significa que a los empleados no se les recompensa por la cantidad de horas en el lugar de trabajo, sino por sus resultados. El verdadero líder comunica ese locus de control interno para conseguir el compromiso de los demás y contagia su inclinación a la acción.

En 2009, realicé un estudio, junto a mi equipo de investigación, en que analizamos el estilo de liderazgo de 122 CEO de empresas españolas.[8] Los directores completaron una encuesta que les preguntaba si su empresa ofrecía teletrabajo durante un cierto número de horas a la semana. También les preguntamos sobre su estilo de liderazgo orientado a resultados. Además, recopilamos información sobre la antigüedad, el tamaño y el grado de internacionalización de la empresa.

Lo más interesante de estos resultados, publicados en la revista *Human Resource Management*, es que hay una interacción entre el porcentaje de empleados internacionales en plantilla y el estilo de liderazgo del CEO. Un mayor porcentaje de empleados internacionales, por sí solo, no predice la adopción del teletrabajo. Además, es necesario un CEO con un estilo de liderazgo orientado a resultados.

Como puedes observar en la Figura 6.2, las empresas con una plantilla internacional ofrecen teletrabajo sólo cuando están dirigidas por un director general con una alta orientación a resultados (cuadrado superior). Este es un principio muy conocido en la psicología de las organizaciones: los líderes son catalizadores del cambio y las transformaciones en las empresas.

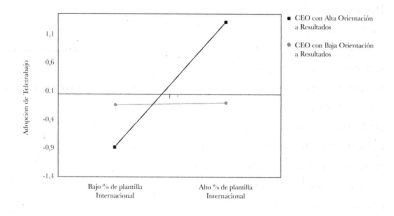

FIGURA 6.2. Orientación a resultados del CEO
facilita la adopción de teletrabajo.

La lección es clara: los líderes que creen que los empleados no están motivados internamente y que no trabajarán a menos que estén supervisados de cerca, pueden resistirse al teletrabajo porque pierden el control inmediato de los empleados. Por el contrario, los líderes auténticos con un locus de control interno comunican esta motivación interna a los empleados y confían en ellos. La transformación digital requiere este locus de control interno y relaciones de confianza en los empleados y directivos.

Quería profundizar en esta idea y realicé otro estudio con mi equipo de investigación y con el apoyo de la Unión Europea. Se eligió al azar un total de 2388 empresas españolas que participaron en una encuesta telefónica, estratificadas por industria y tamaño. Las empresas iban desde organizaciones con menos de cinco empleados hasta organizaciones con más de 200 empleados, y pertenecían a una amplia gama de industrias, incluidas la manufactura (27,1%), la construcción (12,9%), el comercio minorista y la hostelería (31,3%), las finanzas (6,7%) y la salud y la educación (22,7%).

¿Quién contestó la encuesta? Ejecutivos que tomaban las decisiones estratégicas para la compañía: CEO (68,2%), directores generales (20,2%), propietarios (9,6%) y otros (2%). Estos ejecutivos indicaron si su empresa ofrecía la opción de trabajar desde casa para los empleados. Además, evaluaron en una escala la importancia de las políticas de recursos humanos para facilitar la conciliación de los empleados.

Estadísticamente, las conclusiones del estudio, publicadas en la revista *Leadership and Organization Development Journal* en 2016, apoyan nuestra hipótesis principal: La adopción de teletrabajo es más generalizada en empresas internacionales cuando los líderes se preocupan por el bienestar de los empleados, creen en la importancia del equilibrio entre el trabajo y la familia y lo promulgan como un compromiso personal; son líderes auténticos.

El resultado más interesante es que descubrimos que la autenticidad de los líderes interactúa con el tipo de empresa: multinacional o nacional. Como puedes observar en la Figura 6.3, los líderes auténticos impulsan la adopción del teletrabajo en las empresas que son internacionales (cuadrado grande). Actúan como catalizadores de las demandas de estos empleados.

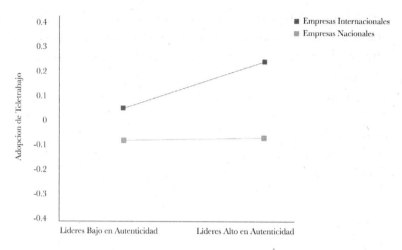

FIGURA 6.3. Adopción de teletrabajo en empresas internacionales con líderes auténticos.

Estos dos estudios los realizamos antes de la pandemia del COVID-19 cuando el teletrabajo era todavía una excepción. En 2022, un 14% de la población activa teletrabajó una media de 3 días a la semana, lo que supone 3,3 millones de personas, según el INE. El perfil más común del trabajador en remoto es una persona de 35 a 44 años, con un 16% de los ocupados teletrabajando.

Sin embargo, el teletrabajo de forma habitual parece haber tocado techo en España, comparado con otros países europeos, según datos de Eurostat. Este dato es preocupante, teniendo en cuenta el valor que los trabajadores atribuyen al teletrabajo en España. En 2020, casi dos tercios (63%) de las personas que empezaron a trabajar desde casa tras la pandemia del COVID-19 mostraron su preferencia por seguir haciéndolo después de la pandemia, al menos un día a la semana. Para que el trabajo en remoto funcione es importante que los líderes estén orientados a los resultados y sean un ejemplo para los demás.

Vencer al cáncer: Valorar las relaciones (La R de PERMA)

El problema más grave al que ha tenido que hacer frente Ángel ha sido el cáncer. En noviembre de 2000, era un hombre con buena salud, de 44 años, de complexión atlética. Había practicado ejercicio toda su vida. Fue entonces cuando un examen médico detectó un cáncer de colon en fase tres, lo que significa que se había extendido a los ganglios linfáticos de Ruiz. Las estadísticas revelan que las posibilidades de supervivencia son de alrededor del 20%, pero el tumor no era grande y no había atravesado la pared del colon.

Cuando el médico le dijo a Ángel que tenía cáncer, su mente se quedó en *shock*. Pero pronto reaccionó con su habitual enfoque optimista. Pasó por las cinco etapas del duelo que pasamos los seres humanos cuando nos enfrentamos a una tragedia, como el diagnóstico de una grave enfermedad, descritas por Elisabeth Kübler Ross.

Primero, la negación: estoy en buena forma, he trabajado toda mi vida. Luego, la ira y el enfado; se preguntaba: ¿por qué a mí? ¡No es justo! Entonces, la negociación: al menos voy a realizar un viaje en familia, se dijo. La depresión llegó brevemente; se sentía triste. Hasta que finalmente, vinieron la aceptación y la superación: «me obsesioné en cómo vencerlo», dice.

Un cáncer en este nivel de desarrollo hacía necesaria una intervención quirúrgica y una quimioterapia bastante agresiva. Fue incluido en un programa de tratamiento experimental que duró nueve meses, durante los cuales se dedicó en parte a leer, para comprender qué es lo que le sucedía a su cuerpo, lo que le proporcionaba una cierta sensación de control, que le ayudaba en la recuperación. Y digo en parte, porque tomó la decisión de seguir trabajando; quería mantener su cabeza ocupada en algo. Él afirma que el cáncer es una guerra psicológica y que encontrar algo sobre lo que estar centrado ayuda en esa batalla.

De hecho, ahondé en este tema y encontré varios estudios en los que se demuestra que, un locus de control de salud interna, se ha relacionado con una mejor salud física y mental en personas con cáncer.[9]

Ángel necesitó veinticuatro tratamientos. Iba los viernes por la mañana durante dos horas, en las cuales se bombeaba aproximadamente medio galón del líquido *venenoso* en su cuerpo. Ruiz tenía muy clara la recomendación de su oncólogo: «Cuanto mayor sea tu capacidad para tolerar el tratamiento, mayores serán tus posibilidades de vivir».

Durante las dos primeras semanas, Ángel podía volver a casa solo después del tratamiento. A la tercera semana, se sentía tan débil que necesitaba que lo acompañaran. Cuando regresaba a casa los viernes después del tratamiento, su esposa Miriam cocinaba una sopa cubana con verduras y luego se llevaba a los niños, Desiree, de doce años, y Arius, de nueve, al parque para dejar a Ángel descansar. Al final le llevó nueve meses recibir los veinticuatro tratamientos completos, pero lo logró.

Durante ese tiempo, estuvo muy concentrado y en control de la enfermedad, leyó mucho para tratar de entender lo que le pasaba. Ángel cree que, sentirse en control, ayuda a la recuperación. A pesar de que su cuerpo estaba muy débil por la quimioterapia, seguía haciendo ejercicio durante dos horas al día.

La familia de Ángel también lo ayudó en su recuperación. Su esposa Miriam recuerda que Ángel se interesó en hacer más actividades en familia. En agosto de 2001, la familia hizo un viaje a España, fueron a Madrid, a Sevilla y a Toledo. «Quería asegurarse de pasar tiempo con quienes más le importaban», dijo Miriam. Lo que de verdad importa, son las relaciones.

CEO de Ericsson Norteamérica: Nuevos desafíos (La P de PERMA)

Cuando todavía tenía tres meses de quimioterapia por delante, le ofrecieron el puesto de CEO para Norteamérica, algo que aceptó de inmediato. El desafío al que se enfrentó fue considerable, pero nuevamente lo superó con éxito.

El mandato que recibió de sus superiores era reducir significativamente la fuerza laboral, en los primeros dos años, para poder hacer frente a la crisis. Tarea que logró siguiendo un criterio transparente de desempeño y competencias. Además, necesitaba comunicar las razones de ese despido masivo sin bajar la motivación y el compromiso.

Durante su gestión de quince años como director general, en un mercado en fuerte declive, tuvo que liderar este cambio con resiliencia. El margen operativo mejoró un 3% en el primer año y luego entre un 9 y un 20% durante el resto del período.

La trayectoria de Ángel, en gran medida, se fundamenta en la importancia que le da a la comunicación con un estilo optimista. Dos veces al año reúne a un equipo de 160 personas para hacerles partícipes de la estrategia de la compañía y para que ellos a su vez se la transmitan a sus equipos. Ángel entrevista personalmente a todos los que van a reportar directamente con él (unas 15 personas), así como a todos los que van a trabajar para esas 15 personas.

Cree que cada empleado, incluso en los rangos inferiores, debe comprender la estrategia de la empresa. Piensa en tu lugar de trabajo, ¿qué porcentaje de empleados crees que conocen la estrategia de tu compañía?

Pero, además de la comunicación, su liderazgo se basa en el ejemplo. Un ejemplo que, en su caso, pasó por compartir su vulnerabilidad cuando le diagnosticaron el cáncer y mostrar a los demás su resiliencia. Los verdaderos líderes tienen la capacidad de gestionar el estrés de manera productiva. Esto es lo que se conoce en psicología como la Ley de Yerson-Dodson, como vimos brevemente en el capítulo anterior.

La relación entre el nivel de estrés y la productividad no es una línea recta, sino una U invertida. Como puedes observar en la Figura 6.4, niveles muy bajos de estrés resultan en baja productividad porque te vas a sentir aburrido. Por otro lado, los niveles muy altos de estrés también resultan en baja productividad por *burnout*, te sientes agotado, exhausto emocionalmente y sin energía. Lo ideal para una excelente productividad son los niveles moderados de estrés, tu *sweet spot*.

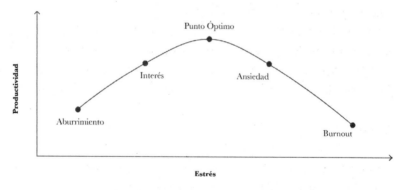

FIGURA 6.4. Ley de Yerson-Dodson.

La misión de Ericsson: Comunicar un *meaning* (La M de PERMA)

Despertar por la mañana con pasión y transmitir esa emoción es lo que mantiene a Ángel en movimiento, en una industria donde el éxito es la recompensa de sólo unos pocos. «La tasa de supervivencia es baja, dada la competencia global y la entrada de nuevos actores en el mercado», dice. Entonces, recuerda el mensaje de Steve Jobs: «si te levantas por la mañana y no percibes brillo en tus ojos cuando te miras al espejo, es hora de cambiar».

Cuando hablé con él, le pregunté sobre la misión de la compañía. Y para ilustrar lo importante que es para él lo que hacen en la empresa, me comenta lo que vivió en un pequeño pueblo en Kenia, que dependía de los productos perecederos que compraban a 10 km de distancia. Antes, iban sin saber quiénes estaban en el mercado, ni las condiciones meteorológicas que se podían encontrar por aquellos caminos. Hoy disponen de un teléfono móvil que les permite conectarse para conocer esos detalles, planificarse e ir al mercado cuando tiene sentido hacerlo.

Esta historia ilustra a la perfección la misión de Ericsson y el significado de lo que hace. Contribuir a esa sociedad conectada que mejora la vida de la gente es uno de sus motores. «Tengo la suerte de trabajar en algo importante», concluye Ángel.

El coraje de la vulnerabilidad

Ángel se ha enfrentado a muchos desafíos —desde su humilde origen en Cuba, hasta la reactivación de Ericsson en Norteamérica— que han dado forma a su liderazgo y a su vida. A lo largo de todo esto, Ángel ha compartido su vulnerabilidad, resiliencia y crecimiento, y sirvió como ejemplo para los demás. Ha hablado muchas veces de su batalla personal contra el cáncer, por si puede ayudar a alguien que está atravesando una situación similar.

Brené Brown en su aclamado libro *Daring Greatly*[11] dice: «Debemos entrar al terreno de juego, sea el que sea —una nueva relación, una reunión importante, nuestro proceso creativo o una conversación familiar difícil— con valentía y la voluntad de participar... Debemos atrevernos a mostrarnos y a dejarnos ver. Esto es vulnerabilidad».

De la historia de Ángel quiero destacar las siguientes tres conclusiones sobre la resiliencia que te dejo aquí:

1. **La resiliencia se puede entrenar.** Cuando pasamos por momentos difíciles y conseguimos superarlos estamos desarrollando resiliencia, una capacidad para adaptarnos con éxito a situaciones adversas en el futuro. Es como desarrollar recursos psicológicos, que nos preparan para enfrentarnos con entereza a las distintas situaciones difíciles que se nos presenten en la vida. Por ejemplo, las experiencias adversas de Ángel en su infancia le hicieron mentalmente fuerte para superar su enfermedad y salir fortalecido. Conseguimos una sensación de *control* sobre los acontecimientos y de *optimismo* hacia el futuro.

2. **La resiliencia te prepara para el futuro.** Los momentos de adversidad nos hacen reflexionar sobre lo que es realmente importante en la vida. Las personas resilientes crean una *visión* que les ayuda a dar sentido a lo que hacen y por qué lo hacen. Los líderes auténticos y resilientes como Ángel definen una misión de la empresa que va más allá del rendimiento económico y se fijan en el impacto de la empresa para mejorar la vida de la gente, lo cual proporciona un sentido social a lo que hace la empresa.

3. **La resiliencia te contacta con los demás.** Compartir esos momentos difíciles y reconocer nuestra vulnerabilidad frente a los demás requiere coraje. Pero también nos hace estar más cercanos a ellos y crear un *clima de confianza*. Es un clima de seguridad psicológica que

facilita que las personas compartan información relevante e incluso crítica. Cuando hay confianza, estamos más abiertos al *feedback* y a compartir tanto lo bueno, como lo malo, los triunfos como las batallas.

En agosto de 2016, Ángel eligió un nuevo campo de batalla, América Latina. Se centra en ayudar a la división latinoamericana de Ericsson a superar una situación de crisis, con un beneficio operativo negativo. Ángel sabe cómo ganar batallas difíciles y está enfocado en hacer que América Latina esté de «vuelta al ruedo».

Por todo esto, como te decía al principio del capítulo, nuestra mayor fuerza surge de la vulnerabilidad, desarrollando resiliencia y crecimiento.

10 reglas más para ser un verdadero líder desarrollando RESILIENCIA

Regla 51. Toma el control de tu vida: Locus de control interno.

Recuerda que la autenticidad proviene del griego *authentes,* que significa ser el agente o actor principal de tu propio destino. Para cultivar la autenticidad, es importante participar en un comportamiento de control interno donde evalúas periódicamente el enfoque, el tiempo y el progreso en el logro de tus objetivos.

Los verdaderos líderes como Ángel que enfatizan un locus de control interno creen que tienen las riendas de su vida, por lo que también experimentan un mayor nivel de esperanza y satisfacción en la vida y el trabajo. Consigues resiliencia y crecimiento postraumático cuando entiendes lo que te ha pasado. Comprender tu respuesta al fracaso te ayuda a identificar posibles creencias limitantes sobre ti mismo, los demás y el futuro.

Haz una pausa y reflexiona...

Tu **estilo explicativo**: interno frente externo. Recuerda un periodo de tu vida en el que hayas tenido un fracaso, ¿cómo te explicas este fracaso?, ¿cuál fue la causa? Piensa a qué factores das más peso: Factores internos (tus habilidades o acciones) o factores externos (suerte).

Regla 52. Desarrolla resiliencia y fortaleza mental. El poder de las expectativas.

No caigas en la trampa de generalizar demasiado después de la adversidad y quedarte atrapado en los problemas. La sobregeneralización es una trampa mental en la que juzgas tu valía y tu capacidad a partir de una sola acción.

Lo interesante de la historia de Ángel es que nos muestra cómo sus experiencias tempranas desarrollaron en él una fuerza mental y una resiliencia que le otorgaron una capacidad de recuperación excepcionales. Su madre, con su determinación se convirtió en un importante referente y modelo para él.

Hay una anécdota sobre la madre de Thomas Edison que me encanta y que siempre comparto en mis cursos de inteligencia emocional y resiliencia. Un cierto día, el pequeño Thomas de ocho años, llegó del colegio con una carta en la mano para su madre Nancy.

—Mi maestra me ha entregado esta carta y me ha dicho que se la entregue a mi madre —dijo Thomas.

Su madre con lágrimas en los ojos leyó la carta en alto a su hijo que la miraba atentamente.

—Su hijo es un genio. Esta escuela es demasiado pequeña para él y no tenemos los maestros adecuados para que le puedan enseñar. Por favor, enséñele usted en casa.

Muchos años más tarde, después de que su madre falleciera y que Edison ya se había convertido en uno de los grandes inventores, encontró la carta que había entregado a su madre en un cajón de la mesa. Esto es lo que realmente decía la carta:

—Su hijo está mentalmente enfermo y no podemos admitir que venga más a esta escuela.

Este un ejemplo de cómo la creencia y confianza en tus habilidades te lleva a poner el esfuerzo y tener la determinación para alcanzar el éxito. Este fenómeno psicológico se conoce como el Efecto Pigmalion-Rosenthal o la profecía autocumplida, que seguramente has podido observar en ti mismo.

Haz una pausa y reflexiona...

Las **personas significativas** que han estado presentes en tus primeros años juegan un papel fundamental en la confianza que tienes en ti mismo. ¿Quiénes han sido tus primeros referentes, las personas que admiras y te han servido de modelo a seguir en tu vida? ¿Quiénes han sido tus referentes de adulto? Pueden ser jefes, compañeros, mentores, familiares, profesores o amigos. ¿Qué expectativas tienen sobre ti?

Regla 53. Visualiza tu mejor versión potencial en otras áreas de tu vida.

Identifica tus fortalezas de resiliencia e imagina cómo puedes utilizarlas para alcanzar tu máximo potencial, aplicándolas a diferentes áreas de tu vida. Ya has visto cómo imaginar y visualizar mentalmente tu mejor versión te ayuda a aumentar tu optimismo y establecer expectativas positivas para tu futuro en diferentes ámbitos de tu vida profesional y personal. Por ejemplo, Ángel aprovechó sus fortalezas de disciplina, enfoque práctico y perseverancia para superar con éxito los muchos desafíos a los que tuvo que enfrentarse.

Haz la prueba...

Escribe tu propia historia de **fortalezas frente a los desafíos**, con una situación en la que usaste con éxito tus fortalezas de resiliencia para resolver un problema o ayudar a alguien.

¿Cómo puedes cultivar estas características en **diferentes ámbitos** de tu vida?

Regla 54. Expresa tu vulnerabilidad.

Cuando los líderes expresan sus vulnerabilidades, establecen un vínculo más estrecho con los demás. Recuerda que tus colaboradores buscan en ti una fuente de inspiración y dirección. Revelar y compartir experiencias personales de superación similares a las que ellos han vivido, fortalece los vínculos afectivos con los demás. Ángel ha hablado muchas veces sobre su batalla personal contra el cáncer.

Cuando compartes cómo superaste obstáculos, los demás te verán como una persona digna de confianza, cercana e influyente. Compartir historias de superación cambia incluso la bioquímica del cerebro de los que te escuchan, que segregan mayores cantidades de oxitocina, la hormona de los vínculos afectivos y la confianza. Muestras cómo pasar del estrés postraumático al crecimiento postraumático. Por esta razón, la vulnerabilidad hace que los empleados se identifiquen más fácilmente con sus líderes.

Haz la prueba...

¿Cómo hablar de un fracaso? Elige un desafío que has encontrado en tu vida laboral o personal. Este desafío puede ser la pérdida de un trabajo, una evaluación negativa del rendimiento o la ruptura de una relación significativa. Crea una narrativa con **3 elementos contradictorios**:

1. Pérdida y ganancia.
2. Duelo y gratitud.
3. Vulnerabilidad y fortaleza.

Finaliza la narrativa con una **moraleja**: destaca las lecciones y valores que has aprendido de esas experiencias.

Regla 55. Comparte historias de resiliencia y crecimiento.

Los líderes exitosos encuentran fuerza y motivación no sólo en las historias para superar un infortunio, sino también en las historias donde ellos mismos se han propuesto un reto desafiante de crecimiento.

Además de reafirmar tus fortalezas, cuando decides salir de tu zona de confort para alcanzar un reto personal, estás experimentando con tus debilidades. Yo misma hice la prueba en 2016 cuando completé mi primer triatlón, una experiencia que me enseñó una lección: el coraje de la vulnerabilidad también puede fortalecer la empatía, porque te ayuda a apreciar el punto de vista de otras personas.

Haz la prueba...

Comparte tus experiencias personales en las que buscas **alcanzar un reto** importante en tu vida. Destaca tu meta, el esfuerzo, la hoja de ruta, perseverancia, coraje para superar los obstáculos, etc. Estos retos personales podrían ser correr una maratón o escribir un libro.

Regla 56. Crea una cultura orientada a resultados.

Cuando los empleados teletrabajan y tienen autonomía para decidir dónde y cuándo quieren trabajar, no están constantemente bajo la mirada del jefe. En lugar de recompensar controlando el proceso, debes estar dispuesto a recompensarlos en función de sus resultados y desempeño. Como un verdadero líder, la gestión del rendimiento requiere lo que se denomina *empatía dura*: exigente con los resultados y compasivo con las personas.

Para Ángel uno de los mayores retos como líder es la gestión del talento. Busca la manera de atraer y retener a los mejores empleados creando una cultura que promueve la autonomía. Establece un sistema de seguimiento del desempeño, al igual que un programa de *coaching* y entrenamiento como si de un entrenador de fútbol o un director de orquesta se tratara.

Regla 57. Desarrolla un pensamiento estratégico y una visión.

Seguramente has observado que muchas cosas que suceden en las organizaciones están interconectadas. Asegúrate de que tus objetivos y acciones a corto plazo están alineadas con tus aspiraciones a largo plazo.

Para Ángel, la estrategia de la empresa es como una partitura: «Si encuentras a los empleados adecuados, es como crear música». Para lograrlo, la comunicación es crucial. Todos necesitan entender la estrategia que marca la dirección. Y al igual que un director de orquesta, tu papel como líder es coordinar los diferentes elementos de tu organización para generar una melodía armoniosa.

Regla 58. Evita el pensamiento catastrofista y la trampa de las fortalezas.

Para tener éxito en un entorno competitivo, la agilidad es decisiva. Debes estar dispuesto a aprender rápidamente y evitar la trampa de las fortalezas. Es importante estar alerta y aprender de los errores. Para ello, te recomiendo minimizar el pensamiento catastrofista.

Considera el peor escenario, el mejor escenario y los resultados más probables. Por ejemplo, has recibido una evaluación negativa de desempeño de tu jefe, ¿qué piensas?

- Peor escenario: «me van a echar, no me van a ascender, no tengo capacidad para realizar este trabajo».
- Mejor escenario: «seguramente que es un error del sistema».
- Más probable: «me van a proponer un plan de acción para mejorar y tendré que seguirlo y aprender».

Por ejemplo, Ángel aprendió que ganarse el respeto de los subordinados no es algo automático que viene con el título o la posición. Su primer desafío como líder no lo interpretó como el fin de su carrera, sino que se propuso completar un MBA y mejorar sus habilidades de liderazgo para ganarse la confianza del equipo.

Haz una pausa y reflexiona...

Todas las fortalezas tienen un lado negativo si se llevan al extremo. Esto se conoce como **fortalezas en *overdrive* o la trampa de las fortalezas,** cuando una fortaleza se convierte en una debilidad. Por ejemplo, imagínate que tienes excelentes habilidades de comunicación, pero cuando estás trabajando en un grupo dominas la conversación e interrumpes a otros compañeros. Tu fortaleza se ha convertido en una debilidad. ¿Cuál sería tu fortaleza en *overdrive*? Puede ser la excesiva empatía, extroversión etc.

Regla 59. Desarrolla un estilo de liderazgo transformacional.

Practica la flexibilidad conductual, es decir, reconoce que diferentes circunstancias requieren diferentes enfoques y sé capaz de adaptarte sin perder tu integridad y credibilidad. Los verdaderos líderes tienen buenas antenas sociales y evalúan con precisión las demandas del entorno. De esta forma, pueden elegir el estilo de liderazgo que mejor se ajusta a la situación.

El modelo de liderazgo de rango completo de los expertos Bernard Bass y Bruce Avolio, incluye un amplio rango de conductas de liderazgo que van desde el estilo transaccional al estilo transformacional. El estilo de liderazgo transaccional, que sigue la estricta cadena de mando, la jerarquía y el *palo y la zanahoria*, debe dar paso a un estilo de liderazgo transformacional basado en la confianza, la inspiración, la innovación y el *coaching*.

Ángel sigue el consejo de su padre de cumplir sus compromisos para ganar credibilidad en su liderazgo. Yo siempre digo que la confianza es la moneda de cambio del liderazgo. Sin confianza, no hay liderazgo y sin liderazgo no hay cambio.

Regla 60. Mira hacia las generaciones futuras.

Pensar en la próxima generación de líderes te brinda un propósito más allá de ti mismo. Una de las características de los líderes resilientes es la M del modelo PERMA, es decir, el *meaning* o significado de lo que haces. Por ejemplo, Ángel se preocupa por el desarrollo de los líderes del mañana. ¿Cómo puedes ayudarles a construir fuerza mental?

Una estrategia que funciona muy bien es el modelo ABCD de Albert Ellis que utilizo en mis programas de *coaching* cognitivo conductual. La C, las consecuencias emocionales, no provienen directamente de A (la adversidad o el fracaso) sino de B las creencias (*beliefs*) que tenemos sobre la adversidad. La máxima de los estoicos (no es lo que nos pasa, sino lo que *pensamos* sobre lo que nos pasa), es la idea clave. Si piensas «soy un fracasado» tienes que utilizar la D (disipar esa creencia) con otra creencia más realista y optimista sobre la adversidad: «no tengo las habilidades, pero las puedo aprender».

Haz la prueba...

¿Cómo podrías potenciar tu fuerza mental con el **modelo ABCD** de Ellis? Identifica las consecuencias emocionales (C) que sientas ante una situación adversa (A) y escribe tus creencias limitantes sobre lo que sucede (B). El último paso es sustituir o disipar (D) estas creencias limitantes por creencias positivas de crecimiento.

Kevin Johnson de Starbucks al igual que Ángel Ruiz de Ericsson se encuentran cómodos en su propia piel. Esta autenticidad les ha ayudado a superar desafíos en su vida y su trabajo con resiliencia y crecimiento y les ha servido para conectar con los demás inspirando confianza, transparencia y cooperación.

CONCLUSIÓN DE LA SEGUNDA PARTE

El *yo potencial*: Resolver la segunda
paradoja de la autenticidad

Los verdaderos líderes demuestran coherencia entre sus valores y sus comportamientos. Sin embargo, como hemos visto en los ejemplos de Rakesh Agarwal, Dena Schlutz y Ángel Ruiz, es importante destacar que su autenticidad no significa comportarse de la misma manera en todas las situaciones. Por el contrario, implica un proceso continuo de evolución y crecimiento personal.

Es importante valorar el yo potencial. Los profesores Michael Kernis, de la Universidad de Georgia, y Bryan Goldman, de la Universidad de Clayton, señalan que la autenticidad va más allá de «conocerse a uno mismo y actuar en consecuencia». Las personas auténticas están abiertas a nuevas experiencias, evolucionan, se esfuerzan por tener relaciones interpersonales satisfactorias y adoptan una postura no defensiva hacia la retroalimentación o el *feedback*. No podría estar más de acuerdo con la profesora Herminia Ibarra, de la London Business School, cuando escribe sobre la gran paradoja de la autenticidad:[1] un enfoque estático de la autenticidad puede obstaculizar el crecimiento personal.

Los protagonistas de esta segunda parte del libro ilustran a la perfección este concepto evolutivo y dinámico de la autenticidad, ya que han demostrado su capacidad de adaptarse a diferentes desafíos, manteniendo al mismo tiempo su auténtica esencia. Rakesh Agarwal, por ejemplo, se marchó de la India para modernizar una fábrica láctea en Longwarry, Australia, donde tuvo que superar desafíos imprevisibles, desde la crisis financiera mundial hasta un incendio que devastó la fábrica; Dena Schlutz pasó de ser ama de casa a una empresaria exitosa, después de que su joven esposo sufriera un trágico accidente; y Ángel Ruiz, dejó su Cuba natal con tan solo 12 años para tener una nueva vida en Estados Unidos, sobrevivió a un cáncer y transformó la cultura empresarial de Ericsson.

Hemos profundizado en esta idea: ¿Cómo estos líderes crecen y se mantienen fieles a su esencia? Los tres protagonistas prosperaron tras la adversidad, practicando tres competencias: *mentalidad de crecimiento, relaciones positivas* y *resiliencia*. En este proceso de crecimiento, se volvieron más conscientes de sus fortalezas y limitaciones, sintieron pasión por lo que realmente era importante, y estuvieron abiertos a las ideas de otros, mostrando además un compromiso con el futuro. Veamos con más detalle cómo gestionan el crecimiento y la autenticidad cada uno de ellos.

Rakesh Aggarwal ha mostrado autenticidad, al tiempo que crecía como persona y líder, con flexibilidad y adaptabilidad. Ha sabido adaptar su estilo de liderar y ha construido relaciones auténticas con sus empleados y clientes en un entorno en constante cambio, a la vez que se ha mantenido abierto a nuevas ideas y soluciones. Ha gestionado emociones en conflicto, como el miedo y la esperanza frente a la adversidad.

Un buen ejemplo de esto es la experiencia de Rakesh después de la explosión en la fábrica. Sentía a la vez miedo de las consecuencias del fuego, pero confiado de encontrar la mejor solución. Al gestionar esta tensión emocional, Rakesh pudo desarrollar relaciones sólidas con todas las partes interesadas, a la vez que se mantenía optimista sobre el futuro.

En el caso de Dena Schlutz, vemos cómo pudo lograr una transición efectiva gracias a su empatía y honestidad. Confió en su fortaleza mental para mantener una perspectiva positiva. Dena encontró un delicado equilibrio entre la autenticidad, que le permitió reconciliar su propio bienestar, con el bienestar de los demás.

Al igual que Rakesh Aggarwal, Dena también se enfrentó a la tensión entre el miedo y la ilusión. Por ejemplo, cuando decidió dejar su cargo ejecutivo en HP para emprender su propio negocio. Es completamente normal experimentar el síndrome del impostor durante momentos de transición para acercarnos al yo potencial. Sin embargo, lo importante es tener claras nuestras prioridades y metas.

Ángel Ruiz, un auténtico camaleón, ha experimentado un proceso de aprendizaje transformador a lo largo de su vida. Ha descubierto que su autenticidad es como un ancla donde se apoya para adquirir nuevos hábitos y crecer como persona y líder. De esta forma ha ampliado su repertorio de comportamiento para adaptarse a diferentes situaciones. La clave de su autenticidad radica en desarrollar un rango amplio de comportamientos de líder transformacional y resiliente.

Además, Ángel ha desarrollado un estilo de liderazgo basado en sus valores morales y un locus de control interno, lo que le procuró una fortaleza mental extraordinaria al enfrentar desafíos organizacionales, como la drástica reducción de personal en Ericsson. Al final, expresar sus vulnerabilidades a lo largo de estos desafíos, lo ha convertido en un líder natural a los ojos de los demás.

La autenticidad no es un destino, sino un proceso en constante evolución. Mantenerse auténticos es un proceso de crecimiento que lleva tiempo y esfuerzo. Oprah Winfrey desearía haber abrazado su autenticidad mucho antes en su vida; Amancio Ortega insta a sus empleados a transcender sus límites para seguir creciendo; y Kevin Johnson lamenta no haber aprendido la importancia de la autenticidad antes en su carrera. El verdadero liderazgo es un proceso continuo de desarrollo personal para convertimos en nuestro mejor yo posible.

TERCERA PARTE

COLABORAR EN *ARMONÍA*: SÉ FIEL A LOS DEMÁS

En esta tercera parte te presento el *yo social*. El peligro de limitar la autenticidad a la máxima de «sé tú mismo» o «transfórmate en ti mismo» es el narcisismo. Por esta razón, agrego a mi modelo una dimensión moral, para que la autenticidad sólo se refleje cuando se reconoce y respeta, tanto el propio yo como el de los demás. Este es el tercer elemento de la autenticidad, la armonía, la cual analizo en esta parte del libro.

La ecuación de la autenticidad

Es importante poner en perspectiva los tres elementos de la autenticidad: corazón, hábito y armonía. Para ello, te presento lo que he llamado la Ecuación de la Autenticidad (Figura 7.0), que te puede ayudar a evaluar tu nivel global de autenticidad, teniendo en cuenta los tres parámetros.

Esta ecuación señala que los dos primeros elementos de la autenticidad, el corazón (emocional) y el hábito de aprender (cognitivo), se relacionan de forma aditiva. Sin embargo, el último elemento, la armonía social, tiene un efecto multiplicativo.

Esto quiere decir que, si tu puntuación en armonía es igual a cero, tu autenticidad también será cero en su totalidad, incluso cuando puntúes bien en los otros dos factores. Esto es así, porque una persona que no muestra interés por los demás, no es un verdadero líder. Estaríamos ante un caso de narcisismo que es el polo opuesto a la autenticidad, donde falta el yo social y la empatía.

Tu puntuación total de autenticidad es el resultado de la media de las puntuaciones del factor corazón y el hábito de aprender; multiplicado por la armonía.

$$\text{Autenticidad} = \left[\frac{\text{Factor Corazón} + \text{Hábito de Aprendizaje}}{2} \right] \times \text{Armonía}$$

FIGURA 8.0. Ecuación de la autenticidad.

Los verdaderos líderes encuentran armonía en la agencia individual y la comunión con los demás, y logran un equilibrio entre ser fieles a sí mismos y a los demás a largo plazo. Por ejemplo, muchos de los líderes que he entrevistado se preocupan por poner sus cualidades al servicio de los demás y tienen una visión a largo plazo de su trabajo y su familia.

En las páginas siguientes, te presentaré a la familia Schwörer, de Alemania, que se siente orgullosa y apasionada por liderar la empresa constructora PERI, así como de dejar un legado que mejore la vida de las personas y cuyo compromiso con sus más de 7000 empleados en todo el mundo nos enseña importantes lecciones de liderazgo.

A continuación, la fascinante historia de Vista Alegre, mucho más que una empresa de cerámica y vajillas fundada en Portugal en 1824, contada a través de Francisco Rebelo, uno de los miembros más jóvenes de la empresa familiar.

Y, por último, Ana Botín nos recordará que liderar el Banco Santander, uno de los más grandes del mundo, con más de 190.000 empleados, puede ser tan sencillo, personal y justo como esforzarse por ayudar a las personas y las empresas a prosperar.

En esta tercera parte del libro, vamos a tomar una visión más estratégica del liderazgo, centrada en la alta dirección y los procesos de toma de decisiones. En este caso, los líderes son como arquitectos sociales que crean un contexto para que los empleados puedan ser productivos y felices, a la vez que alcanzan los objetivos estratégicos de la organización.

Vas a ir aprendiendo sobre cómo liderar con el ejemplo; cómo crear una comunicad con un sentimiento de pertenencia; y cómo gestionar el cambio sostenible. Igualmente, tendrás la oportunidad de conocerte mejor la cultura y el liderazgo de tu organización a través de tests diagnósticos. Y al final de cada capítulo tienes 10 reglas más para ser un verdadero líder con ejemplaridad, creando comunidad y gestionando el cambio para dejar un legado.

7

EJEMPLARIDAD: LA EPIDEMIOLOGÍA DEL LIDERAZGO AUTÉNTICO

Siempre es bueno trabajar con personas que te hacen sentir inseguro de ti mismo. Así, continuarás superando constantemente tus límites.

SUNDAR PICHAI

El ascenso meteórico del director general de Google, Sundar Pichai, sorprendió a muchos. «No parece encajar en el club de líderes de grandes egos de Silicon Valley», informó *Quartz India* en 2017. Su estilo de liderazgo modesto le valió la reputación de un tipo agradable que era capaz de construir equipos de alto rendimiento.

¿Quién es Sundar Pichai? Creció en un piso de dos habitaciones en India, estudió Ingeniería Metalúrgica en el Indian Institute of Technology y luego ganó una beca para ir a Stanford, donde cursó una maestría y luego un MBA en el Wharton Business School. Su mantra de liderazgo es: «Deja que otros tengan éxito». En una entrevista durante su visita a India presentada en *Quartz*, comentó:

> Tengo un excelente equipo de liderazgo. Liderar es aprender a delegar y a empoderar de verdad a las personas en todos los niveles de la organización, y confiar en que harán lo correcto.

Como líder, gran parte de tu trabajo es hacer que otras personas tengan éxito. Se trata menos de tratar de tener éxito [tú mismo], y más de asegurarse de tener buenas personas. Tu trabajo es eliminar los obstáculos para que estas personas puedan tener éxito en lo que hacen.

El liderazgo colaborativo de Sundar Pichai tiene éxito en la economía digital con trabajadores del conocimiento. Pero seguramente te estés preguntado, ¿podemos trasladar este liderazgo auténtico basado en el empoderamiento de los empleados a industrias más conservadoras como la construcción? La respuesta es claramente ¡Si! Y lo vamos a ir viendo con el caso de PERI.

El caso del Grupo PERI: Construir una identidad colectiva alrededor de las personas (Alemania)

La autenticidad está en gran demanda. Existe un cambio generacional que valora el carácter auténtico de un director general como Sundar Pichai: los jóvenes *millennials* quieren seguir a las personas que admiran no sólo por su trabajo, sino también por su condición moral; quieren ver el impacto social de su trabajo y exigen de sus líderes oportunidades de progreso y crecimiento.

Si eres un director general que busca el éxito con la nueva fuerza laboral, será mejor que ofrezcas más que un sueldo; debes además ofrecer un proyecto con significado. El enfoque habitual transaccional en las relaciones entre la empresa y los empleados resulta en una productividad media en el mejor de los casos. No hay un compromiso emocional para ir más allá de lo esperado.

Sin embargo, para lograr la excelencia y una transformación duradera, los directores generales deben desarrollar relaciones significativas y empoderadas. Su poder no se puede basar en la cadena de mando, sino en relaciones de confianza entre todos los miembros de la organización.

PERI es un gran ejemplo de una organización de este tipo. PERI es un prefijo griego que significa alrededor. Y si una empresa se llama PERI es muy probable que acabe estando siempre muy preocupada por todo lo que sucede *alrededor* de la vida de sus trabajadores.

Ciertamente, PERI es una empresa que se preocupa por sus empleados. Y es una de las más importantes del mundo dedicada a encofrados y andamiajes. Los diseñan, los fabrican, los venden y alquilan.

El fundador de esta compañía alemana situada en Weissenhorn, Artur Schwörer, decidió que había que proteger a su empresa de los vaivenes del mercado nacional de la construcción. Por lo que decidió, desde bien temprano, que debían internacionalizarse. Y para conseguirlo, la innovación fue una de las claves. Así, se convirtieron en líderes en el desarrollo de nuevos productos en su sector.

En la actualidad, la empresa emplea a más de 7700 empleados y en 2016 generó ingresos por valor de 1300 millones de euros. En los últimos diez años, ha pasado de tener 35 a 64 filiares en todo el mundo.

El CEO actual, su hijo Alexandre Schwörer, se siente afortunado por tener la oportunidad de transmitir a sus trabajadores su pasión por la compañía. Y yo me siento afortunada de haber podido entrevistarle en 2017 para comprender los secretos detrás del extraordinario crecimiento de la empresa.

Educado en Estados Unidos en la década de los noventa, Alexander se hizo cargo de la filial estadounidense en 1999 y fundó otra filial en Canadá. En 2003, regresó a Weissenhorn como director gerente del Grupo PERI. Se siente orgulloso y apasionado por liderar una empresa que mejora la vida de las personas. «Estamos orgullosos de participar en proyectos como la ampliación del Canal de Panamá o el aeropuerto de Madrid», dice.

Todas las operaciones en distintos países llevan la misma filosofía de gestión que sitúa al empleado en el centro de las decisiones. En la expansión de PERI a Estados Unidos, por ejemplo, ha exportado esta filosofía de poner al empleado en primer lugar, que sintoniza muy bien con la fuerza laboral de los *millennials*. Al ofrecer trayectorias de desarrollo profesional PERI USA es un empleador atractivo para ingenieros recién graduados que buscan progresar en sus carreras.

FOTOGRAFÍA 7.1. Alexander Schwörer, director general de PERI (Alemania).

PERI-España: Autenticidad en construcción

Escuché por primera vez hablar sobre PERI en 2005, cuando escribí un estudio de caso sobre sus políticas pioneras de recursos humanos y su política de inversión en el bienestar de los empleados en sus operaciones en España, pues el tipo de iniciativas que tiene PERI son inusuales para la industria de la construcción.

Cuando fui a entrevistar al director gerente de PERI-España, situada a las afueras de Madrid, me llamó mucho la atención el edificio decorado con obras de arte. Incluso las propias piezas de andamiaje en colores básicos (amarillo y rojo) estaban colocadas de manera que parecían obras de arte.

Pero, sobre todo, me quedé fascinada con los valores de PERI-España en el sector de la construcción. Un sector que conozco bien porque mi padre trabajó, en condiciones muchas veces peligrosas, como obrero de la construcción en andamios inseguros. Y recuerdo que el padre de una compañera de escuela perdió la vida cuando se cayó de un andamio.

La misión de esta compañía es que el proceso de instalación de encofrados y andamiajes hagan la vida de los trabajadores mejor y sobre todo más segura. La tasa de accidentes de PERI es substancialmente inferior a la que se da en este sector. De hecho, sus trabajadores no pueden empezar a instalar hasta que reciben la formación adecuada y las medidas de seguridad son muy estrictas. Los procedimientos de seguridad están integrados en los entrenamientos de los trabajadores. No hay un supervisor que inspeccione cada paso. Sino que son los propios trabajadores los responsables de su seguridad y la de sus equipos. Y el sistema funciona.

Esta implicación de los empleados en la forma de entender la misión de la compañía viene reforzada por el énfasis que PERI pone en la realización de actividades colectivas: clases de inglés, de gimnasia, y actividades deportivas organizadas como el fútbol y el tenis. La inclusión de estas actividades en la organización del trabajo o las actividades sociales con las familias, son elementos muy importantes en cómo PERI entiende la relación con sus trabajadores.

Diez años después, me puse en contacto con el nuevo gerente general de PERI-España, Jorge Morell, para actualizarme sobre la empresa. Quería conocer no sólo la evolución de la filial en España, sino también los orígenes de la filosofía gerencial de PERI y su futuro.

Jorge se unió a PERI-España en 2012, atraído por los valores de la compañía. «La excelencia y las personas están en el ADN de PERI», dice. Sin embargo, esta filosofía de gestión no hace que una empresa sea invulnerable a los vaivenes del mercado. Si nos fijamos en España, con el estallido de la burbuja inmobiliaria tuvieron que tomar medidas. Aunque hubo despidos, la excelencia y la seguridad en el trabajo jamás se vieron comprometidas.

Y en ese proceso de adaptación, la transparencia, los valores y la comunicación estuvieron en el centro de su actuación. Las iniciativas relacionadas con las familias y el bienestar en el trabajo se mantuvieron durante la crisis. La compañía bajó salarios, pero prometió que los pagarían cuando se recuperaran. Y lo más importante, lo cumplieron.

Para entender por qué una empresa actúa de esta manera es bueno conocer sus orígenes. La forma de ser de su fundador Artur Schwörer tiene mucho que ver con ello. La historia de la fundación de una empresa es el ADN de la compañía, donde están inscritos sus valores y sus normas de actuación.

La historia del fundador: el origen de los valores auténticos

¿Quién creó PERI? El libro *Artur Schwörer: A Portrait*, describe al fundador de PERI.

Su familia trabajaba en el sector de la construcción. Cuando él era adolescente sufrió una importante enfermedad que le dejó sordo totalmente del oído izquierdo, lo cual siempre condicionó un poco sus relaciones sociales.

Padecer la enfermedad de niño influyó en su personalidad, introvertida y reflexiva. El joven Artur de 17 años escribió estas notas reproducidas en su biografía:

> Tuve que ir al hospital con un diagnóstico de meningitis. El jefe del departamento de otorrinolaringología me quitó todo el oído interno izquierdo, y en el proceso lesionó mi nervio facial. Como resultado, mi cara quedó considerablemente paralizada. Mi hermana Hedwig me dijo después que quiso llorar cuando me vio en el hospital con la boca torcida; en su opinión, siempre había sido un chico muy guapo.

Al acabar sus estudios de secundaria no fue a la universidad y empezó como aprendiz en una empresa de carpintería y fue después de ese momento cuando empezó un curso de Ingeniería. Él decía que su formación anterior había sido mínima y que tenía hambre de aprendizaje.

A los 22 años ayudó a su hermano mayor a desarrollar el negocio de casas prefabricadas de madera y en poco tiempo se convirtió en el mejor negocio de la familia. Pero Artur no compartía la forma autoritaria que tenía su hermano de gestionar la empresa, así que se fue. Por esta razón, decidió formar junto a su mujer Crisel su propia compañía en 1969. Sus empleados lo definían como una persona honesta, libre de perjuicios y a quien le gustaba la gente.

La creación de PERI no fue fácil. Y su persistencia y visión a largo plazo es lo que hizo posible seguir adelante. Los valores de su creador sobre la humildad y la reflexión se fueron transmitiendo a lo largo del tiempo a los directores, los supervisores y los empleados creando una cultura de equipo que la empresa se ha esforzado en mantener y promocionar.

Artur quería gente orientada al cliente, que respetara al resto de los empleados, gente que construyera confianza y relaciones positivas con sus compañeros. Y tal vez por su hambre de aprendizaje, siempre consideró fundamental la formación de los jóvenes en su fase de integración en la empresa. Con una personalidad optimista, «era un hombre con visión de futuro, y el futuro era suyo», recuerda un antiguo empleado de PERI.

Su hijo, Alexander, lo recuerda como un pensador independiente y un diseñador inspirador, capaz de responder con soluciones innovadoras a las demandas de los nuevos arquitectos. De esta manera, marcó el camino del éxito para PERI.

La campaña de identidad *Somos PERI: La transmisión de los valores*

Cincuenta años después de su creación, su hijo Alexander sigue insistiendo en esta cultura de empresa, en que todos los empleados en las 64 filiales en el mundo compartan esta filosofía. Una campaña bajo el nombre *weareperi* persigue ese objetivo, acercando la compañía a los empleados y haciéndoles sentir que ellos también pueden mostrarse auténticos. En la campaña de identidad *weareperi* han creado un video corporativo donde son los propios trabajadores de varios continentes los que narran sus historias... historias de empresa, pero también historias personales, compartiendo sus mejores momentos en la compañía.

Cuando ves el video corporativo te contagia el entusiasmo de las personas que han liderado este proyecto. No sólo ha contribuido a difundir los valores de PERI, sino también a transmitir estas emociones positivas acerca de la empresa y a crear un sentimiento de unidad dada la gran diversidad de personas y culturas presentes en la compañía.

El contagio social: Una epidemia del virus de la autenticidad

Los verdaderos líderes crean una visión que puede propagarse como un virus. La visión del líder sigue las reglas de las epidemias que, comienza poco a poco con los líderes de opinión, hasta que alcanza un punto de inflexión y se extiende por toda la organización. Esta es la idea detrás de la obra maestra de Malcom Gladwell, *The Tipping Point.*[1] Si quieres profundizar en este tema, te recomiendo que leas su libro.

Como psicóloga social, siempre me ha fascinado observar y estudiar cómo las ideas y las modas se transmiten, de persona a persona, siguiendo los principios del contagio social. Entender este mecanismo social te ayuda a gestionar la comunicación en la empresa. Si te pido que describas una empresa, ¿cuál es la primera imagen que te viene a la mente? Probablemente, has pensado en un organigrama, que es una representación gráfica de la estructura jerárquica de una empresa, que muestra las líneas de comunicación formal.

Sin embargo, en las organizaciones además existe una estructura de comunicación paralela que no tiene que ver con el organigrama, sino con la *grapevine*, la comunicación informal o cadena de rumores. Esta comunicación informal, entre personas de diferentes niveles y departamentos, es algo que surge de forma natural y tiene mucha influencia en nuestras percepciones sobre lo que ocurre en la empresa. Por ejemplo, tu percepción del director general está influenciada por las personas con las que hablas habitualmente en tu empresa.

Durante mi doctorado en la Universidad de Nueva York, formé parte de un proyecto de investigación dirigido por Jim Meindl en el que queríamos comprobar el poder del contagio social en las organizaciones.[2] En nuestro estudio analizamos las percepciones que los empleados tenían sobre su líder, un alto oficial de la policía. Examinamos las opiniones de 55 empleados sobre su director general en un departamento de policía en una universidad en Estados Unidos.

Los participantes también proporcionaron información sobre sus relaciones sociales, para poder identificar su red de comunicación informal: con quién hablaban sobre temas de trabajo y a quiénes consideraban sus amigos. Estadísticamente, usamos técnicas de análisis de redes sociales para ver su influencia en las percepciones de liderazgo.

Los resultados, publicados en 2002 en la revista *Academy of Management Journal*, apoyaban claramente nuestra teoría del contagio social del liderazgo. Es interesante comprobar que, las percepciones de los empleados del departamento de policía sobre su director general, seguían los patrones de sus lazos de amistad. Resultó que la fuerza policial de este departamento tenía pequeños grupos de amigos altamente cohesionados, cuyos miembros percibían de manera similar el estilo de liderazgo carismático del líder.

En 2006, un resumen de este estudio está publicado en el libro liderado por Boas Shamir en memoria de Jim Meindl sobre el contagio social del liderazgo. Como puedes observar en la Figura 7.1, donde las líneas representan los lazos de comunicación informal entre los miembros del departamento de policía, había una especie de epidemia de liderazgo. Es decir, los amigos tenían puntos de vista similares sobre el atractivo carismático del líder. Los individuos más populares, los que ocupan posiciones centrales en la red de relaciones, reflejaban la visión promedio del líder, mientras que los de la periferia tenían visiones más extremas del líder en la organización.

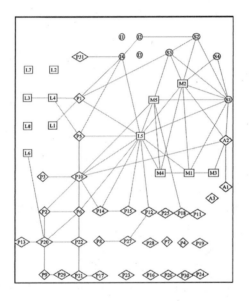

FIGURA 7.1. Red de relaciones de amistad en un departamento de policía. Claves: M-*Managers*, P-*Patrol officers*, L-*Lieutenants*, A-*Assistant*, I-*Investigators*. Fuente: *Mayo, Pastor y Meindl, Leadership Embedded in Social Networks: Looking at Inter-Follower Process, 2006.*

La implicación de estos resultados es que, los sentimientos que las personas tenemos sobre nuestros líderes y su visión, están en gran parte arraigados en nuestras relaciones sociales. Están influenciados por nuestras frecuentes interacciones con otras personas en la organización. Precisamente por eso es sumamente importante que los líderes, para ser efectivos, conozcan la red de relaciones en su equipo. Como consultora en gestión del cambio cultural, ayudo a los directivos a conocer su red de relaciones con estas herramientas de comunicación.

¿Por qué la campaña de identidad de PERI tuvo tanto éxito? Porque utiliza la red de comunicación informal para transmitir los valores corporativos. Lo fundamental de los verdaderos líderes es que no son pasivos en la transmisión de información. Lo que los diferencia es que, una vez que tienen su mensaje, quieren transmitirlo activamente como un virus a través de la red de relaciones.

Las relaciones sociales en la empresa es un tema que me apasiona y los paquetes estadísticos para visualizar las relaciones sociales han mejorado mucho. Además, es muy útil para ayudar a los directivos a gestionar el cambio y evitar la mentalidad de silos. Los líderes efectivos animan a sus subordinados a comunicarse con personas de otros departamentos.

En un esfuerzo por comprender los beneficios de la comunicación transversal entre departamentos, analicé junto a mi colega Maria Kakarika, los datos que recogí durante mi doctorado de una red de relaciones de 234 empleados, que trabajaban en 24 grupos de trabajo en una empresa de manufactura con sede en Nueva York.[3] Los empleados indicaron las personas con las que hablaban habitualmente sobre el trabajo, dentro y fuera de sus equipos.

Los resultados, que presentamos en un congreso en Hawái sobre capital social, liderado por Andreas Richter de la Universidad de Cambridge, demostraron que los lazos informales de comunicación fuera de los equipos eran cruciales para la efectividad del equipo. En particular, los equipos que tenía un mayor número de vínculos informales de comunicación con líderes de otros grupos eran más efectivos, porque aportaban recursos esenciales al equipo, como información estratégica y apoyo político.

La Figura 7.2 es una representación esquemática sobre uno de estos equipos, con un alto número de lazos informales de comunicación transversal, lo que aumenta su capital social. Por ejemplo, el equipo de Roy, el director de *marketing*, es más efectivo porque sus miembros María, Daniel y Clara conversan a menudo con los líderes de otros departamentos, lo que permite mayor coordinación.

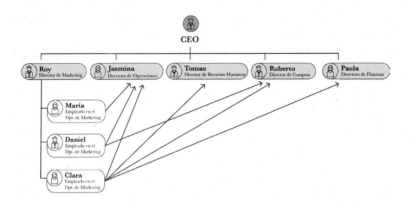

FIGURA 7.2. Los líderes eficaces fomentan la comunicación relacionada con las tareas con los líderes de otros grupos.

Los valores de PERI: El efecto dominó

Me interesaba mucho conocer cómo se transmiten en la práctica estos valores y entrevisté a Marc Kimmerle, el director de recursos humanos, que es probablemente la persona que mejor lo puede explicar.

«¿Cómo aprenden los empleados sobre la identidad y los valores de PERI?», le pregunté. Existe un efecto dominó en el que los valores y las nuevas iniciativas comienzan con los altos directivos, y pasan a los directores generales, supervisores y trabajadores de primera línea. Además, se ha creado un equipo llamado Equipo de Cultura para monitorizar que la identidad PERI llega a todos los empleados de la compañía.

La campaña de identidad comienza en Alemania, con una reunión de alta dirección con los directores generales de las filiales. Juntos compartieron el significado de los valores fundamentales en diferentes culturas y proporcionaron folletos y carteles sobre los valores de la cultura de PERI. Una vez que los directores generales entienden y están de acuerdo, la campaña pasa a los empleados de cada filial. La tarea de los directores generales es transmitir esta identidad a sus equipos.

Los directores generales de las filiales pueden elegir una versión larga o corta del taller de identidad PERI. El enfoque más largo tiene una duración de cuatro horas y media, durante las cuales los empleados participan activamente en actividades para entender los valores de la empresa y sus factores para el éxito. La versión más corta dura aproximadamente dos horas, y se presentan los valores y factores de éxito para discutirlos brevemente con los empleados. En ambos casos, al final del taller, donde suelen asistir cientos de personas, se proyecta el vídeo corporativo Somos PERI.

Las personas que aparecen en el vídeo Somos PERI son una mezcla diversa de empleados: jóvenes y mayores; personas de diferentes orígenes culturales, mujeres y hombres. En el video, los empleados son los verdaderos protagonistas. Marc cree que lo que diferencia a PERI de otras empresas es que las personas son los actores en el escenario.

El origen de estos valores fue establecido por el fundador Artur Schwörer quien creó el concepto de *construcción ligera*: la idea de que el trabajo de construcción no tiene por qué ser pesado. El verdadero liderazgo se ejercer a través de relaciones positivas con la fuerza laboral. Un firme creyente en el poder de *atraer* en lugar de *presionar* para motivar a las personas. Artur Schwörer quería que los empleados estuvieran orientados al cliente y que mostraran respeto por los demás empleados. Por lo tanto, buscó personas que comulgaran con estos valores fundamentales, para reducir el tiempo que pasaba explicando cómo funciona la construcción en PERI.

Aunque estos valores se han ido renovando a lo largo de los años, todavía son el fundamento de la empresa. En la actualidad estos son los cuatro valores de la cultura en PERI:

1. **Emprendimiento**: orientación al cliente, y curiosidad sobre el negocio.
2. **Confianza**: relaciones justas, sin favoritismo.
3. **Mente abierta**: relaciones positivas con los demás.
4. **Pasión**: compromiso emocional, dedicación y mentalidad creativa.

Y entonces, ¿cómo se manifiestan estos valores en las operaciones diarias?, le pregunté. Por ejemplo, priorizar la seguridad, que le ha dado a la empresa una ventaja competitiva, se consigue con un departamento de seguridad y salud, responsable de garantizar que todos los procedimientos y normas de seguridad estén implementados y se sigan.

También ha habido una gran inversión en innovación. El departamento de gestión de la innovación emplea a más de treinta personas, dedicadas a fomentar el pensamiento innovador; su labor es escuchar sugerencias de los empleados y clientes en un intento por entender mejor las demandas del mercado. Este pensamiento innovador es, en gran parte, lo que hace que PERI marque tendencias en una industria conservadora como es la construcción.

Por último, la internacionalización le ha ayudado a PERI a enfrentar la crisis financiera mundial. Por ejemplo, cuando la crisis golpeó a España y a Portugal con más fuerza que a otras regiones, PERI se centró en los mercados más prósperos del momento, como Oriente Medio, y trabajó en proyectos en Dubái y Qatar, mientras el mercado del sur de Europa se recuperaba.

Construir unidad dentro de la diversidad

Estos valores de autenticidad no sólo ayudan a desarrollar el talento de cada empleado, sino que también construyen un equipo unido, dentro de la gran diversidad de personas que componen la empresa. El equipo directivo es un ejemplo de esta diversidad, con ejecutivos que provienen no sólo de Alemania, sino también de Canadá, Sudáfrica o España y que trabajan de forman colaborativa.

¿Cómo se gestiona la diversidad? Lo vamos a ir viendo: primero con la matriz de diversidad en equipos, y luego con el poder de los líderes auténticos para «cegarnos a las diferencias», para no prestar atención a las disparidades, sino focalizar nuestra atención a lo que nos une.

Los efectos de la diversidad en los equipos

Durante mi tesis doctoral en Estados Unidos investigué en profundidad los efectos que la diversidad tiene en los equipos de trabajo y cómo los líderes pueden maximizar sus beneficios, neutralizando los desafíos que también presenta. Este es un campo en el que he seguido investigando, y con mi equipo evaluamos los últimos veintidós años de estudios sobre la diversidad y el liderazgo.

Las conclusiones de este metaanálisis, publicado en la revista *Human Relations* en 2017, ofrecen una herramienta para clasificar tanto las oportunidades como los retos de la diversidad. La diversidad es un arma de doble filo. Existen dos dimensiones para entender sus efectos: las consecuencias para el equipo – oportunidades y desafíos; y la fuente de esas consecuencias – dentro o fuera del equipo.

Como puedes ver en la Figura 7.3, estas dos dimensiones crean la siguiente tabla de 4 cuadrantes.

1. Cuadrante izquierdo superior: La diversidad es una **fuente de información**. Un equipo diverso tiene a su alcance una mayor y más variedad de conocimientos e información, lo cual le permite tomar mejores decisiones y lograr soluciones más innovadoras a los problemas.
2. Cuadrante izquierdo inferior: La diversidad también es una **fuente de contactos** con personas fuera del equipo. Los equipos diversos, de media, tienen relaciones con personas de diferentes entornos. Esta variedad de relaciones fuera del equipo no sólo aporta información nueva que estimula una comprensión más profunda de los temas, sino también legitimidad y apoyo político en caso de conflicto.
3. Cuadrante superior derecho: En el lado negativo, las personas con diferente formación, cultura y experiencias también suelen diferir en sus valores y prioridades. Estas diferencias, que no tienen que ver con los conocimientos, sino con nuestra forma de entender la vida y el trabajo, pueden generar **conflictos de personalidad**. Estos conflictos no tienen que ver con la tarea y normalmente generan tensión y falta de confianza.

4. Cuadrante inferior derecho: En los grupos diversos también se pueden crear alianzas entre personas que comparten una misma identidad, creando subgrupos y **divisiones dentro del equipo**. Esto genera favoritismo y competitividad entre las pequeñas coaliciones. La información deja de compartirse libremente por el equipo y sólo se favorece a aquellos que están de nuestro lado. Estas divisiones buscan fines partidistas y perjudican la consecución de los objetivos comunes.

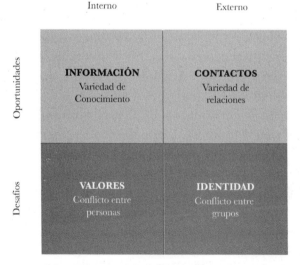

FIGURA 7.3. La matriz de diversidad en equipos: Cuatro explicaciones de los efectos de la diversidad.

Gestionar la atención entre las diferencias y las similitudes

Entonces quise fijarme en cómo los líderes pueden maximizar estos beneficios de la diversidad, influyendo en la atención que prestamos a las diferencias. En colaboración con mi equipo de investigación, fuimos pioneros en la utilización de técnicas de inteligencia artificial para medir la atención que los miembros de los equipos prestan a sus diferencias.

¿Cómo lo hicimos? Como parte de mi tesis doctoral, había recogido datos de 239 empleados que trabajan en 38 equipos en una gran empresa de producción, ubicada al norte del estado de Nueva York y Nueva Jersey. Los participantes completaron una encuesta en la que indicaban sus percepciones de semejanza con los distintos miembros de su equipo. Basado en esas percepciones de semejanza, un logaritmo de *machine learning* llamado ID3, determina la atención que las personas prestan a las diferencias, por ejemplo, de género, raza o edad.

En la encuesta, los participantes también evalúan el estilo de liderazgo de su jefe inmediato; su nivel de autenticidad, por ejemplo: «el liderazgo de mi jefe transciende su propio interés en beneficio del equipo». Y calculamos matemáticamente el grado de diversidad demográfica del equipo, con la formula del Índice de Blau de heterogeneidad.

Los resultados me parecen fascinantes: los líderes que transcienden su propio interés en beneficio del equipo producen una *ceguera a las diferencias* entre los miembros del equipo. Estas conclusiones, publicadas en la top revista metodológica en psicología *Organizational Research Methods*,[5] demuestran que los líderes auténticos gestionan los efectos negativos de la diversidad, haciendo que no prestemos atención a nuestras diferencias demográficas, y nos centremos en conseguir el objetivo común.

Como se ilustra en la Figura 7.4, estadísticamente existe una interacción entre el nivel de diversidad demográfica en el equipo (50% mujeres y 50% hombres) y el nivel de autenticidad del líder, para predecir la atención que prestamos a estas diferencias. En un equipo con alta diversidad, el líder auténtico hace que las personas *no* noten las diferencias demográficas como el género y la raza. En la gráfica puedes ver cómo la línea más oscura (líder auténtico) es casi plana. Es decir, la atención a las diferencias es baja, incluso cuando la diversidad real en el equipo es alta.

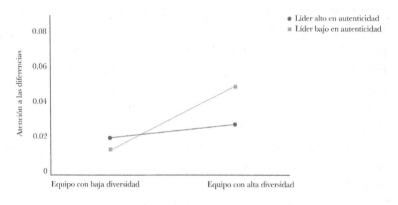

FIGURA 7.4. Los líderes auténticos provocan una *ceguera a las diferencias* demográficas.

Las políticas de PERI: Cómo crear una organización auténtica

El diseño organizacional de PERI es como un andamiaje de políticas para crear una organización auténtica. En mi conversación con el director de recursos humanos, me fijé en sus políticas de formación, comunicación, *coaching* y bienestar.

Los procesos de formación no sólo persiguen la adquisición de conocimientos técnicos, sino también ofrecer una guía para asegurar la sostenibilidad de la cultura de PERI. Por ejemplo, todo el personal de PERI puede ampliar su desarrollo profesional y personal participando en numerosos seminarios y talleres, en lo que llaman la Academia PERI.

La comunicación entre el personal y la gerencia en PERI es un flujo natural que sucede a través de la retroalimentación diaria y el *coaching* en el puesto de trabajo. La puerta de la gerencia siempre está abierta y todos tienen la oportunidad de discutir los problemas.

Una de las bases de esa cultura cercana es que el trabajo es importante, al igual que lo es la vida personal. Una vida en la que la familia juega un papel fundamental, que la empresa trata de cuidar. La inversión en el bienestar de los empleados es una de las principales prioridades. Ha creado su propio sistema de salud con tres pilares: ejercicio, nutrición y relajación. Por ejemplo, en Weissenhorn y muchas otras filiales hay una sala de *fitness*, donde pueden practicar deportes como *spinning*, boxeo o zumba. Estas actividades se complementan con charlas sobre relajación, manejo del estrés y nutrición.

Liderar con el ejemplo: *Coaching* vs. micromanagement

Alexander entiende que su labor es reclutar a la mejor gente y motivarlos, dándoles la responsabilidad de intentar nuevas cosas, de equivocarse, de aprender, de tener éxito y concederles crédito reconociéndolo. «No microgestionamos, lideramos con el ejemplo, damos independencia y responsabilidad a nuestra fuerza laboral», afirma.

Alexander compara su papel de líder con el de un entrenador de fútbol. «Necesitas a las mejores personas; personas que hagan el trabajo mejor que tú», dice. Con esta metáfora deportiva, Alexander resalta la importancia del *coaching* para que los empleados mejoren y trabajen en equipo.

Le gusta enfocarse en las fortalezas de cada empleado, más que en corregir errores. De hecho, los expertos han encontrado que, cuando los líderes conocen las fortalezas de sus empleados, están un 78% más comprometidos con la organización y trabajan con más energía y vitalidad.

Este estilo de líder *coach* es el mismo que el del director de recursos humanos. A cargo de supervisar a unas treinta personas, les asigna tareas desafiantes y hace *coaching* mientras trabajan entre ellas. Los beneficios de un estilo de liderazgo *coaching* son increíbles, tanto a corto como a largo plazo, para la empresa y para los empleados. La alta motivación y productividad de los empleados se traduce en el éxito para la empresa. Lo que es bueno para el empleado, es bueno para la empresa.

Y así lo constata el director de recursos humanos: «Estoy feliz de formar parte de esta historia de éxito», dice Marc. Y hace un repaso en su memoria por algunos de los hitos de éxito más importantes de la historia de la empresa, desde que se fundó en 1969:

- Sólo cinco años después, PERI abrió sus primeras filiales en Suiza y Francia.
- En 1984 se estableció, en Estados Unidos, la primera filial fuera de Europa.
- Aprovechó los avances tecnológicos, como software CAD, para el diseño.
- El aniversario número 25 se celebró con trece filiales en Alemania, veintidós filiales en todo el mundo y una cartera de más de 2000 productos.
- En 1998, PERI formó parte en la construcción de las Torres Petronas en Kuala Lumpur, entonces el edificio más alto del mundo, con 452 metros.
- En 2005, PERI amplió su área de producción en un 80%, en las instalaciones de Weissenhorn.

- En 2011, PERI se sumó al proyecto de construcción del siglo, la ampliación del Canal de Panamá, que une las costas del Atlántico y el Pacífico.
- Como reflejo de su compromiso con la proximidad con el cliente, PERI lanzó en 2012 el portal de clientes en línea Mi PERI.

Cómo ser un líder *coach*

El líder *coach* desarrolla a los demás y comparte su liderazgo. *Coaching* es ayudar a la persona a desplegar su máximo potencial. Esto no significa darles las respuestas, sino hacerles las preguntas adecuadas.

El modelo **GROW,** propuesto por Sir John Whitmore en 1986, es una de las metodologías de *coaching* más efectiva y la que se utiliza en una empresa tan innovadora como Google, donde el *coaching* es la habilidad más valorada en sus directivos. De hecho, en 2011 Google lanzó el Proyecto Oxígeno para analizar, con datos de más de 11.000 documentos, qué características tienen los mejores líderes en Google. Te dejo la lista de los 8 atributos de los mejores líderes en Google, donde puedes ver que el número uno es el *coaching*:

1. Es un buen *coach*.
2. Empodera al equipo y no microgestiona.
3. Expresa interés y se preocupa por el éxito y el bienestar de los miembros del equipo.
4. Es productivo y orientado a resultados.
5. Es un buen comunicador, escucha y comparte información.
6. Ayuda con el desarrollo de tu carrera.
7. Tiene una visión clara y estratégica para el equipo.
8. Tiene las habilidades técnicas necesarias para aconsejar al equipo.

Los pilares del modelo GROW de *coaching* son dos: las preguntas abiertas y la escucha activa. Con las preguntas abiertas haces que tu equipo pueda expresar su punto de vista sin verse condicionado. Y con la escucha activa reduces los sesgos y la defensividad. ¿Cómo se aplica? Puedes seguir estos cuatro pasos, fáciles de recordar por sus iniciales de GROW:

1. Objetivos (**G**oal): Ayuda al empleado a identificar sus metas; ¿qué es lo más importante para esta persona?
2. Realidad (**R**eality): Haz consciente a la persona de su presente; ¿cuál es tu situación actual?
3. Opciones (**O**ptions): Explorar juntos diversas oportunidades para conseguir sus metas.
4. Voluntad (**W**ill): Ayuda a diseñar y comprometerse con un plan de acción, con pasos concretos y en un tiempo delimitado.

Existen otros ejemplos de *coaching* en el mundo del deporte o incluso la música. En los equipos de montañismo, Andrew Hill del *Financial Times*[6] resalta el valor de no seguir a una única persona, sino considerar las contribuciones diferentes de cada individuo en el equipo. Y en el campo de la música, Richard Hackman, uno de los mayores expertos en gestión de equipos, profesor de Psicología en la Universidad de Harvard y mi mentor, estudió los beneficios del liderazgo compartido y el *coaching* en la orquesta Orpheus de Nueva York.[7]

En Google además aplican la regla del 20% que seguramente hayas escuchado porque otras compañías lo están copiando. La regla es simple: los empleados en Google dedican 20% de su tiempo a trabajar en un proyecto que ellos elijan y que pueda beneficiar a la empresa. Esto es lo que propusieron los cofundadores Larry Page y Sergey Brin en 2004. Ese mismo año, uno de esos proyectos resultó ser el Gmail que ahora casi todos utilizamos. La lógica de esta medida es el principio de Pareto o la regla del 80/20 que dice que el 80% de los efectos vienen del 20% de las causas. En este caso, el 80% de la innovación viene del 20% del tiempo.

Esta forma de actuar como *coach* desemboca en un liderazgo compartido, algo que sólo está al alcance de los líderes auténticos. Los líderes que se preocupan de todo lo que está alrededor de su gente. Eso es PERI.

¿Es tu organización auténtica?

Cuando los verdaderos líderes actúan de forma auténtica se crea una cultura que es compartida por los miembros de la organización. Te animo a que completes el Inventario de Autenticidad sobre las tres características de las organizaciones auténticas: autoconocimiento, coherencia y relaciones positivas. Esta encuesta, desarrollada por los expertos en liderazgo Michael Kernis y Brian Goldman, te puede ayudar a comprender el tipo de cultura de tu organización, considerando cómo se siente, piensa y se comporta la gente en general en tu organización.[8]

Conoce tu organización

¿Cómo de auténtica es tu organización?

Evalúa en qué medida crees que cada frase describe en general a las personas de tu organización en una escala del 1, «muy en desacuerdo», a 5, «muy de acuerdo».

Las personas en mi organización...

Autoconocimiento

1. se sienten cómodas al considerar sus limitaciones y carencias.
2. les resulta muy fácil evaluarse críticamente a sí mismas.
3. les resulta fácil comprender y sentirse bien con las cosas que han logrado.
4. aceptan con agrado los cumplidos que reciben.

Coherencia

1. tratan de actuar de forma coherente con sus valores personales, incluso si otros los critican o rechazan.
2. generalmente se comportan de forma que expresan sus valores, necesidades y deseos personales.
3. rara vez, si es que hay alguna, ponen una cara falsa ante los demás.
4. están dispuestas a aceptar las consecuencias negativas al expresar sus verdaderas creencias.

Relaciones positivas

1. se aseguran de expresarles a los demás cuánto se preocupan realmente por ellos.
2. conoce bien a las personas que le rodean.
3. quieren entender a la persona real, en lugar de simplemente la persona pública.
4. le dan mucha importancia a tener relaciones transparentes y honestas.

Autocorrección: Suma las puntuaciones para cada uno de los tres factores - autoconocimiento, coherencia y relaciones positivas. Puedes ver la clave al final del libro (Capítulo 7, Nota 9).

¿Qué significa una puntuación alta en los tres factores de una cultura auténtica? Primero, si el autoconocimiento es alto indica que los miembros de tu empresa son personas humildes, que admiten los errores con facilidad sin que por ello se desanimen y que reconocen sus logros sin elevarlos a la arrogancia. Segundo, una puntuación alta en coherencia significa que actúan de acuerdo con propios valores y preferencias, en lugar de actuar simplemente para complacer a los demás. Por último, una puntuación alta en las relaciones positivas supone que las personas en tu organización valoran las relaciones sinceras con los demás y se ayudan mutuamente, actúan como *coach* una de otras.

10 reglas más para ser un verdadero líder predicando con TU EJEMPLO
....

Regla 61. Desarrolla poder personal, en lugar del poder posicional.

El liderazgo tiene poco que ver con los títulos y mucho con el carácter personal. Como líder, debes ofrecer a tus empleados algo más que un salario, proporcionando la oportunidad de ver el impacto y el significado de su trabajo. La empresa PERI es un ejemplo de esto, que ofrece a sus empleados una visión global y un propósito de los proyectos de construcción más impresionantes de los que sentirse orgullosos.

Además, los empleados valoran un *leader coach* que ofrece un plan de desarrollo profesional. Esta filosofía de «lo primero es el empleado» resuena especialmente con la generación millennial, que aprecia aspectos como la pasión y el legado transmitidos por sus líderes empresariales.

Regla 62. Crea una cultura auténtica con políticas de bienestar alrededor de las personas.

Reconoce que los empleados son la columna vertebral de la empresa y que su bienestar en el día a día son fundamentales para el éxito en la gestión de la empresa. Establece un *andamiaje social:* políticas de bienestar y programas que mejoren la calidad de vida de tus empleados.

Por ejemplo, PERI ha creado un andamiaje social que va más allá de implementar medidas de seguridad laboral, sino que además también promueve el bienestar físico y mental de los empleados, a través de clases de gimnasia, inglés y actividades deportivas. Además, PERI ofrece flexibilidad en los horarios de trabajo para ayudar a los empleados a conciliar su vida personal y organiza eventos sociales para fortalecer los vínculos con los empleados y sus familias.

Regla 63. Dedica tiempo a conocer a las personas.

Ser un buen conocedor de personas es la clave del *leader coach*. Te ayuda a ponerte en el lugar de la otra persona, ver la realidad desde su punto de vista y crear un vínculo afectivo. Pasa tiempo conociendo las fortalezas y también los miedos de los miembros de tu equipo. Eleva y potencia sus fortalezas y neutraliza los miedos que impiden su desarrollo.

Para PERI, proporcionar soluciones innovadoras sigue siendo un ingrediente fundamental para el éxito de la empresa. Esto sólo se puede conseguir cuando dedicas tiempo a conocer a tus empleados, desarrollar su talento y escuchar sus inquietudes para estar en sintonía con sus necesidades tanto laborales como personales.

Haz una pausa y reflexiona...

Piensa en un líder en tu empresa que actúa como *coach* preocupándose de **conocer a su equipo** y desarrollando el talento. ¿Qué conductas podrías imitar para mejorar tu liderazgo como *coach*?

Regla 64. Invierte tiempo en innovación.

Al proporcionar políticas de recursos humanos flexibles, donde los empleados pueden dedicar parte de su tiempo a proyectos innovadores, demuestras tu compromiso con la innovación. Por ejemplo, la regla del 20% del tiempo dedicado a proyectos individuales que benefician a la empresa ha funcionado en Google.

Con este tipo de prácticas, creas un contrato psicológico entre la empresa y los empleados, basado en la norma de reciprocidad. Cuando la empresa cuida de los empleados, estos están dispuestos a ir también más allá de lo esperado para contribuir al éxito de la empresa.

En PERI, la cultura del cuidado, empoderamiento y aprendizaje ha sido fundamental para superar los momentos difíciles en su filial española en 2012, donde la seguridad y la excelencia en el trabajo no se vieron comprometidas, porque los empleados estaban comprometidos a sacrificarse por la empresa.

Ha una pausa y reflexiona...

Aplica el principio de Pareto o la **regla del 80/20**. ¿Estás dedicando el 20% de tu tiempo a tareas que producen el 80% de las consecuencias que deseas?

Regla 65. Mantén y contagia siempre tu sed de conocimiento.

La curiosidad constante no sólo te ayuda a crecer personalmente, sino que también se contagia a las personas que te rodean. Para que el *coaching* funcione debes crear una cultura de curiosidad. Crea un espacio psicológicamente seguro donde los miembros de tu equipo se sienten cómodos, experimentando cosas nuevas y cometiendo errores que son parte del aprendizaje y el crecimiento.

La vergüenza es una de las principales barreras del aprendizaje en adultos. Fíjate en la disposición de los niños a aprender sin preocuparse por cometer errores en presencia de otros. Esto no ocurre en los adultos. Por esta razón es importante crear un clima de confianza y seguridad, para evitar sentimientos de vergüenza. La sed de conocimiento y la pasión por el aprendizaje del fundador de PERI, Artur Schwörer, fueron los pilares para crear una cultura psicológicamente segura donde el *coaching* es parte de su ADN.

Haz una pausa y reflexiona...

¿Existe una **cultura psicológicamente segura** en tu empresa? Piensa en una situación donde tenías una nueva idea para compartir: ¿sientes miedo al pensar que puede ser un error? O, por el contrario, ¿te sientes cómodo y seguro expresando abiertamente tus ideas, incluso cuando son preliminares?

Regla 66. Diseña una visión de responsabilidad social corporativa.

No dejes que los procesos operativos y las presiones económicas dicten la dirección estratégica de la empresa. La sostenibilidad de la empresa no puede basarse únicamente en procedimientos orientados al desempeño financiero. Cada vez somos más conscientes del impacto que nuestras acciones tienen en el planeta. Necesitas actuar de manera socialmente responsable.

Es importante adoptar agendas sociales y medioambientales no sólo porque sean beneficiosas económicamente para la empresa, sino también por su valor moral, es decir, porque es lo correcto. En este sentido, Alexander Schwörer diseñó una visión estratégica para la empresa donde la responsabilidad social se centra en promover el bienestar de los empleados, sus familias y su comunidad.

Regla 67. Contagia el virus de la autenticidad.

Tu papel como líder no se limita a diseñar una estrategia, sino que eres también responsable de su implementación. Sin embargo, el dato brutal es que el 70% de las iniciativas de cambio fracasan porque los líderes no tienen la capacidad de influenciar a los empleados para adoptar las nuevas directrices. Las ideas, como los virus, se transmiten a través de las relaciones sociales.

Identifica a los líderes de opinión dentro de tu empresa y fomenta una red de relaciones densa, a través de la cual puedas difundir tu mensaje de manera fácil y exitosa entre todos los miembros de tu organización. Como si de una campaña de *marketing* se tratara, Alexander Schwörer invirtió tiempo y energía en una campaña de identidad organizacional, a través de las relaciones informales entre los empleados, con el fin de ayudar a difundir los valores de PERI.

también has establecido una amistad. Estos *influencers* naturales son clave para implementar el cambio de manera efectiva.

Regla 68. Crea un entorno inclusivo donde la diversidad es una estrategia competitiva.

Una fuerza laboral diversa es un arma de doble filo, presenta tanto beneficios como desafíos para tu organización. Los líderes desempeñan un papel fundamental para maximizar los beneficios de la diversidad y minimizar las tensiones relacionadas con los conflictos de valores e identidades. En el caso de PERI, su equipo de alta dirección ha adoptado un enfoque que promueve la inclusión como parte de su cultura organizativa.

El liderazgo inclusivo implica encontrar un equilibrio entre el reconocimiento y valoración de las diferencias individuales, y la promoción de un sentido de pertenencia a una identidad organizativa más amplia. Las dos dimensiones fundamentales del liderazgo inclusivo son la singularidad y el sentido de pertenencia, que representan la tensión entre lo individual y lo colectivo.

Haz una pausa y reflexiona...

Imagina tu organización como un puzle, donde cada persona es una pieza única, pero busca formar parte de un todo integral. ¿Cómo logras encontrar el **equilibrio óptimo** entre las individualidades y la pertenencia en el puzle de tu organización? Evitando tanto el individualismo como el pensamiento grupal o presión social.

Regla 69. Comparte el liderazgo con tus empleados.

Es importante reconocer que tu experiencia y autoridad, por sí solas, no son suficientes para resolver la complejidad de los problemas organizativos. En cambio, es necesario crear un grupo diverso de talentos y aprovechar su experiencia para resolver problemas y tomar decisiones efectivas de manera conjunta y creativa.

El liderazgo egocéntrico debe ceder paso al liderazgo auténtico que fomenta al empoderamiento. Siguiendo el ejemplo de la Orquesta Orpheus, permite que tus empleados «hagan un solo», compartiendo el escenario con ellos y ofreciéndoles la oportunidad de destacar en sus fortalezas. Reconoce y valora sus contribuciones, dándoles el crédito que merecen. No hay nada más desalentador que un jefe que se atribuye los éxitos de sus colaboradores.

Haz una pausa y reflexiona...

Siguiendo con la metáfora de una orquesta, ¿eres un líder que **comparte el escenario** con su equipo? ¿Empoderas a tus colaboradores asignándoles tareas acordes a sus habilidades y evitando el favoritismo?

Regla 70. Lidera con el ejemplo para construir una cultura de autenticidad.

Tus acciones hablan más alto que tus palabras. Si deseas crear una cultura auténtica, fomenta estos tres elementos: autoconocimiento, coherencia y relaciones positivas. Siguiendo el ejemplo de PERI, tú puedes servir de ejemplo para desarrollar una cultura más auténtica.

Imagínate aplicando el cuestionario de cultura auténtica a ti mismo: ¿Cómo te valorarías en autoconocimiento, es decir, en tu capacidad para evaluar imparcialmente tus fortalezas y debilidades? ¿Eres coherente en tus acciones y palabras, predicando con el ejemplo? ¿Cultivas relaciones positivas, actuando como un *coach* que ayuda a los demás a crecer y desarrollarse?

Haz una pausa y reflexiona...

Basado en tu evaluación en estas tres áreas: autoconocimiento, coherencia y relaciones positivas, escribe un **plan de desarrollo personal**. Sigue estos 4 pasos: (1) área de desarrollo que te gustaría mejorar, (2) hábitos a practicar, (3) monitorización, cómo vas a evaluar tu progreso, y (4) apoyo: busca apoyo en alguien de confianza que te pueda dar retroalimentación en tu mejora.

Según Sundra Pichai, una persona que es feliz no lo es porque todo esté bien en su vida, sino porque su actitud hacia todo en su vida está bien. En el caso de PERI, la actitud positiva de su fundador, Artur Schwörer, fue el ejemplo fundamental para crear un ambiente de seguridad física y psicológica entre sus empleados. Esta actitud de desarrollo y *coaching* ha sido transmitida a las futuras generaciones de líderes.

8

COMUNIDAD: CREANDO UN CLIMA DE AUTENTICIDAD

Si los empleados están felices... tratan bien al cliente. Si el cliente está contento, entonces vuelve, lo cual beneficia a los accionistas. No es un misterio, es la forma como funcionan las empresas.

HERB KELLEHER

El antiguo director general de Southwest Airlines, Herb Kelleher es considerado uno de los mejores CEO de Estados Unidos, según la revista *Fortune*. Es reconocido por crear una cultura única en Southwest, que es un caso de estudio en las principales escuelas de negocio del mundo. En Southwest, los empleados se divierten mientras hacen bien su trabajo.

Crear una comunidad entre los empleados es fundamental para el éxito de la compañía. Para un competidor, eso es lo más difícil de imitar... Puedes comprar todas las cosas físicas, pero lo que no puedes comprar son la dedicación, la devoción, la lealtad; la sensación de que estás participando en una cruzada, dice Kelleher.

Y las últimas investigaciones demuestran que los *millennials*, aquellos que tienen actualmente entre 30 y 40 años, quieren formar parte de una comunidad donde puedan seguir aprendiendo y progresar, según los estudios de Teresa Amabile de la Universidad de Harvard. Los *millennials* quieren «sumarse a una causa auténtica», apuntaba recientemente el *Washington Times*[1] «y quieren mensajes, marcas y relaciones auténticas», señalaba el *Huffington Post*. En España, una encuesta de *marketing* en GfK revela que son la generación mejor formada y que les motivan tres valores: la honestidad (86%), la autenticidad (85%) y el disfrute de la vida (85%).

El caso de Vista Alegre: La gestión de una comunidad de aprendizaje (Portugal)

El caso que te voy a contar me lo narró a mí Francisco Rebelo, un *millennial* consultor de Deloitte y miembro de la familia que fundó Vista Alegre en Portugal. Esta empresa familiar es un ejemplo de cómo los verdaderos líderes construyen una comunidad centrada en los valores de autenticidad y aprendizaje. Crecen y se adaptan a los nuevos tiempos.

Vista Alegre fue fundada en 1824 para dedicarse a la producción de porcelana de la más alta calidad. La sede y su primera fábrica estaban a unos 25 kilómetros de la costa de Lisboa, en Ílhavo. La fábrica producía exclusivas vajillas y exclusivos juegos de té. Su reputación creció rápidamente y se convirtió en un referente en el mercado de Portugal y Europa. De hecho, suministraba a los hoteles más lujosos e incluso a la familia real británica.

En 1867 ganaron premios en la Exposición Universal de Paris y consolidaron su rápido crecimiento introduciendo nuevos estilos y técnicas decorativas.

Ya en los inicios del siglo xx, la compañía creció artísticamente, aunando estilos como el *art déco* o el funcionalismo, y fueron capaces de adaptarse a los cambios en los gustos estéticos. Dos hitos situaron a Vista Alegre en el mercado del arte: una exposición en el Museo Metropolitano de Arte de Nueva York y la apertura del Centro de Arte y Desarrollo Vista Alegre, en Portugal.

FOTOGRAFÍA 8.1. Francisco Rebelo, miembro de la familia Pinto Basto, fundadores de Vista Alegre (Portugal).

Considero importante resaltar aquí la idea de que esta historia de éxito sólo se consigue con la gestión efectiva de una comunidad de personas. Una organización es más que un conjunto de individuos; una organización es un sistema social abierto, capaz de aprender para adaptarse a los cambios. Como tal, los directivos deben transcender la gestión individual del desempeño para fomentar un sentido de comunidad en la que todos aprenden mutuamente.

¿Cómo gestionar una comunidad de aprendizaje que promueva el desarrollo de los empleados y la adaptabilidad de la empresa?

Te presento el modelo que utilizo en mis sesiones de *coaching* ejecutivo y empresarial para gestionar una comunidad de aprendizaje, representado en la Figura 8.1. Basado en mi experiencia con directivos y las últimas investigaciones, este proceso implica cuatros pasos.

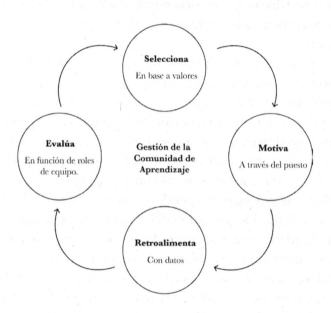

FIGURA 8.1. Gestión de la comunidad de aprendizaje.

A través del caso de Vista Alegre vamos a ver cómo se aplican estos pasos. Veremos cómo se selecciona a los empleados que encajan con los valores de la compañía, así como la motivación a través del diseño de puestos de trabajo. Además, vas a conocer las diferencias entre el verdadero aprendizaje de doble bucle y el aprendizaje de bucle sencillo y cómo se evalúa el desempeño en función del rol que cada empleado cumple en la organización.

Una mirada hacia atrás: Los valores fundacionales de Vista Alegre

Su fundador fue José Ferreira Pinto Basto que consiguió permiso real para establecer lo que era una real fábrica nacional en Ílhavo. La factoría empleaba a casi mil setecientas personas para hacer frente a una demanda que fue siempre creciente.

El proceso de producción duraba varios días. Se iniciaba con un diseño de molde, la mezcla correcta para obtener un producto con gusto, las piezas que eran montadas por el equipo de escultura y posteriormente pasaban al horno, para que, finalmente, los pintores le dieran el toque final para su posterior venta. Para muchos, Vista Alegre se convirtió rápidamente en sinónimo de calidad y prestigio.

Pero Vista Alegre era mucho más que una marca de cerámica. Vista Alegre podríamos decir que era como una gran familia, una comunidad que ofrecía a sus empleados grandes ventajas. Se construyeron casas para los empleados, escuelas para los niños, se invirtió en instalaciones deportivas, se edificó un teatro dentro del complejo de la fábrica. Y todo ello construyó una gran lealtad a la compañía.

Selección: Encaje con los valores de la organización

¿Cuál es la razón de este éxito? El primer paso para gestionar una comunidad de aprendizaje es seleccionar a las personas que encajan con los valores de la empresa. La teoría del *fit* o encaje explica el éxito de una compañía como Vista Alegre, por el buen ajuste entre los valores de los empleados y la cultura de la empresa.

Siempre me ha interesado esta teoría del *fit*, propuesta por Jennifer Chatman, una destacada académica en organizaciones en la Universidad de Berkeley. Y, cuando tuve el honor de ser invitada a presentar mis investigaciones sobre el liderazgo en Berkeley, pude charlar con ella sobre cómo los líderes pueden fomentar una mayor compatibilidad de valores en las organizaciones.

Varios años después, como directora de la tesis doctoral de Shainaz Firfiray en IE Business School, pusimos a prueba esta teoría del *fit* con un experimento.[2] El objetivo del experimento era averiguar qué es lo que las personas actualmente valoran en el puesto de trabajo cuando buscan empleo.

El estudio consistió en presentar tres tipos de beneficios en los anuncios de reclutamiento de empresas a 189 directivos que estaban buscando trabajo:

- Beneficios estándar: Un paquete salarial competitivo.
- Beneficios extra de atención médica: Además de un paquete salarial competitivo, también se ofrece seguro médico, seguro dental, seguro de vida, y otro tipo de seguros personales.
- Beneficios extra de conciliación: Además de un paquete salarial competitivo, también se ofrece flexibilidad de horarios, teletrababajo, y otras formas para el cuidado de dependientes.

Asignamos a los estudiantes aleatoriamente a cada una de estas tres condiciones y les pedimos que evaluaran la congruencia o el *fit* entre sus valores y la oferta de la empresa.[3] ¿Encontraríamos diferencias entre las preferencias de los *millennials* y la Generación X (aquellos nacidos entre 1965 y 1982)?

En 2016 publicamos las interesantes conclusiones de esta investigación, que puedes observar en la Figura 8.2, en la revista

Human Resource Management. Estadísticamente, los resultados demuestran que todos los directivos en busca de empleo prefieren
empresas que ofrecen beneficios de conciliación a empresas que
ofrecen beneficios de atención médica, porque el encaje con sus
valores y necesidades es mayor (Media = 3.76 para atención médica versus Media = 5.76 para políticas de conciliación). Los *millennials* mostraron mayor preferencia por las empresas que ofrecen conciliación que las personas de la Generación X.

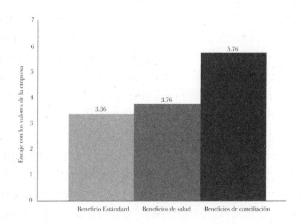

FIGURA 8.2. Selección en base al encaje de
valores: persona y organización.

Piensa en ti, indica si estás «muy en desacuerdo» (1), a «muy
de acuerdo» (7) con la siguiente afirmación: «Las cosas que va-
loro en la vida son muy similares a las cosas que valora mi empresa».[4] Un buen encaje predice una mayor satisfacción laboral.

La lección más importante de la teoría del *fit* es que las
organizaciones crean una comunidad cuando son capaces
de atraer y retener el talento que es compatible con los valores y la cultura de la empresa. Los empleados pueden expresar con libertad su autenticidad a la vez que se sienten parte
de un sistema social más amplio.

Gestión del cambio: Un reto de liderazgo

Seguramente que has escuchado la frase «lo único constante es el cambio» del filósofo Heráclito hace 2500 años. Por esta razón, seleccionar el mejor talento es sólo el primer paso. Necesitas gestionar el cambio sin perder la motivación de los empleados. En los últimos años, Vista Alegre se ha enfrentado a grandes cambios.

En el año 2001, Vista Alegre se fusionó con el Grupo Atlantis para intentar aprovechar economías de escala e incrementar su presencia en un mercado globalizado. Y en 2009 se incorporó al Grupo Visabeira, un conglomerado internacional. La familia que había dirigido la compañía durante dos siglos tuvo que entregar la compañía a un grupo inversor en el contexto de la crisis financiera.

La competencia de países como China hizo caer mucho los precios. Los cambios culturales y sociales hicieron que se considerara a Vista Alegre un vendedor de productos de lujo superfluo porque, por ejemplo, ya no se compraban sus cerámicas para las listas de bodas. Si a esto le sumamos algunas decisiones de inversión poco acertadas, se comprende que Vista Alegre necesitara integrarse en un grupo inversor de la potencia de Visabeira.

Bajo la dirección de los nuevos propietarios cambiaron muchas cosas. Hasta entonces los directivos se desplazaban por lo menos una vez al mes desde Lisboa a la factoría para hablar con los empleados. Había preocupación por su bienestar y se invertían esfuerzos en seguir manteniendo el sentido de comunidad que había en la empresa, donde era muy normal que los hijos de los empleados acabaran incorporándose a la misma. Pero ese contacto de la dirección con su gente prácticamente desapareció con la nueva directiva.

En 2014 Francisco Rebelo se entrevistó con trabajadores y antiguos empleados. Lo primero que le transmitieron es su desánimo de que los nuevos gestores sólo visitaban la factoría si era absolutamente necesario. La relación entre los directivos y los trabajadores se había quebrado y se había abierto una brecha.

«En lugar de una familia trabajando unida, esto es un simple trabajo. Sólo aprecian los números y no la calidad», le comentó un empleado. Antes el trabajo era una fuente de satisfacción. «Antes éramos los mejores y nos enorgullecíamos de la empresa», decía otro empleado. En el fondo, la sensación era la que de que habían sido abandonados por la familia.

También sentían que habían perdido el sentido de propiedad de su trabajo, algo que sí notaban cuando el trabajo tenía un componente más artesanal. Con el avance de la tecnología, la empresa modernizó sus procesos de producción para hacerlos más eficientes y competitivos. En este proceso, el diseño de los puestos de trabajo se había automatizado. Las tareas eran más simples, lo que implicaba menos uso del talento de los empleados, quienes sentían que su conocimiento y experiencia no eran valorados.

A estas sensaciones se unía el hecho de que los beneficios para los empleados se habían eliminado por cuestiones de costes. Ya no había descuentos para comprar los productos de la compañía, ni regalos, ni fiesta de Navidad. Estos recortes afectaron a la moral de los empleados que llevaban mucho tiempo trabajando en Vista Alegre. Un empleado del área de moldeado recordaba con nostalgia: «Aquí teníamos el corazón y el alma».

Motivación: El enriquecimiento del puesto de trabajo

Estos cambios en el diseño de los puestos de trabajo bajaron la motivación en Vista Alegre. La fuerza laboral se sintió desmotivada. ¿Cuál es la razón? La razón fundamental se debe a que las características del trabajo habían cambiado. La motivación es el segundo paso para gestionar una comunidad de aprendizaje.

Recuerdo una clase de Richard Hackman, en la Universidad de Harvard, que nos explicaba con entusiasmo la Teoría de las Características del Trabajo que había propuesto con su colega Greg Oldman en 1976 y que, actualmente, se ha convertido en la herramienta más utilizada por los directivos para rediseñar los puestos de trabajo.

La Teoría de las Características del Trabajo establece la importancia de identificar formas más motivadoras de diseñar el trabajo. Hackman y Oldman revolucionaron los modelos de motivación hasta ese momento, al cambiar el enfoque de las características de las personas, a las características de las tareas. La nueva idea es que gran parte de la motivación en el trabajo proviene de la tarea en sí misma.

¿Cuáles son las características motivacionales del trabajo? Estas son las cinco características medibles para el enriquecimiento del trabajo:

1. Variedad de habilidades
2. Identidad de la tarea
3. Transcendencia de la tarea
4. Autonomía
5. Retroalimentación

La interacción de estos cinco factores da, como resultado, el valor *potencial motivacional del puesto*, representado mediante la ecuación en la Figura 8.3.

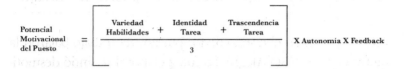

$$\text{Potencial Motivacional del Puesto} = \left[\frac{\text{Variedad Habilidades} + \text{Identidad Tarea} + \text{Trascendencia Tarea}}{3} \right] \times \text{Autonomía} \times \text{Feedback}$$

FIGURA 8.3. Ecuación del Diagnóstico de las Características del Trabajo.

Las tres primeras características se relacionan de forma aditiva; mientras que las dos últimas interactúan de forma multiplicativa. Es decir, cuando tu trabajo te ofrece la oportunidad de emplear una variedad de habilidades, te permite realizar tareas con las que te identificas, y ves su impacto positivo o transcendencia en la vida de otro, entonces tu trabajo adquiere significado y sentido.

Además, el potencial motivacional de tu trabajo está relacionado a la cantidad de autonomía que tienes para realizar tus tareas y al *feedback* que recibes sobre la validez de tus resultados.

Si quieres aumentar la motivación y productividad, así como reducir el absentismo y la rotación en tu empresa, es fundamental mejorar cada uno de estos cinco factores. Ten en cuenta que, si la autonomía o el *feedback* es nulo, la motivación final será cero, sin importar cómo de alta sea la variedad, identificación o significado.

Te dejo el cuestionario de Diagnóstico de las Características del Trabajo para que puedas evaluar el potencial motivacional de tu puesto.

Conoce tu organización
¿Cuál es el potencial motivacional de tu puesto?

Indica tu grado de acuerdo o desacuerdo respecto a cómo, las siguientes frases, describen tu puesto de trabajo, utilizando una escala del 1(totalmente en desacuerdo) al 7 (totalmente de acuerdo):

1. Mi trabajo requiere que muchas cosas diferentes, usando ampliamente mi talento y habilidades.
2. Mi trabajo me permite realizar una tarea completa, de principio a fin.
3. El trabajo que desempeño puede afectar a otras muchas personas, en la medida en que esté bien o mal realizado.
4. Mi trabajo me permite decidir por mí mismo el modo de realizar las tareas que tengo asignadas.
5. Mi trabajo por sí mismo me da mucha información acerca de si lo estoy haciendo bien o mal.
6. En mi trabajo tengo la oportunidad de trabajar en proyectos interesantes.
7. Mi trabajo me da la oportunidad de cooperar con los clientes.
8. En mi trabajo tengo la oportunidad de tomar decisiones que afectan a la organización.
9. Mi puesto me permite la flexibilidad de planificar mis horas de trabajo.
10. Mis supervisores me dicen con frecuencia en qué media ellos piensan que estoy haciendo bien o mal mi trabajo.
11. Mi trabajo requiere que utilice nuevas tecnologías
12. Entiendo cómo mi trabajo contribuye a la misión de la empresa
13. Mi trabajo es importante para el éxito general del negocio.
14. Mi trabajo me da una gran independencia acerca de cómo hacerlo.

15. Mis compañeros de trabajo me dicen si estoy haciendo bien mi trabajo.

Fuente: Adaptado de JM. George y GR. Jones: Understanding and Managing Organizational Behavior (212, 189-191).

Ahora puedes calcular el potencial motivacional de tu puesto siguiendo estos dos pasos y luego comparar tus resultados con el baremo para interpretar tu puntuación:

Conoce tu organización

Calcula el potencial motivacional de tu puesto

Paso 1: Calcula los valores de cada uno de los cinco factores

[Ítem 1 + ítem 6 + ítem 11] / 3 = _____ Variedad habilidades
[Ítem 2 + ítem 7 + ítem 12] / 3 = _____ Identidad tarea
[Ítem 3 + ítem 8 + ítem 13] / 3 = _____ Transcendencia tarea
[Ítem 4 + ítem 9 + ítem 14] / 3 = _____ Autonomía
[Ítem 5 + ítem 10 + ítem 15] /3 = ___ *Feedback*

Paso 2: Aplica la ecuación del Potencial Motivacional del Puesto

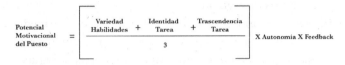

¿Qué significa tu puntuación en el potencial motivacional del puesto (PMP)? Un trabajo tiene el mínimo potencial motivacional de 1 = (1 x 1 x 1). Por el contrario, un trabajo tiene el máximo potencial motivacional de 343 = (7 x 7 x 7). La puntuación media de los puestos de trabajo en Estados Unidos es de 128 y las últimas investigaciones en otros países muestran una media de 121.

Aquí tienes los baremos para puedas evaluar tu puntuación como baja, media o alta:

- Si PMP > 1 y < 64, tu puesto tiene un potencial motivacional bajo.
- Si PMP > 64 y < 125, tu puesto tiene un potencial motivacional medio.
- Si PMP > 125 y < 343, tu puesto tiene un potencial motivacional alto.

Esta herramienta de las cinco características motivacionales de la tarea es muy útil para que los directivos puedan rediseñar los puestos de trabajo de forma que motiven a los empleados intrínsecamente.

Las últimas investigaciones han corroborado el poder motivacional de los puestos de trabajo que permite al empleado un alto grado de autonomía y la oportunidad de interactuar directamente con los clientes. Dos psicólogas israelíes, Dana Yagil, de la Universidad de Haifa, y Hana Medler-Liraz, del Colegio Académico de Tel-Aviv,[7] realizaron un estudio entrevistando a los empleados de primera línea, en el departamento de servicio al cliente.

Las conclusiones del estudio, publicadas en la revista *Academy of Management Journal*, demostraron que los trabajadores experimentaban una sensación de autenticidad en los encuentros con los clientes, especialmente cuando tenían la oportunidad de expresarse con libertad y honestidad. Estos momentos de autenticidad generaban emociones positivas, lo que se traducía en un servicio de mayor calidad y satisfacción para los clientes.

Retroalimentación: Aprendizaje de doble bucle

Los nuevos directivos de Vista Alegre percibieron que estaban desmotivando a la mayor fuente de conocimiento que tenían: los directores anteriores y los trabajadores con una larga trayectoria en la empresa. Se dieron cuentan rápidamente de que debían abandonar el estilo de liderazgo basado en el control unilateral y adoptar un enfoque de aprendizaje mutuo.

El equipo directivo comenzó a comprender que debía tener conversaciones con los empleados, para transformar la empresa sin romper su esencia. Cambiaron sus creencias. Aprendieron a valorar y respetar la cultura y comunidad forjada a lo largo de los años, sin necesidad de renunciar a ella, simplemente adaptándola a los nuevos tiempos.

Se entrevistaron con los antiguos directores y con los empleados para pedirles retroalimentación y entender las claves de la identidad de la empresa. Este es el tercer paso en la gestión de una comunidad de aprendizaje. Los antiguos directivos, que creían que la nueva dirección no confiaba en ellos, vieron con buenos ojos este diálogo y actitud de aprendizaje.

Al final, después de estas conversaciones con los antiguos gerentes, se experimentó una sensación de calma y estabilidad, y se creó un ambiente más colaborativo.

Diálogos de desempeño: Momentos de la verdad

Considero fundamental en la tarea de un directivo su habilidad para ayudar a otros a reconocer errores, corregirlos y aprender de ellos. Esta capacidad de aprendizaje es crucial para cualquier individuo, pero en el caso de un directivo con responsabilidades en una organización, puede tener consecuencias desastrosas si no se realiza correctamente, como el cierre de una empresa con la pérdida de miles de empleos.

Este es un tema que siempre me ha fascinado. La primera vez que lo escuché fue durante mi año académico de doctorado en la Universidad de Harvard. Decidí tomar el curso de *Action Learning*, (Aprendizaje en Acción), impartido por Chris Argyris en la Business School. Éramos un grupo reducido de estudiantes que utilizamos una metodología participativa y experiencial, basada en casos prácticos reales y nuestras propias situaciones de conversaciones difíciles.

Seguramente estés familiarizado con el trabajo de Chris Argyris, ya que es uno de los principales expertos en aprendizaje en las organizaciones. Recuerdo en una de sus clases nos contaba que la tarea más difícil a la que se había enfrentado era enseñar a personas inteligentes a aprender. Parece una paradoja, pero cuanto más inteligente es alguien, mayores son las dificultades para el aprendizaje en la edad adulta.

Por ejemplo, uno de los casos que analizamos para ilustrar cómo los ejecutivos reaccionan al *feedback* negativo es el de dos altos ejecutivos, a los que llamaremos Juan y Pedro. Juan debe comunicarle a Pedro que su desempeño en los últimos cinco años está por debajo de lo establecido. Esta tarea presenta una dificultad añadida, ya que Pedro cree que su bajo rendimiento se debe a cómo la empresa le ha tratado en el pasado.

Aquí tienes el caso de Juan y Pedro con los extractos de su conversación, que fue publicado por Argyris en la revista *Organizational Dynamics*, y que discutimos en su clase.

EL CASO DE JUAN Y PEDRO
Un diálogo de desempeño

1. Pedro, tu desempeño no está a la altura y además...
2. Parece que miras a los demás por encima del hombro.
3. Me parece que esto ha afectado a tu rendimiento de varias maneras. He oído a otros utilizar palabras como «controlador», «poco comprometido» y «desinteresado» para describir tu desempeño.
4. Nuestros altos directivos no pueden tener estas características.
5. Vamos a hablar sobre tu rendimiento.
6. Pedro, yo sé que quieres hablar sobre las injusticias que crees que te hicieron en el pasado. El problema es que no estoy hablando ahora de lo que ocurrió hace varios años. Nada constructivo puede salir de eso. Tenemos que dejarlo atrás.
7. Quiero hablar contigo hoy sobre ti y tu futuro en nuestra empresa.

Después de leer el caso, estas son las tres preguntas que analizamos y que te animo a responder:

1. ¿Cómo de efectivo crees que fue Juan en su conversación con Pedro?
2. ¿Qué consejos le darías a Juan?
3. Imagina que Juan te pide que evalúes su conversación con Pedro, ¿qué le dirías?

Ahora puedes comparar tus respuestas con las respuestas de muchos directivos y estudiantes que han analizado este mismo caso. Aquí tienes el resumen del Análisis de las Respuestas al caso de Juan y Pedro recopiladas, por Argyris, en sus investigaciones orientadas a la acción y el aprendizaje:

EL CASO DE JUAN Y PEDRO
Análisis del diálogo del desempeño

La conducta de Juan

- Sus comentarios son demasiado duros.
- No da ninguna señal de compasión.
- Controla unilateralmente la conversación.
- Es insensible a los sentimientos de Pedro.
- No le da a Pedro la oportunidad de responder.
- Es demasiado directo.
- No comunica un interés genuino para dar a Pedro una segunda oportunidad.

Impacto en Pedro

- Hace que Pedro se sienta defensivo y rechazado.
- Hace que Pedro defienda su desempeño en el pasado.
- Pedro se siente juzgado.
- No es probable que aprenda.
- No deja una puerta abierta para explorar la situación de forma constructiva.
- Pedro se siente complemente desmoralizado e inferior.

Impacto en el aprendizaje

- Se inhibe el aprendizaje por ambas partes.
- Pedro probablemente buscará otro trabajo.

¿Por qué se comporta Juan de esta manera tan poco productiva? Argyris sugiere que a lo largo de nuestras vidas hemos aprendido a abordar conversaciones difíciles de forma unilateral, para mantener el control y evitar mostrar nuestra vulnerabilidad ante los demás. Nuestra mente tiende a juzgar y a sacar inferencias sin consultar, lo que puede dar lugar a malentendidos o errores.

¿Quién no ha construido alguna vez una historia en su mente que distaba mucho de la realidad, basada en suposiciones e interpretaciones infundadas, y que finalmente le ha llevado a tomar una decisión equivocada? Considera el siguiente ejemplo que he representado en la Figura 8.4, que es conocida como la Escalera de Inferencia.

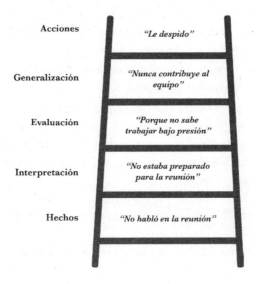

FIGURA 8.4. La escalera de inferencia y las barreras para el aprendizaje.

Imagina esta situación: Un miembro de tu equipo no ha hablado en la reunión que tuviste esta mañana, y rápidamente, casi inconscientemente, lo interpretas como una falta de preparación. Probablemente, podrías llegar a la conclusión de que tu colaborador carece de alguna habilidad importante, como no saber trabajar bajo presión. Este tipo de pensamientos puede llevarte a generalizar esta situación negativa a otras similares, creyendo que nunca contribuye al equipo de forma significativa. Como resultado, podrías tomar la decisión de despedir a tu colaborador de forma apresurada.

Este es un ejemplo claro de cómo nuestras inferencias y juicios pueden llevarnos a errores. Después de la reunión, tu colaborador te explica que llevaba una semana preparando el informe, pero la noche anterior estuvo en el hospital acompañando a su madre, que ha sido diagnosticada con una enfermedad terminal. En ese momento, no se encontraba con el ánimo para poder participar en la reunión.

La Escalera de Inferencia es nuestra tendencia a llegar a nuestras propias conclusiones, basadas en suposiciones que van más allá de los datos. Según Argyris, la mayoría de los directivos con los que trabajaba tomaban decisiones de esta forma unilateral, sin testar sus presunciones, sin cuestionar sus hipótesis y sin confirmar sus puntos de vista con los demás. En general, seguían los cinco peldaños de inferencia: hechos, interpretación, evaluación, generalización y acciones.

Este patrón de buscar explicaciones inconscientemente se debe a cómo nuestro cerebro procesa la información. Nuestro cerebro está programado para buscar sentido. Existe un procesamiento *top-down* que busca dar coherencia a lo que estamos percibiendo, basado en nuestra experiencia y nuestros conocimientos anteriores. Aunque los datos estén incompletos, tu cerebro va a conectar puntos de manera automática para que lo que veas tenga sentido.

Haz la prueba. Observa atentamente la Figura 8.5: ¿Qué puedes ver en esa imagen?

FIGURA 8.5. Ilusión óptica.

Vemos lo que no está. En la foto aparecen un conjunto de manchas negras sin bordes, pero tu cerebro completa los huecos para formar una imagen con sentido, basado en tu experiencia previa. Y la imagen con mayor sentido es un perro dálmata, pero en realidad es una ilusión óptica. Lo mismo sucede en nuestras relaciones sociales y el problema es que tu historia puede estar sesgada.

¿Qué podemos hacer para evitar caer en la escalera de inferencia? Necesitas validar *tu* historia con la otra persona explorando *su* historia. Como puedes ver en la Figura 8.6, la solución es añadir una segunda escalera donde consideras los datos, las interpretaciones y las conclusiones de la otra parte. Al explorar la historia y puntos de vista de la otra persona, puedes tomar decisiones más informadas, evitar cometer errores y malentendidos, y solucionar problemas de forma más eficaz.

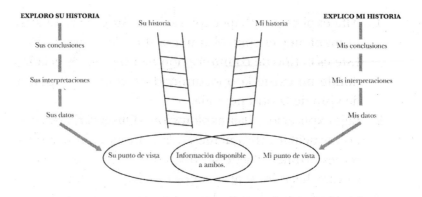

FIGURA 8.6. Modelo de conversaciones productivas.
Fuente: Chris Argyris, Robert Putman y Diana Smith. *Action Science,* 1985.

He observado que uno de los mayores retos para los directivos es pasar del control unilateral al aprendizaje mutuo. Los ejecutivos suelen están formados para *explicar* y resolver problemas por sí mismos. Sin embargo, en un entorno cada vez más complejo, la colaboración con otras personas es esencial para adaptarse a las nuevas situaciones. Los verdaderos líderes deben cambiar su enfoque y *explorar* los conocimientos y los puntos de vistas de los demás.

Siguiendo esta lógica, la psicóloga organizacional Diana McLain Smith, miembro del equipo de investigación de Chris Argyris, propuso la matriz *Advocacy-Inquiry*, es decir Explicar-Explorar. Cualquier conversación que tengas en tu trabajo o en tu vida personal, puedes analizarla en función de tu nivel de explicación y tu nivel de exploración.

Como puedes ver en la Figura 8.7, puedes clasificar tus conversaciones como alta o baja en explicaciones y alta o baja en exploraciones. Esto genera una matriz con cuatro posibilidades donde puedes ir viendo en qué cuadrante te ves más reflejado.

1. Alta explicación/baja exploración – **Imponer**: Te gusta mantener el control unilateral de la conversación. Este es el tipo de comunicación de una sola dirección, donde no existe la oportunidad de conocer el punto de vista de la otra persona.

2. Baja explicación/baja exploración – **Observar**: Prefieres no participar activamente en la conversación por diferentes razones. Puede ser que no quieras crear tensión y evitar herir los sentimientos de la otra persona o que no te interese el tema. En cualquier caso, la comunicación no es productiva porque no se abordan los temas.

3. Baja explicación/alta exploración – **Interrogar**: Cuando preguntas sin compartir tu punto de vista puedes generar en la otra persona la percepción de que tienes una agenda escondida o que prefieres que descubra lo que estás pensando. Este control unilateral, aunque sea en forma de pregunta, genera desconfianza.

4. Alta explicación/alta exploración – **Aprendizaje mutuo**: Para que las conversaciones sean productivas debe haber un balance entre explicar y explorar. La comunicación circula en ambas direcciones: expresas tu punto de vista, «esto es lo que pienso y me baso en estos datos para llegar a esta conclusión». Además, exploras el punto de vista de la otra persona, «¿estás de acuerdo con mis argumentos?, ¿tienes alguna otra información que no estoy considerando?, ¿cómo podría mejorarlo?».

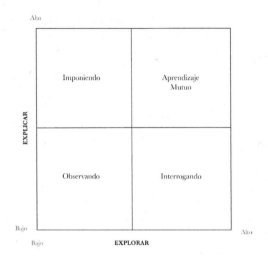

FIGURA 8.7. La matriz Explicar – Explorar:
El secreto de una comunicación efectiva.
Fuente: Diana McLain Smith in *Peter Senge et al.* 1994, p. 254.

¿Se puede aprender el liderazgo auténtico?: Aprendizaje de doble bucle

Chris Argyris desarrolló la teoría del aprendizaje de doble bucle, que establece cómo el verdadero aprendizaje sucede cuando cambiamos nuestras creencias y modelos mentales, en base a la percepción de las consecuencias de nuestras acciones. Por el contrario, el aprendizaje de bucle sencillo ocurre cuando simplemente cambiamos nuestra conducta, sin reflexionar sobre la causa raíz del problema.

Como puedes ver en la Figura 8.8, nuestras creencias son el *software* de nuestra mente, los modelos mentales que explican por qué hacemos lo que hacemos. Estas creencias guían nuestras acciones, lo que hacemos, conductas que podemos observar. Y estas conductas producen unos resultados que son las consecuencias de lo que hacemos.

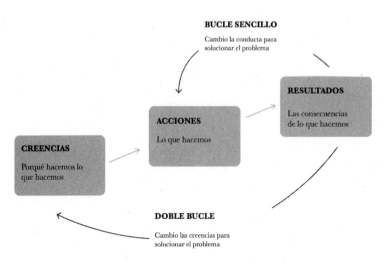

FIGURA 8.8. El aprendizaje de doble bucle.
Fuente: Chris Argyris y Donald Schon, *Organizational
Learning: A Theory of Action Perspectives*, 1978.

La respuesta de la nueva dirección de Vista Alegre ante la desmotivación de los empleados es un buen ejemplo de aprendizaje de doble bucle. La alta dirección aprendió a ejercer un liderazgo más auténtico, cambiando sus creencias y modelos mentales sobre los valores fundacionales de la compañía. No se trataba de eliminar las tradiciones, sino de convertir las tradiciones en una ventaja competitiva; cambiaron sus creencias.

Cuando cambiaron estas creencias limitantes por otras creencias de muta cooperación, también cambiaron su conducta. Los beneficios que gozaban los trabajadores se recuperaron, al igual que los edificios que testimoniaban la historia de la compañía. Volvieron a tener sus obsequios de Navidad, o la comida con antiguos empleados. Y ahora cada dos meses se realizan encuentros con los trabajadores para compartir la evolución de Vista Alegre. Todo esto supuso que se volviera a crear un clima de colaboración y lealtad; cambiaron las consecuencias.

El aprendizaje de doble bucle te invita a reflexionar sobre la validez de tus suposiciones y a cuestionar la validez de tus modelos mentales. A diferencia del aprendizaje de bucle sencillo, que se enfoca en solucionar problemas en el corto plazo, cambiando sólo comportamientos, el aprendizaje de doble bucle es más efectivo porque te ayuda a cambiar los modelos mentales de manera más sostenible en diversas situaciones. Al eliminar creencias limitantes, basadas en el control unilateral, te permite avanzar hacia el aprendizaje mutuo.

La alta dirección de Visabeira aprendió que Vista Alegre era mucho más que una mera fábrica. Era algo que formaba parte del patrimonio de Portugal. De hecho, es una de las marcas más reconocidas del país. El futuro de la compañía se fundamenta hoy en la integración de los valores del pasado. De ahí el valor de crear una comunidad de aprendizaje que permita adaptarse a los cambios y seguir evolucionando.

He seguido indagando en las últimas investigaciones sobre el verdadero aprendizaje que se enfoca, además de las creencias, en las emociones. La Teoría de la Personificación del Liderazgo Auténtico, propuesta por Donna Ladkin, de la Cranfield School of Management, y Steven Taylor, del Worcester Polytechnic Institute,[5] establece que lo importante es mostrar coherencia entre tus palabras y tus emociones. Cuando nuestras expresiones fáciles y movimientos corporales concuerdan con nuestras acciones, los demás nos perciben como auténticos, honestos y transparentes.

En 2013, un grupo de académicos del liderazgo alemanes, dirigidos por Anna Weischer,[6] de la Universidad de Hagen, realizaron un experimento innovador. Mostraban a los sujetos dos tipos videos, durante cinco minutos, en el que un actor interpretaba el papel de un director general de 50 años.

En el primer vídeo el actor expresaba una alta consistencia entre sus palabras y las expresiones faciales, como una sonrisa sincera. Y en el segundo vídeo el actor expresaba las mismas palabras, pero sus movimientos corporales eran distantes y hablaba de forma monótona.

Los resultados de este interesante experimento, publicado en la revista *Leadership Quarterly*, fueron concluyentes al demostrar que, cuando el líder muestra consistencia entre sus palabras y sus emociones, las personas tenemos buenas antenas sociales para detectar estas señales como indicadores de autenticidad, transparencia, integridad, abierto a la retroalimentación y mayor autoconciencia. En un segundo experimento, los autores descubrieron que, cuando el líder además revelaba información personal, los participantes lo percibían como aún más auténtico.

Evaluación: Herramienta de roles de equipo

Una vez que la nueva dirección exploró y entendió la perspectiva de los empleados y de la antigua dirección de Vista Alegre, la implementación del cambio fue más fácil. Los gerentes de Visabeira organizaron una asamblea para explicar la nueva estrategia y ofrecer a los empleados una mejor comprensión de por qué el cambio era necesario. Luego organizaron reuniones bimensuales con los empleados, para compartir noticias sobre el progreso de la empresa.

Conocer bien a los colaboradores y sus fortalezas es esencial para asignar tareas adecuadas y evaluar su desempeño de manera acorde a su rol en el equipo y la organización. Este es el último paso en la gestión de una comunidad de aprendizaje. En el caso de Visabeira, la alta dirección comprendió la importancia de incluir personas que desempeñen distintos roles en el equipo y en la compañía, desde actividades centradas en la acción, hasta generación de nuevas ideas y mantenimiento de una cultura unida. Esta complementariedad de roles fomenta una colaboración más efectiva.

En mis sesiones de *coaching* ejecutivo y empresarial utilizo la herramienta de los roles de equipo Belbin. Esta herramienta evalúa las fortalezas de cada individuo en el equipo de trabajo. Existen muchos comportamientos distintos y necesitamos agruparlos en roles para entender mejor la aportación de cada persona. Cada uno de nosotros tiene uno o dos roles preferidos, en función de nuestra personalidad, que desempeñamos con comodidad y eficiencia. Seguro que en algún momento has experimentado esa sensación trabajando en un equipo, donde te resultaba natural desempeñar una tarea sin mucho esfuerzo. Esto sucede cuando ocupas el rol que encaja con tus fortalezas.

Los equipos y las organizaciones con éxito han logrado un reparto de roles complementario, que aprovecha las fortalezas de cada individuo. Como menciona Meredith Belbin: «Nadie es perfecto, pero un equipo puede serlo». Según las investigaciones de Belbin en la Universidad de Cambridge, los roles del equipo se pueden dividir en tres grandes categorías: roles mentales, roles de acción y roles sociales.

¿En qué consiste cada uno de los roles? A continuación, te presento una breve descripción de cada uno de los 9 roles de Belbin, distribuidos en estas tres grandes categorías, para ayudarte a identificar tu rol preferido en los equipos de trabajo.

Roles mentales:

1. **Cerebro**: Creativo, imaginativo e independiente. Contribuye al equipo con ideas y resolviendo problemas difíciles. Su talón de Aquiles es que está demasiado

absorto para comunicase eficazmente, y puede *vivir en las nubes.*

2. **Monitor evaluador**: Serio, estratégico y sutil. Contribuye al equipo en la toma de decisiones ya que su fortaleza es considerar múltiples opciones y analizarlas con precisión. Una de sus debilidades es que puede ser excesivamente crítico por lo que desmotiva a los demás.

3. **Especialista**: Dedicado, comprometido y en muchos casos autodidacta. Aporta conocimientos en temas muy específicos. Las dificultades vienen cuando utiliza demasiados tecnicismos.

Roles de acción:

4. **Impulsor**: Dinámico, trabaja bien bajo presión y le gustan los retos. Encuentra formas de superar los obstáculos y le gusta tomar la iniciativa. Sin embargo, su estilo provocador, puede herir los sentimientos de otras personas.

5. **Implementador**: Práctico, disciplinado y eficaz. Transforma las ideas en acciones concretas, organizando el trabajo y ganándose la confianza de los demás. Sin embargo, puede ser lento o inflexible a los cambios.

6. **Finalizador**: Concienzudo, consciente y ansioso. Perfecciona el resultado final del proyecto. Pero puede generar ansiedad con su excesivo perfeccionismo y tiene dificultad para delegar.

Roles sociales:

7. **Coordinador**: Maduro, seguro de sí mismo y tiene un don natural para identificar el talento. Estas fortalezas

las utiliza para fijar objetivos, delegar tareas y coordinar los esfuerzos individuales. Sin embargo, su tendencia a delegar puede ser percibida como manipuladora.

8. **Cohesionador**: Colaborador, sociable y diplomático. Escucha, crea espíritu de equipo y soluciona los conflictos entre las personas. En su afán de crear cohesión, puede evitar la confrontación.

9. **Investigador de recursos**: Extrovertido, entusiasta y un gran comunicador. Explora oportunidades y desarrolla contactos fuera del equipo. Su debilidad potencial es su tendencia a procrastinar y que pierde el interés fácilmente después de la euforia inicial.

Francisco Rebelo: Referentes de liderazgo auténtico

El sueño de Francisco es dirigir Vista Alegre algún día. Siempre que visita una tienda de Vista Alegre por el mundo, le enorgullece ver fotografías de la fábrica y de la casa de su familia en Ílhavo.

Recuerda una emotiva anécdota de cuando tenía once años y fue a vivir con una familia estadounidense en Nueva Jersey. Al llegar a su casa, le llamó la atención ver tres platos de Vista Alegre en el comedor. Fue un momento especial viajar hasta otro lado del mundo y ver una pieza de su ciudad natal.

Creo que el aprendizaje por modelado es fundamental para el desarrollo de nuestro liderazgo. Necesitamos ejemplos que nos guíen en ese viaje. Para Francisco su abuelo fue un referente importante. Aunque falleció cuando él tenía catorce años, tiene gratos recuerdos y escuchó numerosas historias sobre la empresa que quedaron grabadas en su mente.

La lección más importante es una filosofía humanista de la empresa. Su abuelo decía que «los números son importantes, pero el aspecto humano del negocio marca la diferencia».

La historia favorita de Francisco sobre su abuelo es cuando un empleado no tenía dinero para enviar a su hijo a la universidad. Sin dudarlo, su abuelo le ofreció un préstamo sin intereses para cubrir los gastos. Este gesto ejemplar fue posible porque su abuelo estaba dispuesto a viajar dos horas desde Lisboa hasta la fábrica para conocer personalmente las necesidades de sus empleados.

Como resultado, las personas estaban altamente comprometidas con la empresa y dispuestas a dar lo mejor de sí. Los trabajadores se preocupaban por la empresa, ya que percibían que la empresa se preocupaba por ellos. Esta norma de reciprocidad creaba un compromiso emocional. No era sólo un trabajo; los empleados sentían verdadera pasión y conexión con la empresa.

¿Estoy realmente motivado a liderar?

Los líderes jóvenes como Francisco se inspiran en referentes a los que admiran. Los seres humanos aprendemos por modelado, según el famoso psicólogo Albert Bandura. Desarrollamos nuestras habilidades cuando observamos e imitamos las conductas de otras personas.

El aprendizaje por modelado, o aprendizaje vicario, implica utilizar a personas relevantes como modelos y referentes en nuestro desarrollo personal. Observamos, imitamos, y nos comparamos con ellos para evaluar nuestras propias competencias. Estos modelos se convierten en nuestro punto de referencia o *benchmark*.

¿Cómo se aplica la teoría del aprendizaje social al desarrollo del liderazgo?

Viajé a Berlín para trabajar con mis colegas Laura Guillen y Kostantín Korotov en la ESMT (*European School of*

Management and Technology) en una investigación sobre este tema, que nos apasionaba a los tres.[8] Queríamos estudiar cómo los directivos utilizan el aprendizaje social para desarrollar su liderazgo. Y decidimos examinar dos tipos de comparaciones:

- **Comparaciones prototípicas**: comparaciones del directivo con el prototipo de líder ideal que tiene en su mente.
- **Comparaciones ejemplares**: comparaciones del directivo con un referente específico, una persona real a la que considera un líder ejemplar.

Para las comparaciones prototípicas pedimos a los directivos que indicaran las características que tiene un líder ideal. Entre los atributos mencionados se encontraban: inteligente, divertido, creativo, visionario, elocuente, único, perfeccionista, decisivo, sociable, justo, humilde y eficiente. Luego, los participantes indicaron en qué medida ellos mismos coincidían con estas representaciones prototípicas de líderes.

Para las comparaciones ejemplares pedimos a los directivos que indicaran quién había sido el líder más significativo para ellos en el pasado, a quien utilizan como referente y ejemplo. Describieron a este individuo con diez características, por ejemplo, «anima a las personas a crecer». A continuación, los directivos evaluaron en qué medida coincidían con estas características de su líder ejemplar.

Descubrimos algo que nos pareció fascinante: las comparaciones de los directivos con sus modelos prototípicos y ejemplares eran más importante que sus habilidades técnicas a la hora de predecir su motivación de liderazgo. Estas conclusiones, publicadas en la revista *The Leadership Quarterly* en 2015, revelaron que, cuando los directivos comparten características con sus líderes ejemplares y con el prototipo de liderazgo que tienen en su mente, se sienten más seguros en sus puestos de responsabilidad y tienen un mayor deseo y motivación para ser verdaderos líderes, ya que esto forma parte de su identidad como persona.

La visión alegre de Vista Alegre

Vista Alegre es una comunidad que ha experimentado una evolución constante acorde a los cambios en los gustos y tendencias culturales. Un ejemplo claro es el logotipo de Vista Alegre, que ha ido transformándose a lo largo de su historia, para estar en sintonía con los valores estéticos y culturales de cada época. Esto denota una constante preocupación por el aprendizaje y un esfuerzo por adaptarse a la evolución del diseño y los movimientos artísticos.

La visión de futuro de Vista Alegre es buscar su propio lugar en las unidades de negocio del Grupo Visabeira. Se trata de mantener un valioso patrimonio cultural portugués, la marca Vista Alegre desempeña un papel clave en la promoción de la identidad nacional. Es una de las marcas más reconocidas del país.

La empresa está asociada con los mejores chefs del mundo, lo que ha llevado a desarrollar vajillas de prestigio y ediciones limitadas que fortalecen su reputación de marca. Los productos de Vista Alegre han sido elegidos para adornar mesas tan simbólicas como la Casa Blanca y el Palacio da Alvorada, la residencia oficial del presidente de Brasil.

Como una auténtica comunidad de aprendizaje en perfecta armonía con su entorno, Vista Alegre no sólo ofrece productos de lujo, sino que, en sí misma, es una comunidad de lujo.

10 reglas más para ser un verdadero lider creando COMUNIDAD

Regla 71. Impulsa una verdadera comunidad entre los empleados.

Los líderes auténticos genuinamente se preocupan por satisfacer las necesidades de apego y aprendizaje de sus empleados, fomentando así una comunidad psicológica dentro de la organización. Esta identidad organizacional se convierte en una ventaja competitiva a largo plazo, porque se crea un sentido de pertenencia y un compromiso emocional con la compañía.

Por ejemplo, los líderes de Vista Alegre crearon una comunidad mediante la construcción de espacios colectivos para sus empleados, incluyendo escuelas, clubes deportivos, casas e incluso un teatro. Estos espacios colectivos están estrechamente ligados a la identidad organizacional. Numerosos estudios en psicología demuestran que, la mera presencia en el lugar de trabajo, facilita el apego y la identificación con otras personas y grupos.

Haz una pausa y reflexiona...

Desde la pandemia del COVID-19, muchas compañías se enfrentan al reto de mantener viva la **identidad organizacional** mientras los empleados trabajan de forma remota. ¿Qué espacios físicos o digitales se han creado en tu empresa para impulsar la identidad organizacional, como, por ejemplo, redes sociales internas o sesiones de *networking*?

Regla 72. Fomenta la congruencia entre tus valores y los de la empresa.

Como hemos visto, la teoría del *fit* establece que, cuanto más alineados están tus valores con los valores de la organización, más productivo y satisfecho te encontrarás en el trabajo. Por ejemplo, los *millennials*, en general, valoran el desarrollo profesional y la oportunidad de realizar tareas con un propósito significativo.

Pero cada uno de nosotros tenemos unas prioridades y valores. Existen tres tipos de necesidades motivacionales, propuestas por McClelland: la necesidad de *logro* (alcanzar metas), la necesidad de *poder* (tomar decisiones) y la necesidad de *afiliación* (sentirse conectado con otros).

Haz la prueba...

Realiza un **análisis de encaje** entre tus valores y los valores de la empresa, utilizando las tres necesidades básicas propuestas por McClelland: ¿Puedes satisfacer tus necesidades más importantes dentro de tu empresa?

Regla 73. Muestra consistencia entre lo que dices, haces y sientes.

Como líder, es fundamental que tus comportamientos sean coherentes con tus palabras y emociones. Cuando tus expresiones faciales y movimientos corporales son consistentes con tu mensaje, eres percibido como una persona auténtica y generas confianza en los demás.

Un ejemplo de consistencia es el abuelo de Francisco Rebelo, quien viajaba con frecuencia a la fábrica para hablar con los empleados sobre su trabajo y sus familias. Los empleados interpretaban sus visitas como un interés genuino en su bienestar y lo percibían como un comportamiento auténtico. Por el contrario, si notamos una falta de coherencia entre el mensaje de una persona y sus gestos o tono de voz, lo percibimos como engañoso, falso o fingido, lo que hace que perdamos confianza en esa persona. Los seres humanos, en general, somos capaces de detectar cuándo alguien nos está mintiendo.

Haz una pausa y reflexiona...

¿Cómo puedes detectar las mentiras o medias verdades? Presta **atención a la coherencia** entre la conducta, las palabras y las expresiones faciales, el tono de voz o los movimientos corporales. Por ejemplo, puedes distinguir entre una sonrisa verdadera frente a una sonrisa irónica o impostada.

Regla 74. Diseña puestos de trabajo con alto potencial motivacional.

Considero crucial comprender las fuentes de motivación de los empleados. Cuando diseñas los puestos de trabajo de manera que satisfacen las necesidades psicológicas y sociales de los empleados, estás permitiendo que expresen su autenticidad y aumentando su nivel de motivación.

Invierte tiempo y esfuerzo en el rediseño de puestos de trabajo, con el fin de aumentar su potencial motivacional y enriquecer la experiencia laboral. Diseña tareas que impliquen diversas habilidades, con las que el trabajador pueda identificarse una vez completada la tarea, con un propósito significativo, donde puede tener autonomía y recibir retroalimentación regular sobre su desempeño. Al aumentar la motivación estás aumentando la productividad y reduciendo los costes asociados al absentismo y la rotación. Esta ecuación es la principal fuente de ventaja competitiva para la compañía.

Haz la prueba...

Implementa el modelo de las cinco **características del trabajo** para diagnosticar y rediseñar los puestos de trabajo en tu empresa, siguiendo la ecuación representada en la **Figura 8.3**.

Regla 75. Navega conversaciones difíciles con honestidad: momentos de la verdad.

¿Quién no ha experimentado alguna vez recibir *feedback* constructivo que resultó necesario para nuestro desarrollo, pero al mismo tiempo doloroso escuchar? Cuando recibimos *feedback* crítico, nuestra tendencia natural es interpretarlo como una amenaza para nuestro ego, lo que nos lleva a responder de manera defensiva, con el fin de proteger nuestra autoestima. Esta defensividad puede manifestarse a través de barreras de comunicación, como la justificación de nuestras acciones, la confrontación o incluso ignorar por completo el *feedback*.

Para evitar la defensividad en conversaciones difíciles, puedes utilizar técnicas efectivas para dar y recibir *feedback*.

Antes de abordar una conversación difícil, prepara el contenido de tu *feedback*. Puedes utilizar la técnica SBI (*Situation-Behavior-Impact*) propuesta por el *Center for Creative Leadership* para maximizar el aprendizaje y minimizar la defensividad.

1. Situación (*Situation*): Define *cuándo* ocurrió.
2. Conducta (*Behavior*): Define *qué* ocurrió con ejemplos.
3. Impacto (*Impact*): Explica *cómo* te hizo sentir; utiliza el *yo*.

Haz la prueba...

Identifica una conversación difícil, puede ser con tu jefe, compañero de trabajo, amigo o familiar, y que llevas retrasando demasiado tiempo. Prepara cuidadosamente el contenido para **dar tu *feedback*** siguiendo el modelo SBI.

Si quieres mejorar tus relaciones, necesitas tener estas conversaciones incómodas.

Regla 76. Aborda conversaciones en ambas direcciones: Explica y explora.

Evita la escalera de inferencia a la hora de abordar conversaciones difíciles. Según la matriz Explicar-Explorar, el secreto de la comunicación efectiva es comprender las dos perspectivas de una historia.

Esto implica adoptar dos tipos de conductas: *explicar* tu propia historia y *explorar* la historia de la otra persona. De esta forma, creas un círculo virtuoso de comunicación, donde compartes tus datos, interpretaciones y conclusiones, y a la vez, preguntas a la otra persona si está de acuerdo y escuchas activamente su opinión.

Regla 77. Destaca el aprendizaje de doble bucle.

Cuando das el paso de asumir un rol directivo, pasas de contribuir individualmente a la organización, a ser responsable del trabajo de otras personas. Esta transición en tu carrera profesional no se limita sólo a aprender nuevas conductas o habilidades, sino que también implica un profundo cambio en tu forma de pensar.

Sin duda debes desarrollar nuevas competencias y cambiar tus conductas (aprendizaje de bucle sencillo). Pero lo más importante es la transformación psicológica que experimentas, que implica cambiar tus modelos mentales y adoptar un aprendizaje de doble bucle.

Regla 78. Evita la homogeneidad y promueve la complementariedad.

El secreto del éxito en un equipo u organización radica en el reparto heterogéneo y complementario de personas, desempeñando diferentes roles. Sin embargo, es importante reconocer el sesgo de la confirmación, que nos lleva a rodearnos de personas similares a nosotros mismos. Este sesgo, también llamado similitud o atracción, puede llevar a la repetición de roles y la escasez de otros roles necesarios para tener un equipo balanceado.

Los verdaderos líderes evitan este sesgo de confirmación para crear una comunidad inclusiva, donde se buscan personas diferentes que se complementen, con el fin de desempeñar los tres tipos de roles fundamentales: de acción, mentales y sociales.

Haz una pausa y reflexiona...

Piensa en tu trabajo, ¿cómo podrías emplear esta herramienta de **roles de equipo** Belbin para seleccionar, asignar y evaluar a las personas según los nueve roles en tu equipo? Reflexiona si todos los roles están cubiertos en tu equipo.

Regla 79. Busca modelos y referentes para desarrollar tu propio liderazgo.

Aprendemos por imitación de forma vicaria, a través de la observación de personas a las que admiramos. En el caso de Francisco Rebelo, su abuelo fue un líder ejemplar y un modelo a seguir. Estas comparaciones sociales positivas pueden ser una herramienta útil para el desarrollo de tu propia identidad de liderazgo.

Cuando observas a tus líderes ideales puedes encontrar la motivación y los comportamientos para desempeñar un papel de liderazgo efectivo. Según un estudio de Dan Ciampa y Michael Watkins, lamentablemente el 64% de los nuevos directivos contratados fracasan en la transición a su nuevo rol. Por esta razón, recomiendo siempre buscar una persona que haya tenido éxito en el puesto, con el fin de estudiar su comportamiento y descubrir cómo piensa, cuáles son sus creencias y su filosofía de gestión.

Haz la prueba...

Realiza el ejercicio de nuestro estudio para **identificar tus referentes** y mejorar tu motivación para liderar. Responde a estas dos preguntas:

1. ¿Cuáles son las características de tu **líder ideal**? ¿Cómo te evalúas en esas características?
2. Piensa en una persona real que consideras un **líder ejemplar**, ¿cuáles son las diez características más importantes? ¿Cómo te evalúas en esas características?

Regla 80. Encarna los valores de la organización.

En la otra cara de la moneda, como líder, tu comportamiento también sirve de ejemplo para tu equipo. Cuando encarnas y vives los valores de la organización, te conviertes en un modelo a seguir para tus colaboradores. Al resaltar las similitudes entre tus valores y los miembros del equipo, estableces una conexión emocional más fuerte y validas tu liderazgo.

Hay una frase de Michael Jordan que te va a hacer reflexionar: «El talento gana partidos, pero el trabajo en equipo gana campeonatos». El líder auténtico encarna y personaliza los valores comunes y construye un equipo para ganar campeonatos.

Haz la prueba...

Solicita *feedback* sobre tu estilo de liderazgo a tu equipo. ¿ven en ti un modelo a seguir? ¿se sienten orgullosos de estar asociados contigo? ¿elevas su motivación para alcanzar objetivos comunes? ¿se identifican con tu visión del equipo?

Herb Kelleher, cofundador de Southwest Airlines, ha destacado la importancia de tener empleados fieles con «un espíritu guerrero, un corazón de servidor y una actitud amante de la diversión».[9] De manera similar, Vista Alegre ha creado una cultura auténtica y humanista que fortalece el sentido de comunidad entre sus empleados.

9
LEGADO: UNA ORGANIZACIÓN AUTÉNTICA PARA UN ÉXITO SOSTENIBLE

No puedes aportar valor a menos que ancles la empresa en unos valores fuertes. Los valores hacen que un barco sea insumergible.

INDRA NOOYI

Indra Nooyi, antigua CEO de Pepsico, es una figura icónica en Estados Unidos y en la India, su país natal.[1] Es una de las mejores directivas y sirve de modelo para las generaciones venideras. En uno de sus inspiradores discursos, Nooyi citaba al famoso escritor Malcom Gladwell en *Fuera de serie*: «No puedes separar quién eres y de dónde vienes». Con esta frase, Nooyi abraza sus orígenes y se muestra agradecida a aquellos años de formación en India, que más tarde le permitieron triunfar en Estados Unidos como CEO de Pepsico.

Indra Nooyi nos recuerda en sus discursos las tres lecciones de cómo ser un líder auténtico: «Pon tu cabeza, tus manos y tu corazón en lo que sea que hagas»; el elemento cognitivo, social y emocional de la autenticidad, necesarios para ganarte la confianza y ser un líder transformacional.

El caso del Banco Santander: Gestión del cambio y la transformación cultural (España)

Existe un tema crucial e importantísimo que ha captado la atención de las empresas y la sociedad en los últimos años: la gestión del cambio. La pandemia del COVID-19 cambió nuestras vidas y nos hizo más conscientes de nuestras vulnerabilidades. En este contexto de incertidumbre y cambio, los líderes son más importantes que nunca.

En este último capítulo del libro considero fundamental fijarnos en cómo ser auténtico gestionando el cambio. Recuerda el mal dato: el 70% de las iniciativas de cambio fracasan. Desde que escribí *Yours Truly*, he querido profundizar sobre este tema y me he certificado como *coach* en gestión del cambio con la empresa canadiense *ExperiencePoint*, para formar a directivos utilizando una metodología experiencial *hands-on*. Un taller de gestión del cambio de una jornada completa, para directivos, utilizando una simulación digital, con el fin de comprender y practicar con éxito los diferentes pasos implicados en la gestión del cambio.

Vamos a ir viendo la gestión del cambio a través de un caso que estoy segura conoces: el Banco Santander. El Banco Santander está inmerso en los últimos años en una gran transformación, liderada por Ana Botín, presidenta ejecutiva. Su misión es «ayudar a las personas y a las empresas a prosperar», explica Ana Botín en el Informe Anual de 2016.[2]

Las organizaciones auténticas van más allá de lograr un objetivo económico: se comprometen, con un proceso continuo de transformación, para lograr una armonía virtuosa entre los múltiples *stakeholders*: los clientes, los accionistas, los empleados y la sociedad. Por ejemplo, la transformación de la cultura del Banco Santander busca ir más allá de los resultados financieros, para centrarse en el proceso de cómo alcanzar esos resultados, al considerar los beneficios para sus múltiples grupos de interés.

El Banco Santander es un buen ejemplo de cómo avanzar paso a paso hacia una organización más auténtica. «Nuestra transformación es mundial y va más allá de las métricas. Se trata principalmente de cómo nos organizamos y cómo nos comportamos, para tener éxito en un mundo que cambia a una velocidad exponencial», dice Botín.

La relación positiva entre clientes, accionistas, empleados y la sociedad forma un círculo virtuoso en el que todas las partes ganan. El banco buscar brindar un mayor y mejor servicio a sus clientes, generar más valor para sus accionistas y apoyar a sus empleados y comunidades de manera sostenible e inclusiva.

Mi interés inicial en estudiar al Banco Santander, desde el punto de vista de la autenticidad, surgió de un proyecto de investigación de la IE Business School sobre *employer branding* en el sector financiero y de los seguros. Como experta en liderazgo, me invitaron a formar parte de este proyecto, cuyo objetivo era entender por qué estos sectores a menudo proyectan una imagen impersonal y distante, que en muchos casos no se corresponde con la realidad.

Me parece importante esta cuestión porque yo misma era un poco escéptica sobre el mundo de las finanzas, por lo que decidí indagar en la historia y la transformación cultural de Banco Santander. Es uno de los bancos líderes en España y con mayor presencia internacional, dirigido desde 2014 por una de las mujeres más influyentes del mundo.

Lo primero que hice fue analizar su página web. El sitio web de una empresa es una ventana a través de la cual la compañía proyecta su imagen al mundo. Los valores como «lo sencillo, lo personal y lo justo» reflejan la nueva identidad del Banco Santander. En 2017, recibieron el sello

Top Employer Europe por sus prácticas de recursos humanos en España y otros cinco mercados. Para conseguir esta certificación han tenido que cumplir con los más exigentes estándares de una encuesta en la que se evalúan y auditan externamente prácticas de recursos humanos como la retención del talento, los planes de formación y desarrollo del personal, la mejora de la gestión y el liderazgo, los planes de carrera y sucesión, políticas de compensación y beneficios para los profesionales, así como la cultura general de la empresa.

En el apartado de sostenibilidad, el Grupo Santander aparece como la compañía Global Fortune 500 que más invierte en responsabilidad social corporativa, relacionada con la educación: En 2016 invirtió 170 millones de euros a través de su programa Santander Universidades para apoyar el emprendimiento, la investigación y el desarrollo. El blog Santander Impact Education comparte las experiencias de los clientes con el banco.

Mi impresión del Banco Santander fue la de una organización en un proceso de transformación cultural, para convertirse en un referente internacional de sostenibilidad, en un sector con connotaciones negativas en la mente de algunas personas. Conocer esta transformación, me motivó a profundizar más sobre este interesante caso con los propios directivos del banco.

Me encantó poder entrevistar a dos altos ejecutivos del banco y conocer los detalles de su liderazgo transformador hacia una organización más auténtica en la Ciudad Financiera de Santander. La sede del banco se encuentra en Boadilla del Monte (Madrid), sólo a diez minutos de mi casa.

El 2017, cuando llegué a la sede de Santander, lo primero que me llamó la atención fueron las tres columnas de hormigón con las palabras *sencillo, personal* y *justo* inscritas en cada una de ellas. Los ejecutivos que me dieron la bienvenida rápidamente me explicaron que estaban remodelando el edificio. Estaban derribando tabiques y quitando puertas para convertir el edificio en un diseño más abierto. Como psicóloga de las organizaciones, me sentí una privilegiada al escuchar cómo se originó esta transformación cultural y cómo se gestiona día a día, desde la directora general hasta los 190.000 empleados.

Al escuchar atentamente su relato, me resultó fácil analizarlo a la luz de una de las teorías del cambio más importante: El modelo de cambio de Kurt Lewin, considerado el padre de la psicología social. La idea principal del modelo es que no puedes pasar directamente al cambio, debes pasar primero por una etapa de desaprendizaje (o descongelamiento).

Este modelo se basa en las siguientes tres etapas que permiten a una organización cambiar, representadas en la Figura 9.1:

1. **Descongelar**: Explicar las razones del cambio (fuerzas externas o internas) para movilizar a las personas; por qué se necesita cambiar. Esta es la fase más importante de movilización que, en mi experiencia, muchos líderes pasan por alto.

2. **Cambiar**: Conseguir la motivación y capacitación de los *stakeholders* para poner en movimiento los recursos necesarios, con el fin de modificar comportamientos, valores y creencias para adoptar nuevos hábitos.

3. **Congelar**: Consolidar los cambios a través de los sistemas de incentivos y de las transformaciones estructurales de la organización. El objetivo de esta última fase del cambio es la sostenibilidad de los nuevos hábitos en el tiempo.

Descongelar   Cambiar   Congelar

FIGURA 9.1. Modelo de cambio de Kurt Lewin.

Historia del Banco Santander

Para comenzar el cambio, debemos entender primero la historia de la organización, que nos permita tomar conciencia del cambio como algo necesario (descongelar). La historia del Banco Santander está presente en la cultura y las actividades del banco.

En 1857, fue fundado en la ciudad de Santander, con la misión de financiar el comercio del norte de España con las Américas. Esta misión internacional se prolongó a lo largo de los años y durante décadas el banco continuó siendo local dentro de España. La primera oficina fuera de Cantabria se abrió en la cercana Palencia, en 1926. En la década de 1940 se inició la expansión con algunas oficinas en México, Cuba y Argentina. Entonces, en la década de 1970, se compraron los primeros bancos en América Latina, en Chile, Puerto Rico, Argentina y Brasil. En la década de 1990, Ana Botín lideró una expansión mayor en la región.

Tras la fusión con el BCH en 1999, se produjo una importante fase de expansión, pues le proporcionó al banco la influencia que necesitaba para mantener su expansión internacional.

Y a partir del año 2000, el banco inició un período de adquisiciones en Europa —en Alemania y Escandinavia— y en

Reino Unido, donde en 2004 compró Abbey, e invirtió en Sovereign en Estados Unidos al año siguiente. Luego vino la adquisición del Banco Real en Brasil, lo que fortaleció la presencia del banco en ese país.

Estas adquisiciones siguieron planteamientos estratégicos claros para consolidar la presencia del banco en los diez mercados clave donde opera: cinco en las Américas (Brasil, México, Chile, Argentina y Estados Unidos), cuatro en Europa (Portugal, España, Polonia y Alemania) y Reino Unido.

El ADN del Banco Santander

A lo largo de sus más de 160 años de historia, los dos elementos básicos del ADN del Banco Santander han sido la internacionalización y la orientación al cliente.

El crecimiento del banco ha sido gracias a su internacionalización. Pero a diferencia de otros bancos con presencia global, con una pequeña participación en muchos mercados, el Banco Santander busca una masa crítica en sus diez mercados principales, con cuotas de mercado que van del 10 al 14%, lo que le permite mantener su enfoque y lograr las economías de escala que necesita para competir localmente (la única excepción es Estados Unidos, un mercado bancario muy fragmentado, donde la cuota de mercado del banco sigue siendo del 4% en la región noreste).

La otra parte del ADN del Santander es su enfoque orientado al cliente. En comparación con otros bancos del mismo tamaño, una proporción muy alta de los beneficios del Banco Santander (el 76%) proviene de la banca minorista y comercial. En 2016, el banco consiguió 4 millones de nuevos clientes, llegando a un número total de clientes a 125 millones.

FOTOGRAFÍA 9.1. Ana Botín, presidenta ejecutiva, Banco Santander (España).

Dicho esto, el crecimiento del Banco Santander ha sido lento y sólo adquiere otro banco cuando se cumplen estrictos criterios financieros y comerciales. Los ejecutivos del Banco Santander me cuentan la historia de una propuesta de fusión con otro gran banco europeo a principios de la década del año 2000, de la cual se retiraron cuando vieron que muchos productos no estaban en línea con sus principios financieros.

Descongelar: La necesidad del cambio

Los bancos de todo el mundo han atravesado una gran crisis, que no es sólo económica, sino también una crisis de credibilidad. La sociedad, en general, ha puesto en duda el valor de los bancos. Además, el futuro es incierto y cambiante.

Cuando Ana Botín asumió el cargo de presidenta ejecutiva del banco en 2014, la pregunta que tenía en su mente era: «¿Qué banco queremos ser en este entorno de cambio y desconfianza?». Y en 2016, presentó su visión para ser un banco «sencillo, personal y justo» a los accionistas.

Estos nuevos valores proporcionan una hoja de ruta y una identidad común para todas las filiales del banco. Aunque el banco sigue un modelo internacional, sus filiales en otros países se gestionan localmente. El reto de Ana Botín era cómo unir bancos de culturas tan diferentes, lo cual se está logrando a través de valores comunes, de ahí el lema Simple, Personal, y Justo que se reconoce en todo el Grupo Santander.

Este lema sirve como paraguas para crear una cultura y una marca común dentro del Grupo Santander. Con base a esta identidad única, la empresa matriz proporciona políticas comunes y fomenta el intercambio de mejores prácticas, desde la gestión de recursos humanos hasta la gestión de riesgos y la sostenibilidad. El objetivo es asegurar que todas las subsidiarias cumplan con principios estratégicos comunes y de un modo coordinado.

¿Qué papel desempeñan los valores en los líderes auténticos?

Mi experiencia me ha enseñado que la credibilidad del agente del cambio es fundamental para que la transformación cultural sea exitosa. En los últimos años, expertos del liderazgo han descubierto que los verdaderos líderes con valores morales, que enfatizan el interés colectivo por encima de sus propios intereses, se ganan la credibilidad de sus colaboradores, lo cual les permite cambiar la organización.

Existe una investigación realizada por Susan Michie y Janaki Gooty, de la Universidad de Oklahoma,[3] que estudia cómo la integridad moral es un elemento crucial del liderazgo auténtico. Los verdaderos líderes se guían por un conjunto de valores que priorizan hacer lo correcto y lo justo para todos los *stakeholders*. Las conclusiones de su estudio, publicadas en la revista *The Leadership Quarterly*, sugieren que los líderes auténticos otorgan mayor prioridad a valores de transcendencia (universalismo y benevolencia), que a los valores de promoción personal (poder y logro individual).

La teoría de los valores de Shalom Schwartz sugiere que los valores de transcendencia se dividen en dos categorías:

1. **La benevolencia**: Preocupación por mejorar el bienestar de aquellas personas que te rodean. Los valores benévolos hacen hincapié en preservar y reforzar el bienestar de la gente con la que tienes un contacto personal frecuente.
2. **El universalismo**: Preocupación por mejorar el medio ambiente y la naturaleza, así como la justicia social. Estos valores universales resaltan la comprensión, el aprecio, la tolerancia y la protección del bienestar de *todas* las personas y del medio ambiente.

Te animo a que respondas a este breve cuestionario sobre valores de transcendencia y los compares con tus valores de promoción personal. Aunque los verdaderos líderes pueden tener puntuaciones altas en ambos, la transcendencia supera a la promoción personal. Este cuestionario de los valores humanos fue creado por Shalom Schwartz en la Universidad Hebrea.[4]

Conoce tu organización
¿Qué valores son importantes para ti?
(transcendencia vs. promoción personal)

Piensa en qué medida son importantes para ti estos valores, indicando 1, «no muy importante», a 5, «muy importante».

Valores de transcendencia:
Universales:
- ___ Naturaleza: Preservación del ambiente natural.
- ___ Igualdad: Compromiso con la igualdad, la justicia y la protección de todas las personas.
- ___ Tolerancia: Aceptación y comprensión de aquellas personas que son diferentes a uno mismo.

Benevolencia:
- ___ Amabilidad: Ayudar a otros.
- ___ Lealtad: Cuidar el bienestar de las personas próximas.
- ___ Responsabilidad: Ser un miembro responsable y consciente en el grupo.

Valores de Promoción Personal:
Poder:
- ___ Autoridad: Control e influencia sobre las personas.
- ___ Estatus social: Preservar tu imagen pública.
- ___ Riqueza: Conseguir recursos materiales.

Logro:
- ___ Ambición: Lograr metas personales.
- ___ Éxito: De acuerdo con las normas sociales.
- ___ Con capacidad: Demostrar ser competente.

Autocorrección: suma los ítems de valores de transcendencia y suma los ítems de valores de promoción personal. ¿Cuál tiene mayor puntuación?

La psicología social nos enseña que la verdadera dimensión del ser humano es nuestra capacidad de relacionarnos con los demás. Esta faceta social se apoya en valores que transcienden nuestra propia existencia y que nos aportan una identidad completa. La transcendencia es la capacidad de ir más allá de tus horizontes temporales, para tomar decisiones que mejoren la vida de las generaciones futuras.

Cambiar: Círculo virtuoso en la transformación cultural

Los nuevos valores del Banco Santander —sencillo, personal y justo— son valores transcendentes. Buscan reforzar el bienestar de los múltiples *stakeholders,* mejorando la confianza con: empleados, clientes, accionistas y la sociedad. Estos cuatro *stakeholders* forman un círculo virtuoso. En palabras de Ana Botín: «Cuando hacemos bien nuestro trabajo, nuestros empleados crecen profesionalmente, nuestros clientes confían más en nosotros y prosperan junto con nuestros accionistas y nuestras comunidades». Veamos cada uno de ellos.

Los empleados: El talento, el compromiso y la motivación de los empleados son la base del éxito. ¿Cómo se manifiesta esta filosofía de gestión en la práctica? Por medio de una mayor transparencia, más participación y más *feedback.* Por ejemplo, las encuestas de participación que antes se realizaban cada tres años, ahora se realizan anualmente, a la vez que se consideran otros canales de retroalimentación para una comunicación más fácil y efectiva con los empleados. En la última encuesta, el 75% de los equipos apoyan la cultura de lo simple, lo personal y lo justo.

El rediseño del espacio de la sede de Madrid permite disponer de más espacios abiertos y menos despachos, en línea con una cultura interna sencilla, personal y justa. Además, los empleados tienen la oportunidad de trabajar desde casa y unos horarios flexibles.

El otro aspecto importante en la gestión de personas es la formación y el desarrollo, a través de su universidad corporativa y un programa de diversidad, con el objetivo de impulsar la carrera profesional de las mujeres. Por ejemplo, la junta directiva ha pasado de estar conformada por 10% de mujeres a un 40%.

Los clientes: El enfoque del banco está en incrementar el número de clientes fieles y digitales, así como aumentar su satisfacción. Sin embargo, de los 125 millones de clientes de Santander, sólo 15,2 millones están *fidelizados*, consumen múltiples productos y consideran a Santander su banco principal.

Este es un área de mejora para el banco ya que «un cliente fiel es cuatro veces más rentable», dijo Ana Botín a los accionistas. El banco también busca clientes digitales, con el fin de tener una relación más fluida y satisfacer mejor sus necesidades. Para enfrentar este desafío, el banco está invirtiendo en nuevas tecnologías.

Los accionistas: Aunque menos visibles, los accionistas juegan un papel importante en el banco. A diferencia de otros bancos, el Banco Santander cuenta con más de tres millones de accionistas, en su mayoría minoristas, que también le son fieles. Para estos accionistas, el dividendo del banco es un ingreso. La fidelización de los accionistas es un objetivo primordial para el banco, que se enorgullece de haber pagado siempre dividendos, incluso durante la reciente crisis económica.

La sociedad: Este aspecto de la responsabilidad social corporativa del Banco Santander se centra en la educación superior, con acuerdos con más de 1300 universidades en todo el mundo. Estos acuerdos fomentan el intercambio de estudiantes y docentes y promueven la digitalización y la tecnología en las universidades. El blog *Impact Education* del Banco Santander incluye las historias personales de los becarios. Los acuerdos también reúnen a universidades, pequeñas empresas y emprendedores.

Su compromiso con la sostenibilidad, y su contribución al progreso social y la protección del medio ambiente, le han llevado al Banco Santander a destacar en el Índice de Sostenibilidad Dow Jones. Y siguiendo la máxima —sólo se puede gestionar lo que se mide—, el banco ha implementado un plan de seguimiento para evaluar su actuación responsable con sus empleados, clientes, accionistas y la sociedad y constatar cómo sus actividades contribuyen a mejorar la vida de las personas.

Sin embargo, y a pesar de que se progrese adecuadamente, la relación entre el cambio y el impacto positivo no es una línea recta. Recuerdo la frase de uno de mis mentores en la Ivey Business School en Canadá, el profesor Al Michalaski, cuando comencé a enseñar gestión del cambio: «las cosas se ponen peor antes de mejorar». En la trayectoria del cambio hay un periodo de adaptación que se conoce como la bajada en el ánimo y el rendimiento del equipo.

Esta bajada se caracteriza por las cinco etapas de la curva del cambio, representada en la Figura 9.2 y propuesta por Elisabeth Kübler-Ross, una de las mayores expertas en la gestión de cambios personales y organizacionales:

1. La *negación* es simplemente que las personas no ven porqué el cambio es necesario.
2. La *resistencia* es la etapa donde deciden que no quieren colaborar con el cambio.
3. La *desorientación* está asociada a la confusión de cambiar de hábitos.

4. La *exploración y experimentación* está caracterizada por una aceptación del cambio donde están dispuestos a intentarlo.
5. La última etapa de *aceptación y compromiso* es cuando las personas promueven activamente el cambio.

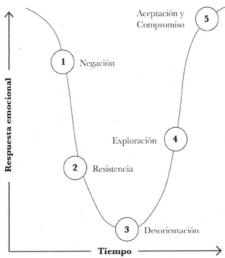

FIGURA 9.2. Curva emocional del cambio de Kübler-Ross.

En definitiva, el cambio es un proceso emocional que requiere a los líderes invertir considerable tiempo y energía para gestionar las emociones negativas y celebrar los logros.

Doing well by doing good: Prosperar al hacer el bien

Existe un cambio controvertido en los últimos años: Invertir en políticas de bienestar laboral para crear una organización saludable, ¿un lujo o una inversión rentable? Seguramente te has preguntado alguna vez cómo el bienestar de los empleados puede impactar en la rentabilidad de tu empresa.

En este sentido, el pensamiento gerencial en todo el mundo ha experimentado un cambio sutil, pero importante. Ahora se reconoce cada vez más que las empresas y sus líderes tienen la responsabilidad de brindar un entorno de apoyo a los empleados, para mejorar y reforzar su bienestar. Nos movemos hacia la economía del bienestar, según Martin Seligman.

Considero este debate social y empresarial muy importante, así que me embarqué en un gran proyecto de investigación sobre el impacto de las políticas de bienestar laboral en el rendimiento de la empresa, con la colaboración del gobierno de España. Desde el año 2002 el gobierno nacional y diferentes gobiernos regionales pusieron en marcha Los Premios Empresa Flexible con el objetivo de reconocer a las empresas con mejores prácticas de conciliación y bienestar laboral.

Como directora académica de los premios, diseñé un cuestionario para el diagnóstico de la flexibilidad y bienestar en las empresas, con el fin de promover modelos de gestión basados en la autonomía, la responsabilidad y la satisfacción de los empleados, así como la mejora del rendimiento de la empresa.[5]

Este estudio toma el pulso a las medidas de bienestar y flexibilidad de las empresas y analiza el impacto que tienen en los indicadores de bienestar: para los empleados y para la empresa. Mi objetivo era demostrar científicamente con datos estadísticos la premisa *doing well by doing good*, es decir, las empresas pueden prosperar al hacer el bien. No es un lujo, es una ventaja competitiva.

Con mi equipo de investigación, analicé la base de datos recogida durante los años 2007 y 2008, que incluye un total de 3262 empleados en 70 empresas. El director de recursos humanos de cada empresa completa una encuesta sobre las políticas de bienestar y flexibilidad en su organización. A continuación, una muestra aleatoria de empleados de cada empresa completa la misma encuesta sobre políticas de flexibilidad y bienestar, con el fin de corroborar la información del director de recursos humanos. Además, los empleados responden a preguntas sobre su nivel de satisfacción en la compañía y su grado de flexibilidad para organizar sus tiempos y espacios de trabajo.

¿Cómo medimos el rendimiento de la empresa? Existen varios indicadores objetivos y elegimos el crecimiento de ventas en un periodo de tres años, porque nos permite evaluar el impacto sostenible de las políticas de bienestar. Añadimos esta información de crecimiento de ventas disponible en la base de datos SABI de tres años.[6] Un total de 39 empresas en múltiples industrias que incluyen 1872 empleados nos permitieron examinar el círculo virtuoso completo: políticas de bienestar → empleados empoderados → empleados satisfechos → crecimiento empresarial.

Este círculo virtuoso, representado en la Figura 9.3, arroja luz a la controversia sobre las políticas de bienestar laboral, ¿lujo o inversión rentable? Estadísticamente, la respuesta es ¡una inversión rentable! El hallazgo más interesante es que los empleados que trabajan en empresas que ofrecen políticas de bienestar laboral (flexibilidad), experimentaron un 53% más control sobre su trabajo (empoderamiento), lo cual aumenta un 16% su satisfacción laboral. Y aquí viene lo más importante, este clima de satisfacción laboral entre los empleados se traduce en un aumento del 16% en las ventas, a lo largo de tres años en la empresa.

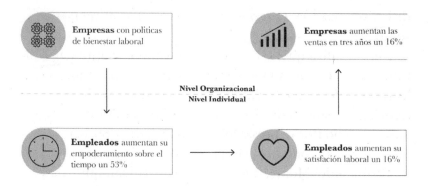

FIGURA 9.3. Las políticas de bienestar laboral impactan de manera positiva en el crecimiento de las ventas de la empresa.

La felicidad de los empleados genera más dinero para la empresa. Dicho de otra manera, lo que es bueno para los empleados, es bueno para la empresa. Cuando inviertes en políticas de bienestar fomentas actitudes positivas en los empleados y un *empleado feliz* crea una cultura de confianza, colaboración, y orientación a resultados que, en su conjunto, genera más ganancias para la empresa.[7]

Congelar: Sostener el cambio en la identidad organizacional

La última fase del modelo de cambio de Kurt Lewin es congelar. Es decir, consolidar el cambio y vincularlo a la cultura organizacional. El Banco Santander nos muestra varios ejemplos de cómo está incorporando los cambios a su cultura organizacional sin perder su esencia.

El banco sigue vinculado a la ciudad en la que fue fundado y la reunión anual se lleva a cabo allí, al igual que algunas reuniones de la junta directiva. La mayoría de los directivos hace la *peregrinación* a Santander, al menos una vez al año.

Esto significa que, si bien el banco cambia y mira hacia el futuro, lo hace con un pie siempre en el pasado. «A mi padre le gustaba decir que Santander tiene la sabiduría de la experiencia y el espíritu de la juventud», dijo Ana Botín, refiriéndose a Emilio Botín, presidente del banco de 1986 a 2014.

En 2004, se construyó la nueva sede del Banco Santander en Boadilla del Monte, a las afueras de Madrid, que implicó un cambio significativo al trasladarse desde 21 edificios en el centro de la ciudad. Aunque inicialmente hubo dudas entre los empleados sobre la mudanza, las ventajas del nuevo complejo pronto convencieron a la mayoría del personal. La nueva sede en la Ciudad Financiera incluye comedores para todos los empleados, instalaciones deportivas, un centro de formación y conferencias, un centro médico y otras comodidades.

El banco también busca consolidar los cambios, a través de encuestas de evaluación 360°, para medir y monitorizar el progreso de los nuevos comportamientos y valores corporativos. Algunos de los hábitos que se quieren potenciar entre sus empleados son la escucha activa, el respeto por las nuevas ideas, cumplir las promesas, aceptar el cambio y apoyar a las personas.

Cada cuadrante del círculo virtuoso cuenta con varios KPI (*key performance indicators*) para facilitar la implementación de estos cambios culturales en cada uno de los países de las filiales. Por ejemplo, en el cuadrante de los empleados, un KPI afirma: «Queremos estar al menos entre los tres mejores bancos para trabajar».

Los patrocinios deportivos del Banco de Santander refuerzan su imagen de compromiso con la sociedad. Como *amateur* en el deporte del triatlón, he participado en las series de triatlón Ciudad de Santander. Te puedo asegurar que aplican el lema *sencillo, personal y justo.* El triatlón de Santander es sencillo y personal, incluye muchas distancias y modalidades como el triatlón femenino, y es justo: se premia a todas las categorías de edad, lo cual agradezco mucho.

Los proyectos de microcréditos en países como Brasil son historias de éxito para promover la inclusión social. Por ejemplo, la historia de Sandra, una brasileña de una favela de Sao Paulo. Su esposo la dejó con $60.000 en deudas. El gerente de la sucursal del banco la conocía desde hacía años y sabía que era una persona inteligente, luchadora y honesta. Se le concedió un microcrédito de $250 para abrir su primera tienda. Ahora tiene tres tiendas y emplea a su hermana e hijas.

Ana Botín destaca esta transformación cultural para el éxito sostenible del banco: «Como equipo directivo, estamos totalmente comprometidos a adoptar nuestros comportamientos corporativos y a liderar con el ejemplo. Sabemos que debemos lograr resultados económicos excepcionales, pero lo que nos hará destacar realmente será nuestra cultura».

Al analizar el caso del Banco Santander a través de las tres fases del modelo de cambio de Kurt Lewin —descongelar, cambiar y congelar—, hemos podido apreciar el valor de su famosa cita: «no hay nada más práctico que una buena teoría». Un modelo conceptual nos proporciona las lentes y la hoja de ruta para ver y guiar nuestros pasos como verdaderos líderes.

Construyendo sobre el modelo de Lewin, el profesor John Kotter de la Universidad de Harvard ha desarrollado el conocido modelo de 8 pasos para la gestión del cambio, representado en la Figura 9.4. Basado en su extensa experiencia como consultor, ha identificado 8 fases por las que debe transcurrir el cambio para tener éxito. La secuencia de estas fases es fundamental y las vamos a explorar a continuación en las últimas 10 reglas para ser ser un verdadero líder gestionando el cambio.

FIGURA 9.4. Gestión del cambio: El modelo de los 8 pasos de John Kotter.

10 reglas más para ser un verdadero líder, cambiar y dejar un LEGADO

Regla 81. Establece sensación de urgencia; explica la causa del cambio.

Comienza por despertar el deseo y la motivación del cambio. Los empleados deben conocer las razones por las que tienen que dejar de hacer las cosas como las llevaban haciendo durante mucho tiempo. Somos personas de hábitos y nos cuesta cambiar.

La resistencia al cambio es muy humana. Nuestro cerebro es vago, ya que intenta ahorrar energía y atención. Cuando nos enfrentamos a un cambio, nos genera incertidumbre y estrés. Entonces nos preguntamos: ¿por qué tengo que cambiar? A menos que la gente vea una razón poderosa, no va a realizar el esfuerzo de aprender algo nuevo. Los empleados deben entender las razones del cambio.

Por ejemplo, cuando los bancos de todo el mundo han atravesado una crisis de valores que ha generado dudas en la sociedad sobre el papel y el valor de los bancos, Ana Botín explicó que el propósito del cambio era remediar esta crisis de confianza.

La mejor manera de crear conciencia de cambio es identificar de forma sistemática las fuerzas impulsoras del cambio, que pueden ser amenazas u oportunidades, internas o externas a la organización. El cambio es más rápido que nunca y es fácil sentir presión para hacer un cambio rápido. Evita este error común. Saltarte este primer paso te puede costar la credibilidad como agente de cambio, que es muy difícil de recuperar cuando se pierde. El objetivo del primer paso es movilizar a las personas, ganar su confianza, su corazón y su mente para llenarles de energía y prepararlos para la acción.

Haz la prueba...

Comienza el proceso de cambio **preguntando** a los principales *stakeholders* cómo ven la situación. Una vez que recabes la información, puedes hacer un **análisis DAFO (Debilidades, Amenazas, Fortalezas y Oportunidades)** para identificar las fuerzas a favor y en contra del cambio. Identifica las causas y razones de origen (la técnica de los 5 porqués). No te quedes en los síntomas superficiales.

Regla 82. Conoce a tus stakeholders; busca a los promotores del cambio.

El siguiente paso es conocer bien a tus *stakeholders* para formar un grupo o coalición que guíe y ayude a liderar el cambio. Este grupo de personas son los promotores del cambio.

Estos promotores son individuos influyentes dentro de la empresa que, por su posición formal o porque son líderes de opinión, sirven de ejemplo para otros empleados.

En este punto, es fundamental hacer un mapa de la organización para identificar quién está a favor, en contra o neutral con respecto al cambio que quieres implementar. Los expertos en gestión del cambio han observado un patrón interesante en el que los *stakeholders* se distribuyen de acuerdo con una curva normal de Gauss: 20% promotores, 60% neutrales y 20% individuos que se resisten.

Haz la prueba...

Representa en un **mapa de *stakeholders*** estos tres tipos: Los *promotores* son aquellos que compran tu visión y tienen una actitud favorable hacia el cambio; los *neutrales* son meros observadores del cambio que están esperando ver qué pasa; y los *negativos* son aquellos que se resisten abiertamente al cambio.

Regla 83. Crea una visión apelando a la razón y las emociones.

El tercer paso para descongelar el cambio es crear una visión con la que los *stakeholders* estén comprometidos. Cuando los empleados comprenden por qué tienen que cambiar, necesitan una dirección hacia donde dirigirse. La visión del cambio es la cima de la montaña y debe ser fácil de comprender y recordar. Puedes crear como un mantra corto que se pueda repetir fácilmente y que sea visible.

La visión del cambio en el Banco Santander es buen ejemplo. El lema con los valores *sencillo, personal y justo* resume en pocas palabras la visión de cambio cultural con el objetivo de «triunfar en un mundo que cambia a velocidad exponencial». Además, las columnas a la entrada de la Ciudad Santander, cada columna con un valor inscrito, hace visible la visión y la recuerdan siempre que llegan al banco.

Haz la prueba...

Crea una **visión de cambio** para tu equipo en una o dos frases que despierte entusiasmo y motive a la acción.

Regla 84. Comunica una historia que conceda sentido a los acontecimientos.

Llega el momento de cambiar. Una vez que tienes la visión, necesitas comunicarla a toda la empresa. Hay dos tipos de historias de cambio: aprovechar una oportunidad o solucionar una crisis.

La historia del Banco Santander es un ejemplo de cambio en respuesta a oportunidades que ofrece el mercado, pero su supervivencia no está en juego. En este caso, la necesidad de dar explicaciones y mostrar un liderazgo inspirador se vuelve aún más importante, ya que los empleados no ven la necesidad de cambiar. Este tipo de cambio es más gradual y lleva más tiempo.

Por otro lado, un ejemplo de cambio en respuesta a una crisis es el caso de Nokia. En 2011, el CEO de la compañía Stephen Elop, envió un email al personal del grupo, preocupado por la presión de competidores como Apple y Google, comunicando que la empresa estaba en una crisis y debían cambiar urgentemente. En este email, utiliza la famosa frase «nuestra plataforma está en llamas» para enfatizar esta urgencia, si querían sobrevivir.

En el primer caso de oportunidad, el cambio debe ser progresivo y dedicar más tiempo a la comunicación para concienciar al equipo de por qué hay que cambiar. En el segundo caso de crisis, el cambio es radical y la velocidad de los acontecimientos es más rápida.

Haz una pausa y reflexiona...

Si tu empresa está cambiando, ¿quiere aprovechar **oportunidades** de negocio o debe solucionar una **crisis** importante? ¿Es un cambio **gradual** o **radical**?

Regla 85. Motiva a través de la capacitación y el empoderamiento.

Para seguir avanzando en la implementación de la visión necesitas motivar a las personas. Evalúa el diseño de los puestos de trabajo e identifica las habilidades que necesitan desarrollar para incluir capacitación con programas de formación, *coaching* y *mentoring*.

Además, responde de manera efectiva a las emociones, necesidades, valores y deseos del grupo que lideras, ya que tu entusiasmo y satisfacción es el motor que impulsa el cambio. No debes limitarte únicamente al aspecto racional, y debes escuchar las emociones. Pablo Isla, antiguo CEO de Inditex, así lo recomienda en una entrevista en *Harvard Business Review* en 2017:

«La gestión de una empresa, por supuesto debe ser racional. Yo dirijo una empresa con más de 150.000 empleados y millones de clientes. Pero poco a poco estoy aprendiendo a ser menos racional y más emocional. Motivar a las personas y generar un espíritu común dentro de una empresa son partes esenciales del papel del CEO. Tenemos que apelar a las emociones de nuestros empleados para ayudar a crear un ambiente donde puedan innovar».

Haz una pausa y reflexiona...

Algunas personas responden mejor a estrategias **racionales** y otras a estrategias **emocionales,** en función de su personalidad. Piensa en ti y en tu equipo de trabajo: ¿quiénes son los racionales y quiénes son los emocionales?

Regla 86. Comparte historias de éxito, especialmente en tiempos difíciles.

El proceso de cambio es lento y doloroso, por lo que hacer tangibles los pequeños éxitos es el mejor motivador. Los cambios significativos en una organización, tales como crisis económicas, reducción de personal, reorganizaciones o un rápido crecimiento generan emociones intensas como hemos visto en la curva del cambio de Kübler-Ross.

No es el momento de ignorar las respuestas emocionales. Todo lo contrario. Reconoce las emociones, tanto negativas como positivas, y responde a las mismas. Muestra los pequeños éxitos que has ido alcanzando en el camino. Estos refuerzos positivos aceleran el movimiento a través de la curva emocional del cambio, generan optimismo y confianza en el proceso y ayudan a llegar a la aceptación y el compromiso del cambio.

Regla 87. Consolida el cambio cultural sin romper el alma de empresa.

Entramos en la recta final del proceso de cambio. La mayoría de las personas (el 75% se considera un éxito) están comprometidos. El siguiente paso es consolidar el cambio, alineando los sistemas de información, evaluación y de recompensa sin perder la esencia de la empresa.

Te cuento el caso de Alan Mulally, considerado uno de los mejores directivos en Estados Unidos, quien rescató a Ford de una crisis financiera, sin romper el alma de la compañía. Durante el confinamiento, tuve el privilegio de ser invitada por Marshall Goldsmith, a quién conocí en la conferencia de Thinkers50 en Londres, a un emocionante *webinar*. En este evento, tuve la oportunidad de escuchar a Alan Mulally conversar con Marshall reconocido executive coach sobre el secreto de su liderazgo, algo que sin duda Marshall conoce, ya que ha sido su *coach*.

Al asumir el cargo de CEO, Mulally implementa una práctica, que ya había utilizado en Boeing con éxito, para evaluar el rendimiento de cada departamento. Cada jueves, pedía a los directivos que utilizaran unas tarjetas con los colores de un semáforo para expresar el rendimiento de su área de responsabilidad. El rojo indicaba problemas serios en su departamento sin solución; el amarillo indicaba que existían problemas, pero se estaban abordando y el verde expresaba que todo iba bien.

Las primeras semanas todos los directivos sacaron la tarjeta verde. Alan se enfadó y dijo: «¿Cómo es posible que la empresa esté perdiendo billones de dólares al año y en vuestros departamentos todo vaya bien?» Se había instaurado una cultura de miedo al fracaso. Hasta que un día un directivo llamado Mark mostró la tarjeta roja. Después de un silencio incómodo, Alan aplaudió la mala noticia y pidió a los demás que le ayudaran con ese problema. Así es como Alan Mulally instauró en Ford una cultura abierta al *feedback* y al aprendizaje continuo.

Haz una pausa y reflexiona...

El aprendizaje real requiere un cambio a nivel profundo: ¿Cuáles son los KPI para el **seguimiento** y la implementación del cambio?

Regla 88. Ancla los nuevos hábitos en la cultura; incluye a todos los *stakeholders*.

El último paso es incluir el cambio en el ADN de la empresa, cambiando no sólo las conductas sino también los valores y mentalidad, para que formen parte de la cultura organizacional. El proceso de cambio tiene éxito cuando has logrado un aprendizaje de doble bucle.

Me parece importante enfatizar aquí la idea de un liderazgo inclusivo, ya que el cambio cultural implica a todos los *stakeholders*. Asegúrate de no dejar a ningún grupo atrás y de dar reconocimiento a aquellas personas que fueron los *champions* del cambio, sin los que hubiera sido difícil, si no imposible, llegar hasta aquí.

Haz una pausa y reflexiona...

Evita una mentalidad de silos donde te centras en un único grupo de interés, como por ejemplo los accionistas ¿Estas prestando atención a los intereses de los **múltiples actores** en tu organización?

Regla 89. Crea una cultura al servicio de los demás.

Los verdaderos líderes, además de seguir estos ochos pasos para la gestión del cambio, lo hacen desde los valores transcendentales. Este liderazgo de *servicio*, otorga prioridad a los valores de benevolencia y universalismo. El líder servidor coloca en el centro las necesidades generales de la sociedad y el desarrollo de los empleados, a quienes ayuda para que alcancen su máximo potencial.

Los valores transcendentales del ser humano tienen el poder de transcender los intereses individuales y perdurar en el tiempo creando un legado generacional. Son precisamente estos valores transcendentales los que permiten a los individuos crear un desarrollo social y económico en la sociedad. Esta es la esencia de la economía del bienestar: el desarrollo de cada individuo está directamente relacionado con el desarrollo del grupo al que pertenece. Al hacer el bien, la empresa progresa y se genera un círculo virtuoso.

Regla 90. Escribe tu propio legado.

Para concluir, es importante tener en cuenta que nunca es demasiado pronto para comenzar a pensar en cómo puedes contribuir al bienestar de las generaciones futuras. Recuerda que el liderazgo auténtico no se trata sólo de lograr metas a corto plazo, sino de tener un impacto significativo en la vida de otras personas, despertando el anhelo por un mundo mejor.

Hay una frase en *El Principito* de Antoine De Saint-Exupéry que ilustra esta idea final:

«Si quieres construir un barco, no empieces por buscar madera, cortar tablas o distribuir el trabajo. Evoca primero en los hombres y mujeres el anhelo del mar libre y ancho».

CNBC, la cadena de televisión estadounidense destacaba el ejemplo de Indra Nooyi, quien escribe cartas a los padres de los empleados de Pepsico, para expresar su gratitud por las valiosas contribuciones de sus hijos e hijas a la empresa.[8] Este simple gesto generó una *respuesta emocional* entre los ejecutivos. Del mismo modo, tras sus primeros cinco años, Ana Botín escribió una carta a todos los empleados en la que destacó el trabajo del equipo reconociendo la labor de todos ellos en los éxitos conseguidos. Un gesto que ayuda a ganarse la confianza de los demás.

CONCLUSIÓN A LA TERCERA PARTE

El *yo social*: Resolver la tercera paradoja de la autenticidad

Estarás de acuerdo conmigo en que, nuestras experiencias a lo largo de la vida, están íntimamente vinculadas a otras personas significativas, como nuestros padres, parejas, familiares, amigos y colegas. Por esta razón, la autenticidad no se trata, como algunos piensan erróneamente, de ser uno mismo *frente* a los demás; se trata de ser uno mismo *en relación con* los demás. El yo verdadero se desarrolla a través de las relaciones humanas.

En la década de los años treinta, el psicólogo y filósofo George Herbert Mead,[1] presentó una idea revolucionaria para su época: el interaccionismo simbólico. Esta teoría planteaba que la construcción de la persona es un proceso social, por el cual el Ser se forma a través de nuestras interacciones con los demás. Es decir, cómo te ves a ti mismo está vinculado a cómo te ven los demás.

Según Mead, nuestras relaciones sociales con los demás moldean nuestra identidad como persona. Por lo tanto, las interacciones con los demás son señales o símbolos, que vamos interiorizando en nuestra mente a lo largo del tiempo, para formar nuestra propia identidad. Tu desarrollo como persona es un proceso dinámico y social, que surge de la interacción dialéctica entre tú y tu entorno social. Y me maravilla que esta idea filosófica haya sido después probada por la neurociencia.

En 1998, el psicólogo evolutivo Rubin Dunbar en la Universidad de Oxford, demostró científicamente la Teoría del Cerebro Social. Seguro que has pensado en alguna ocasión que no puedes conocer bien a todas las personas de tu lista de contactos por ejemplo de *Whats up*. Cuando el número de personas en tu grupo social es mayor de 150, tu cerebro no tiene capacidad para establecer una relación en profundidad con todas ellas. Esto es lo que se conoce como el Número de Dunbar, 150. Este el número máximo de personas con los que los humanos podemos establecer una relación en profundidad.

Dunbar descubrió este número en los seres humanos, estudiando la evolución del cerebro en primates. Como puedes ver en la Figura 10.1, existe una sorprendente relación entre el tamaño del cerebro y el tamaño del grupo social. Las relaciones sociales demandan una gran capacidad cognitiva y el cerebro humano ha ido evolucionando. El tamaño del neocórtex, donde reside el pensamiento consciente y la planificación, ha aumentado en relación con el tamaño total del cerebro. Cuanto más grande es nuestro neocórtex, mayor es el número de personas con las que podemos relacionarnos de forma significativa.

Mientras los psicólogos evolutivos descubrían el cerebro social, en la década de los ochenta, los psicólogos sociales Henri Tajfel y John Turner[2] postulan la teoría de la identidad social. Llevaron a cabo una serie de experimentos y descubrieron que, pertenecer a grupos sociales de alto estatus, tiene un impacto positivo en nuestra autoestima. Pertenecer a organizaciones con buena reputación aumenta tu propia autoestima.

En los últimos años, expertos del liderazgo como Raymond Sparrowe,[3] han recuperado esta idea del *yo social* para el desarrollo directivo. En sus propias palabras: «nuestro auténtico yo no se descubre de forma individual, sino que se desarrolla en relación con los demás».

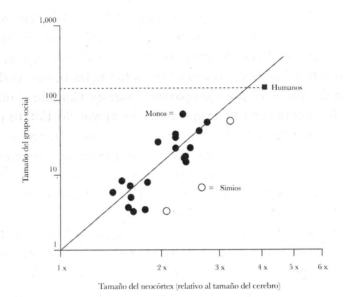

FIGURA 10.1. El cerebro social.

En esta tercera parte del libro, hemos analizado de cerca a líderes auténticos en posiciones estratégicas de sus empresas; hemos podido observar que, lo que les hace brillar, no es su enfoque en sí mismos, sino principalmente su enfoque en los demás. Estos verdaderos líderes son auténticos practicando tres competencias: *ejemplaridad, comunidad* y *legado*. Transcienden sus propios intereses y construyen un entorno que permite que otros brillen.

El caso de PERI es un buen ejemplo de cómo los empleados resaltan el *yo social* con su sentido de pertenencia a la compañía, que incluso transciende las múltiples nacionalidades. Los líderes de la empresa son como arquitectos sociales que construyen una identidad de orden superior, a la que los empleados están orgullosos de pertenecer.

¿Recuerdas la comunidad que Vista Alegre construyó para sus empleados con casas, escuelas, teatro y club deportivo?

Estos espacios colectivos refuerzan también el *yo social* de los empleados, ya que la simple presencia con personas de la compañía crea sentimientos de comunidad. Esta identidad social ha sido la piedra angular para su éxito durante más de un siglo.

El círculo virtuoso que busca el Banco Santander entre sus múltiples *stakeholders* es otro ejemplo del *yo social*. Los valores transcendentales de ayudar a las personas y a la sociedad transcienden los intereses puramente económicos, para considerar la responsabilidad social con las futuras generaciones.

Otros destacados líderes nos han enseñado lecciones sobre la naturaleza social de la autenticidad. Un ejemplo claro es Sundar Pichai, quien logró su rápido ascenso en Google gracias a su capacidad para crear equipos de alto rendimiento y establecer una cultura de colaboración.

El pionero en la economía del bienestar social, Herb Kelleher, comprendió a la perfección que, cuando los empleados en Southwest estaban en primer lugar, eran más felices; y que empleados felices significaba mejor rendimiento para la compañía.

Y la admirada Indra Nooyi considera fundamental para un líder elevar a los demás para que en el futuro ellos puedan destacar en el escenario principal de la organización y liderar el cambio de manera efectiva.

AGENDA PARA EL CAMBIO

Cambia con autenticidad:
Lecciones de *12 hombres sin piedad*
....

¿Has visto la película *12 hombres sin piedad*? Te aseguro que si la ves con las lentes del modelo de cambio de Kurt Lewin, verás la película con otros ojos. Vamos a analizar este clásico del cine desde el punto de vista de la gestión del cambio y las tácticas de influencia que puedes utilizar para convencer, *no vencer*, a un grupo de personas.

¿Por qué un directivo debería ver *12 hombres sin piedad*? Hace unos años estuve en Portugal impartiendo un curso de liderazgo a los altos directivos de un banco. El vicepresidente de finanzas me dijo que cada vez que tenía una reunión importante, la noche anterior veía el clásico de 1957 *12 hombres sin piedad*.

Esta película, que ganó un Oscar y está protagonizada por Henry Fonda, trata sobre un jurado que debe determinar la culpabilidad o inocencia de un chico acusado de haber asesinado a su padre. Es un gran *thriller* psicológico que aborda el poder de la persuasión, la influencia y la creación de consenso.

El ejecutivo de finanzas me decía que después de ver la película sabía mejor cómo tratar con su jefe y colegas al día siguiente. Tenía más claro cómo hacer que la gente aceptara los cambios que quería implementar en la empresa.

Me alegró mucho escuchar esto, porque llevo utilizando esta película en mis clases de liderazgo y gestión del cambio más de 25 años, desde que comencé a impartir cursos de formación ejecutiva en la Universidad de Western Ontario en Canadá. Esta película es ahora un clásico que se enseña en casi todos los programas de liderazgo transformacional para directivos. De hecho, existe un caso escrito sobre la película publicado por *Harvard Business School* que te recomiendo, si quieres saber más sobre el tema.

Analizando *12 hombres sin piedad* vas a aprender las mejores estrategias de influencia, sin tener que utilizar tu autoridad formal, consiguiendo credibilidad siendo uno más del grupo. Estas lecciones siguen siendo relevantes hoy más que nunca. Piensa que el principal desafío al que se enfrentan hoy los líderes —en la empresa y la política—, es ganarse la confianza, la credibilidad y el respeto de sus colaboradores. El guión de *12 hombres sin piedad* es una obra maestra sobre la influencia social en los grupos humanos.

3 grandes lecciones de liderazgo en *12 hombres sin piedad*

Vamos a dividir la película en tres partes, con el fin de analizar las estrategias que el protagonista Henry Fonda (el arquitecto) juega en cada una de ellas. Cada parte se corresponde con las 3 etapas en cualquier proceso de cambio, tal y como las describió Kurt Lewin: descongelar, cambiar y congelar. Además, estas 3 etapas recapitulan el modelo de las 3 H del verdadero liderazgo auténtico y transformacional que resume el mensaje de este libro: *Heart* (corazón), *Habit* (hábito de aprender) y *Harmony* (armonía).

- La parte 1 nos enseña lecciones sobre cómo descongelar y movilizar al grupo para ganar sus *corazones*.

movilizando y concienciando sobre la necesidad del cambio.

- La parte 2 se centra en las lecciones sobre cómo cambiar al grupo y crear un momento de motivación hacia el cambio, capacitando con nuevas habilidades y cambiando las creencias más profundas, haciendo del aprendizaje un *hábito*.
- La parte 3 se enfoca en las lecciones relacionadas con congelar el cambio, consolidando el impulso creado, a la vez que se establece una nueva *armonía* social.

Parte 1: Gánate sus corazones (descongelar)

Las estrategias de influencia para descongelar buscan la concienciación del cambio. Después de una votación preliminar, el veredicto inicial del jurado es de once culpables y uno inocente. El arquitecto es el único que vota inocente y propone hacer una votación secreta con la condición de que, si alguien más vota inocente, todos siguen discutiendo el caso.

Aquí tienes mis recomendaciones para la primera fase del cambio:

1. **Di lo que piensas**. No sucumbas a la presión social y evita el pensamiento de grupo, donde todos van con la mayoría y no se atreven a dar una opinión diferente.
2. **Escucha a los demás**. La única forma de convencer a otra persona es conociendo bien las razones de su postura. Observando y escuchando a los demás vas a comprender sus motivaciones internas y su personalidad. Por ejemplo, el fanático de los Yankees simplemente quiere salir del juicio pronto para llegar al partido de béisbol. Comprender las motivaciones de los demás te ayudará a personalizar tus tácticas de influencia más adelante.

3. **Comienza con una petición pequeña**. Por ejemplo, el arquitecto dice: «Supongo que hablamos» o «sólo quiero hablar» y evita pedir grandes cambios como: «No estoy tratando de hacerle cambiar de opinión».

4. **Presenta una narrativa alternativa**. Reformula el propósito del grupo con cierta modestia. Por ejemplo, a la pregunta «¿para qué estamos aquí?». La suposición es que sólo necesitan votar todos culpable porque parece un caso claro de asesinato. Sin embargo, el arquitecto responde «No sé, tal vez tenéis razón...» pero «le debemos unas palabras... tomemos una hora».

5. **Gánate la confianza de los demás revelando tus propias debilidades**. Mostrar tu vulnerabilidad y ejercitar la humildad permite bajar la defensividad de los otros y la resistencia al cambio. Por ejemplo, el arquitecto dice: «No es fácil levantar la mano». De esta forma, creas cercanía psicológica con tus compañeros, compartiendo tus dudas y siendo humilde. Por ejemplo, «No tengo nada brillante, sé tanto como tú».

6. **Cuestiona las suposiciones**. Señala las inconsistencias en los argumentos de los demás. Por ejemplo, el arquitecto cuestiona la lógica del propietario del garaje con respecto a la mujer que vio el asesinato. Ella provenía del mismo entorno que el chico: «¿Cómo es que crees a la mujer, ella también es una de ellos, ¿no?»

7. **Muestra empatía**. Ponte en el lugar de la otra persona. El arquitecto muestra empatía hacia el chico y dice: «Si me pongo en el lugar del chico, habría pedido otro abogado». Esto permite que el resto de los miembros del jurado también empaticen con el chico y generar dudas sobre los testigos... como «suponed que se equivocan... son sólo personas, las personas se equivocan».

8. **Haz los deberes.** La mejor forma de convencer es la preparación. El arquitecto prepara con anticipación cómo ganará credibilidad ante el resto del grupo. Por ejemplo, había comprado una navaja en el vecindario del chico la noche anterior. Dado que la navaja era una evidencia clave en el caso, crea un momento wow que muestra la posibilidad de que alguien más pueda tener una navaja exactamente como la del chico.

9. **Busca el momento adecuado.** Sin embargo, el momento de este truco brillante debe establecerse con cuidado. En la gestión del cambio no es sólo lo que haces, sino *cuándo* lo haces. Decide bien el momento de tus estrategias comenzando con las preguntas, algo fácil de aceptar para pasar después a mostrar pruebas que contradicen la opinión general, algo más difícil de aceptar. Por ejemplo, en la película el arquitecto pasa de escuchar a los demás a mostrar la navaja.

Parte 2: Establece el hábito del aprendizaje (cambio)

Las estrategias de influencia para cambiar los hábitos van en un movimiento ascendente. Después de una votación secreta, la persona mayor cambió su voto a no culpable para apoyar al arquitecto. Después, cuatro miembros más del jurado cambiaron su voto a favor de la absolución, terminando esta segunda parte de la película seis a seis.

Estas son mis recomendaciones para la segunda fase del cambio:

1. **Recompensa a tu primer seguidor.** En la película, el arquitecto reconoce públicamente el apoyo de la persona mayor, aunque sea con una simple sonrisa de complicidad.

2. **Identifica a las siguientes personas con mayor afinidad hacia tu causa.** Si quieres cambiar la forma de pensar y actuar de tus colaboradores, lo mejor es tener reuniones individuales con cada uno de ellos, para descubrir los verdaderos motivos detrás de la posición que sostienen públicamente. Por ejemplo, El arquitecto habla individualmente con el empleado de banco, el pintor y el hombre pobre que son los más favorables y así consiguió su apoyo.

3. **No dejes que se trivialice el asunto.** Es importante poner límites, pero evita prestar demasiada atención a los que traspasan esos límites. Por ejemplo, el arquitecto no permite que el propietario del garaje y el publicista jueguen a las tres en raya, diciendo «esto no es un juego», pero continúa centrado en su argumento y no les dedica más atención de la necesaria.

4. **Presta atención a nuevas ideas.** Mantente alerta a las nuevas ideas que tienen tus primeros seguidores y utilízalas para apoyar tus argumentos. Por ejemplo, los comentarios del hombre pobre sobre el testigo que testificó contra el chico son un punto de inflexión en la película. Presenta la idea de que «los testigos pueden cometer errores». Esto hizo que el arquitecto se preguntara: «Me gustaría saber si un anciano que arrastra un pie, porque tuvo un derrame cerebral, puede llegar desde su habitación a la puerta de entrada de su casa en 15 segundos». Lo cual, le motivó a solicitar el plano del apartamento y recrear la escena del anciano yendo a la puerta, generando dudas sobre este testimonio en el que se basaba la acusación.

5. **Construye una narrativa.** Tu principal papel como agente de cambio es crear una narrativa coherente que reinterpreta lo que está ocurriendo, conecta los

datos y da un sentido global a los hechos hilando fino. Por ejemplo, cuando el arquitecto recrea la escena del anciano yendo a la puerta de la casa, concluye: «ya sé lo que pasó...» y «... hemos demostrado que el anciano no pudo haber oído al chico».

6. **Celebra pequeños éxitos**. Cuando identificas pequeñas victorias y las haces explícitas muestras a todos que estás consiguiendo apoyo. Es importante hacer tangible ese apoyo general. Por ejemplo, el arquitecto dice: «Creo que deberíamos tener una votación abierta».

7. **Evita la confrontación directa con tus oponentes emocionales**. La mejor estrategia con estas personas que se resisten al cambio de forma emocional (no por una cuestión lógica) es dejarles hablar. Ellos son su peor enemigo. Cuando les permites hablar van a revelar sus propias inconsistencias. Por ejemplo, el propietario del servicio de mensajería, que defiende la culpabilidad del chico, dice: «Era un anciano (el testigo), estaba todo el tiempo confundido». Este ejemplo tiene un gran impacto en la trama de la película, mostrando cómo este miembro del jurado pierde credibilidad frente a los demás. Desde ese momento, se queda aislado porque los otros miembros del jurado no quieren asociarse con él.

Parte 3: Construye armonía social (congelar)

En la última fase del cambio, las estrategias de influencia buscan consolidar y sostener el cambio. Los seis miembros del jurado restantes que aún creen que el chico es culpable cambian de opinión uno por uno a medida que el arquitecto usa diferentes tácticas de influencia con tres tipos de oponentes: sociales, racionales y emocionales.

Te dejo aquí mis recomendaciones para esta última fase del cambio:

1. **Convence primero a los oponentes sociales que siguen a la mayoría.** Las personas que se dejan influenciar por lo que la mayoría piensa son más probables de cambiar de opinión una vez que ven que la corriente está de tu parte. Se convencen fácilmente cuando ven que el momento ahora está de tu lado. En la película, el aficionado al béisbol, el entrenador y el publicista pertenecen a este grupo de personas con una motivación social, quieren sentirse parte de la mayoría. Por ejemplo, el arquitecto se acerca al entrenador para escuchar su historia personal.

2. **Continúa el proceso de influencia con oponentes racionales.** Este tipo de oponente está representado por el corredor de bolsa en la película. Ayúdales a tener una experiencia empática para *sentir* los argumentos. Por ejemplo, el arquitecto pide al corredor de bolsa que recuerde detalles sobre una película que vio cómodamente con su esposa. Le dice: «ponte en el lugar del chico, ¿podrías recordar detalles en esas circunstancias?» y cuando el corredor de bolsa se dio cuenta de que no podía recordar algunos detalles, el arquitecto le responde: «… y no estabas bajo estrés emocional, ¿verdad?».

3. **Busca el apoyo de *expertos* para consolidar tu causa.** Por ejemplo, el arquitecto pregunta al hombre de los *slums* (barrios pobres) «¿cómo usa la gente la navaja?» y pregunta directamente a los demás: «¿Qué opinas?», para hacer explícito y público sus argumentos y consolidar el cambio de opinión.

4. **Recompensa públicamente a los demás por su apoyo.** No te olvides de dar crédito a los demás por sus ideas y

compartir los avances. Por ejemplo, el arquitecto valora la observación de la persona mayor sobre la mujer que ejerce de testigo ocular del caso. Cuestiona la credibilidad de su testimonio por no llevar las gafas puestas en el momento de identificar al chico, cuando dice: «Hay 12 personas aquí...» y «11 de nosotros tampoco pensamos en eso».

5. **Deja a los oponentes emocionales para el final.** Se irán quedando solos y ellos mismos se darán cuenta de que tienen que cambiar o marcharse. Por ejemplo, el propietario del garaje es rechazado por el resto del grupo. Esto produce un *dolor social* que es similar al dolor físico y que van a intentar mitigar.

6. **Salva la cara de tus oponentes.** Piensa que, en cualquier proceso de cambio, los enemigos de ayer serán tus amigos del mañana. Brinda consuelo emocional a los oponentes anteriores, para comenzar a construir y reparar una relación positiva. Por ejemplo, después de los comentarios ofensivos del propietario del garaje, el arquitecto comenta «siempre es difícil mantener los prejuicios personales fuera de una cosa como esta». En la misma línea, el arquitecto ayuda al propietario del servicio de mensajería a ponerse su abrigo al final de la discusión.

Al final, no olvides celebrar el éxito con la persona que te ofreció el primer apoyo. Esa es la persona que inició el movimiento hacia el cambio. Recuerda la última escena de la película en las escaleras entre el arquitecto y la persona mayor.

Emociona, aprende y colabora

Los ejemplos del mundo real que hemos analizado a lo largo de las páginas de este libro ilustran los tres pilares del verdadero líderazgo: *Heart* (corazón), *Habit* (hábito de aprendizaje) y *Harmony* (armonía).

Primero, el verdadero líder *emociona* y activa la pasión en su corazón y en el de sus colaboradores para conectar emocionalmente con los demás. En segundo lugar, *aprende* y consolida el hábito del aprendizaje para experimentar con lo que podrías ser. En tercer lugar, *colabora* con los demás, creando relaciones armoniosas.

Este modelo de las 3 H se despliega en 9 competencias para generar confianza, que se pueden medir y desarrollar. La Figura 10.2, que representa estas nueve competencias, con las que puedes identificar al verdadero líder, es una herramienta práctica que te puede ayudar a diagnosticar tus fortalezas y áreas de mejora para ser más auténtico en tu vida y en la empresa.

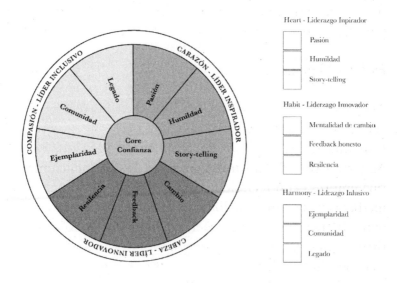

FIGURA 10.2. El modelo de las 3 H del verdadero liderazgo:
9 competencias para un liderazgo inspirador, innovador e inclusivo.

Heart – Corazón

Las historias de los líderes que hemos visto tienen una cosa en común: la inversión emocional de sus protagonistas. A Rafael de la Rubia le apasiona vivir una vida múltiple como atleta, empresario y músico de rock. Hiroko Samejima dejó Chanel para lograr su IKIGAI creando su propia empresa Andu Amet de moda sostenible, cumpliendo así su sueño. Y los sentimientos de Carlo Volpi por su bodega le hicieron un líder visionario; ver lo que otros no podían ver: la internacionalización de su bodega. El entusiasmo por su vino como parte del patrimonio de Italia, lo llevó por una ruta que puso a Volpi en el mapa de vinos en todo el mundo.

Esta es la primera H – *heart* para ser un verdadero líder: Si quieres ser una persona más auténtica descubre tus pasiones, actúa con humildad y abraza tu propia historia de vida para ganarte los corazones de tus colaboradores.

Habit – El hábito de aprender

Ante la adversidad algunas personas colapsan y otras crecen. Los verdaderos líderes tienen historias de superación. Con una narrativa empresarial llena de desafíos, Rakesh Aggarwal transformó una compañía láctea ineficiente, en una empresa con tecnología verde. Aplazó recompensas inmediatas para lograr mejoras futuras, desarrollando tenacidad y fuerza de voluntad. Dena Schlutz aprendió a convertirse en una alta ejecutiva y empresaria exitosa, prosperando y creciendo ante la adversidad, estableciendo relaciones honestas. Y el control que Ángel Ruiz ejerce sobre su destino al superar obstáculos personales y profesionales ilustra el valor del optimismo, el coraje y la vulnerabilidad.

Esta es la segunda H – *habit* para ser un verdadero líder: Las personas auténticas están en un proceso continuo de aprendizaje para alcanzar su *yo potencial*. Adopta una mentalidad de crecimiento, busca y acepta el *feedback* honesto de los demás, y muestra resiliencia y crecimiento ante las dificultades para adaptarte y progresar.

Harmony – Armonía

Las empresas como el Grupo PERI, Vista Alegre y el Banco Santander son un ejemplo de que, el éxito sostenible, se ancla en los valores sociales del ser humano. El verdadero liderazgo es una coreografía colaborativa. Los líderes efectivos no tienen un enfoque egoísta de utilizar a los colaboradores como meros instrumentos para alcanzar sus propios fines personales, sino que buscan la armonía y crean un entorno para que los demás puedan brillar y desarrollarse.

Esta es la tercera H – *harmony* para ser un verdadero líder: los líderes auténticos colaboran en armonía con múltiples *stakeholders*. Actúa como líder *coach* con ejemplaridad para apoyar el desarrollo de los demás, crea una comunidad inclusiva, y transciende tu propio tiempo dejando un legado.

Recuerda, los verdaderos líderes son actores apasionados, ávidos aprendices y memorables compañeros. Tienen muchas caras, pero un solo corazón. Cambian para mejorar, pero no caen en la arrogancia. Y construyen proyectos que viven más allá de su propio tiempo.

AGRADECIMIENTOS

Este libro no habría visto la luz de no ser por el compromiso de mi editorial española, Almuzara. Estoy enormemente agradecida a Manuel Pimentel, quien me ayudó a poner en marcha este proyecto y ha mostrado un empeño inquebrantable a lo largo del mismo. Gracias a mi editor, Javier Ortega, y su equipo formado por Antonio Cuesta y Joaquín Treviño, por sus valiosas sugerencias, además de paciencia y meticulosidad.

Asimismo, el equipo de mi editorial británica, Bloomsbury, ha mostrado un apoyo constante y ha facilitado la edición actualizada de *Yours Truly* en español. Gracias a mi editor Ian Hallsworth y colaboradores, Emily Bedford, Matt James, Elena Bianco y Aimee Knight. Muchas de las ideas de este libro han surgido de las entrevistas personales que he realizado a los líderes protagonistas. Siento un profundo agradecimiento por su tiempo y por concederme acceso a sus vidas. Ha sido un privilegio conversar con todos y cada uno de ellos.

En los más de 20 años como profesora en el IE Business School de Madrid, muchos de ellos los he dedicado a investigar, escribir y educar sobre el liderazgo, la confianza y la autenticidad. Por tanto, estoy muy agradecida al presidente y fundador Diego del Alcázar por su reconocimiento a mi labor y al rector Salvador Carmona por concederme el tiempo necesario para escribir. Me siento en deuda con el equipo de comunicación y publicaciones, Félix Valdivieso, Kerry Parke, Amanda Kelly y Cynthia Fernández, por su generosidad y conocimiento. Este libro también se ha beneficiado de una ayuda del Ministerio de Ciencia e Innovación al proyecto IEU00022/006-EvoLeader concedida a nuestro equipo de investigación. Gracias a Natalia Paillié por su asistencia editorial para los primeros borradores. Igualmente, he tenido la suerte de contar con el asesoramiento de Des Dearlove y Stuart Crainer, cofundadores de Thinkers 50, un ranking global a los mejores pensadores del mundo empresarial.

Me siento especialmente agradecida a mis mentores y profesores a lo largo de los años por su inspiración y por compartir su sabiduría: Manuel Fernández Ríos, de la Universidad Autónoma de Madrid, quien me introdujo en el apasionante campo de la psicología empresarial; Sy Wapner, de la Universidad de Clark, del que aprendí a escribir de verdad; Richard Hackman y Chris Argyris, de la Universidad de Harvard, por enseñarme a seguir aprendiendo; y a Jim Meindl, de la Universidad de Nueva York en Búfalo, por contagiarme su romance con el liderazgo.

He tenido la suerte de trabajar con Laura Guillén en Berlín, con Maria Kakarika, en cualquier café de Starbucks, en diferentes partes del mundo desde Hawái hasta Grecia, con Juan Sánchez en Florida, Stephan Brutus en Montreal, Jie Cao en remoto desde Shanghái y Shainaz Firfiray desde el Reino Unido. Gracias a todos por su competencia y amabilidad.

Una beca Fulbright me permitió hacer mi sueño realidad estudiando el doctorado en psicología de la empresa en las mejores universidades americanas. Estoy en deuda con la comisión Fulbright España por cambiarme la vida. Gracias a Alberto López San Miguel, actual presidente de la comisión de intercambio cultural, educativo y científico entre España y Estados Unidos por invitarme a compartir el mensaje del libro con los nuevos becarios.

También quiero expresar mi gratitud a mi familia por su amor y apoyo durante este proyecto al que he dedicado largas jornadas incluyendo vacaciones y fines de semana. Especialmente a mis hijos, Mónica: gracias por ese toque mágico a los diseños gráficos del libro, y Marco: gracias por estar siempre pendiente de mí.

NOTAS Y REFERENCIAS

Introduction

1. Sparrowe, R. (2005). «Authentic leadership and the narrative self». *Leadership Quarterly* 16(3): 419–39.
2. http://www.edelman.com/trust2017/ (consultado el 17 de marzo 2017).

Capítulo 1

1. https://www.inc.com/je-haden/why-richard-branson-is-the-most-important- living-entrepreneur.html (consultado el 17 de marzo 2017).
2. Vannini, P. (2006). «Dead poet's society: Teaching, publish-or-perish, and professors' experiences of authenticity». *Symbolic Interaction* 29: 235–57.
3. Rogers, C. (1961). *El proceso de convertirse en persona: Mi técnica terapéutica.* 2011. Madrid: Paidós.
4. Esta escala de estrés de 10 elementos está publicada en Cohen, S. y Williamson, G. (1988). «Perceived stress in a probability sample of the United States». En S. Spacapan y S. Oskamp (eds), *The Social Psychology of Health,* 31–67. Newbury Park, CA: Sage.
5. Lyubomirsky, S. y Lepper, H. S. (1999). «A measure of subjective happiness: Preliminary reliability and construct validation». *Social Indicators Research* 46: 137–55.
6. Las escalas originales de 20 elementos están incluidas en Ryff (1989). «Happiness is everything, or is it? Explorations on the meaning of psychological well-being». *Journal of Personality and Social Psychology* 57: 1069–81. Los autores utilizaron las versiones cortas de las seis subescalas que contienen tres elementos. Utilizamos las escalas de 14 elementos que el Institute of Aging de la Universidad de Wisconsin recomienda actualmente, con permiso de los autores.
7. Clave de puntuación para la autenticidad: baja: 4 a 14; intermedia: 15 a 25; y alta: 26 a 28.
8. Clave de puntuación para la inautenticidad: baja: 4 a 7; intermedia: 8 a 18; y alta: 19 a 28.

9. Utilizamos las escalas de 14 elementos que recomienda Ryff en el Institute of Aging de la Universidad de Wisconsin con permiso de los autores.
10. Esta relación entre bienestar psicológico y capital social se circunscribe a la red de asesoramiento y no son centrales en la *red de amistad* (p. ej. personas con las que realizan actividades sociales fuera de la clase, como ir a comer, cenar o tomar algo de manera informal).
11. Sheldon, K. M., Ryan, R. M., Rawsthorne, L. J. y Ilardi, B. (1997). «Trait self and true self: Cross-role variation in the Big-Five personality traits and its relations with psychological authenticity and subjective well-being». *Journal of Personality and Social Psychology* 73: 1380–93.
12. Los cinco grandes rasgos de la personalidad se miden con el Inventario de Personalidad NEO e incluyen la extraversión, el neuroticismo, la amabilidad, la conciencia y la apertura a experiencias.
13. Synder, M. (1974). «Self-monitoring of expressive behavior». *Journal of Personality and Social Psychology* 30(4): 526.
14. En respuesta a las críticas a la escala original de Snyder, en 1984, Lennox y Wolfe desarrollaron una escala de automonitoreo revisada de 13 elementos que utiliza una escala de Likert de seis puntos y va de «definitivamente siempre falso» a «definitivamente siempre verdadero». Siete de sus elementos miden la capacidad de los individuos para modificar la autopresentación y seis elementos involucran su sensibilidad a los comportamientos expresivos de los demás. Aquí incluyo sólo la primera dimensión.
15. Clave de puntuación para el autominitorización: Baja: 7 a 15; Media: 16-23 y Alta: 24-35.
16. Kakarika, M., Biniari, M., Guillén, L. y Mayo, M. (2022). «Where does the heart lie? Harmonious versus obsessive entrepreneurial passion and role identity transitions». *Journal of Organizational Behavior*, 43(9): 1562-1578.

Capítulo 2

1. Christakis, N. A. y Fowler, J. H. (2009). *Conectados: el sorprendente poder de las redes sociales y cómo nos afectan.* 2010. Madrid: Taurus.
2. Larsen, R. J. y Diener, E. (1992). «Promises and problems with the circumplex model of emotions». En M. S. Clark (ed.), *Emotion.* Newbury Park, CA: Sage Publications.
3. Clave de puntuación: para emociones: Fila 1: emociones positivas intensas; Fila 2: emociones positivas tranquilas; Fila 3: emociones negativas intensas y Filw 4: emociones negativas de baja intensidad.

4. Ou, A. Y., Waldman, D. A. y Peterson, S. J. (2015). «Do humble CEOs matter? An examination of CEO humility and firm outcomes». *Journal of Management.*
5. Owens, B. P., Johnson, M. D. y Mitchell, T. R. (2013). «Expressed humility in organizations: Implications for performance, teams and leadership». *Organization Science* 24(5): 1517–38.
6. Owens, B. P. y Hekman, D. R. (2016). «How does leader humility influence team performance? Exploring the mechanisms of contagion and collective promotion focus». *Academy of Management Journal* 59(3): 1088–111.
7. Clave de puntuación: para humildad: Baja: 5-18, Media: 19-32 y Alta: 33-45.
8. Jones, D. N. y Paulhus, D. L. (2014). «Introducing the short Dark Triad (SD3): A brief measure of dark personality traits». *Assessment* 21(1): 28–41.
9. Clave de puntuación: para narcisismo: Baja: 5-18; Media: 19-32 y Alta: 33-45.
10. Mayo, M. (abril de 2017). «If humble people make better leaders, why do we fall for charismatic narcissists?». *Harvard Business Review.*
11. Conger, J. A. y Kanungo, R. N. (1998). *Charismatic Leadership in Organizations.* Thousand Oaks, CA, y Londres: Sage Publications.
12. Galvin, B. M., Waldman, D. A. y Balthazard, P. (2010). «Visionary communication qualities as mediators of the relationship between narcissism and attributions of leader charisma». *Personnel Psychology* 63(3): 509–39.
13. Pastor, J., Mayo, M. y Shamir, B. (2007). «Adding fuel to fire: The impact of followers' arousal on ratings of charisma». *Journal of Applied Psychology* 92(6): 1584–96.
14. Martin, S. R., Côté, S. y Woodru, T. (2016). «Echoes of our upbringing: How growing up wealthy or poor relates to narcissism, leader behaviour, and leader effectiveness». *Academy of Management Journal* 59(6): 2157–77.

Capítulo 3

1. Shamir, B., Dayn-Horesh, H. y Adler, D. (2005). «Leading by biography: Toward a life-story approach to the study of leadership». *Leadership* 1: 13–29.
2. Shamir, B. y Eilam, G. (2005). «What's your story? Toward a life-story approach to authentic leadership». *Leadership Quarterly* 16: 395–417.
3. http://www.sesp.northwestern.edu/masters-learning-and-organizational-change/knowledge-lens/stories/2013/the-story-of-my-life-developing-authentic-leaders. html (consultado el 17 de marzo, 2017).

4. Zak, Paul J. (October 2014). «Why your brain loves good storytelling». *Harvard Business Review.*

5. McAdams, D. P., Diamond, A., Aubin, E. S. y Mansfield, E. (1997). «Stories of commitment: The psychosocial construction of generative lives». *Journal of Personality and Social Psychology* 72(3): 678–94.

6. Mayo, M. y Kark, R. (2013). «The psychosocial construction of leadership identity: A life story approach». En el simposio *Who is a Leader? A Follower? New Research on Leadership Identity in Organizations* por R. Piccolo y S. DeRue. Reunión anual de la Academia de Administración, Orlando, Florida.

7. Goffee, R. y Jones, G. (2006). *¿Por qué deberían reconocerlo como líder? Todo lo necesario para desarrollar una auténtica capacidad de liderazgo.* 2007. Barcelona: Ediciones Deusto.

8. Clave de puntuación para satisfacción con la vida: Baja: 7-14; Media: 15-25 y Alta: 25-35.

Capítulo 4

1. Mischel, W., Shoda, Y. y Peake, P. K. (1988). «The nature of adolescent competencies predicted by preschool delay of gratification». *Journal of Personality and Social Psychology* 54: 687–96.

2. Shoda, Y., Mischel, W. y Peake, P. K. (1990). «Predicting adolescent cognitive and self-regulatory competences from preschool delay of gratification: Identifying diagnostic conditions». *Developmental Psychology* 26(6): 978–86.

3. Adaptado de Lockwood, P., Jordan, C. y Ziva, K. (2002). «Motivation by positive or negative role models: Regulatory focus determines who will best inspire us». *Journal of Personality and Social Psychology* 83: 854–64.

4. La puntuación de la promoción es la suma total de estos items: 3, 5, 6, 8, 12, 14, 16, 17, 18. Las puntuaciones van de 9 a 81. Una puntuación alta indica autorregulación de la promoción con un enfoque en los ideales, esperanzas y capacidad de considerar nuevas posibilidades. La puntuación de prevención es la suma total de estos ítems: 1, 2, 4, 7, 9, 10, 11, 13, 15. Las puntuaciones van de 9 a 81. Una puntuación alta indica autorregulación de la prevención con enfoque en evitar el fracaso.

5. Guillen, L., Mayo, M., Whitman, D. y Korotov, K. (2016). «Understanding visionary leadership perceptions: A leader identity perspective». Reunión anual de la Academia de Administración. Anaheim, California.

6. Dweck, C. (2017). *Mindset: La nueva tecnología del éxito.* 2016. Málaga: Editorial Sirio.

7. https://www.mindsetkit.org/static/les/YCLA_Lesson Plan_v10. pdf (consultado el 17 de marzo, 2017).

8. Clave de puntuación para crecimiento personal: Baja: 8-16; Media: 17-34 y Alta: 35-48.

Capítulo 5

1. http://content.time.com/time/magazine/article/0,9171,988512 –2,00.html (consultado el 17 de marzo, 2017).
2. http://www.nytimes.com/2005/09/23/books/oprahs-book-club-to-add- contemporary-writers.html (consultado el 17 de marzo, 2017).
3. http://www.hungtonpost.com/2008/08/08/the-oprah-e ect-one-mill_n_117685.html (consultado el 17 de marzo, 2017).
4. Mayo, M., Kakarika, M., Pastor, J. y Brutus, S. (2012). «Aligning or inflating your leadership self-image? A longitudinal study of responses to peer feedback in MBA teams». *Academy of Management Learning & Education* 11(4): 631–52.
5. https://hbr.org/2016/08/the-gender-gap-in-feedback-and-self-perception (consultado el 17 de marzo, 2017).
6. https://hbr.org/video/5159470991001/even-a er-criticism-men-think-highly-of- themselves (consultado el 17 de marzo, 2017).
7. Gable, S. L., Reis, H. T., Impett, E. y Asher, E. R. (2004). «What do you do when things go right? The intrapersonal and interpersonal benefits of sharing positive events». *Journal of Personality and Social Psychology* 87: 228–45.
8. Wang, Y. N. (2016). «Balanced authenticity predicts optimal well-being: Theoretical conceptualization and empirical development of the authenticity in relationships scale». *Personality and Individual Differences* 94: 316–23.
9. Clave de puntuación: autenticidad asertiva (media = 12.15, SD = 1.39), autenticidad egocéntrica (media = 7.14, SD = 2.62), y autenticidad sumisa (media = 9.35, SD = 2.50).
10. Guillen, L., Mayo, M. y Karelaia, N. (2018). «Appearing self-confident and getting credit for it: Why it may be easier for men than women to gain influence at work». *Human Resource Management*. 57(4): 839-854.
11. Mayo, M. (July 2016). «To seem confident, women have to be seen as warm». *Harvard Business Review*.
12. Clave de puntuación para la calidad de tus relaciones: Baja: 7-18; Media: 18-30 y Alta: 31-42.

Capítulo 6

1. http://www.businessinsider.com/interview-with-starbucks-new-ceo-kevin-johnson–2017–4 (consultado el 17 de marzo, 2017).
2. Seligman, M. E. P. (abril de 2011). «Building resilience: What business can learn from a pioneering army program for fostering post-traumatic growth». *Harvard Business Review*.

3. Clave de puntuación para resiliencia: Baja: 10-23; Media: 24-36 y Alta: 37-50. Para realizar la encuesta completa puedes ir a https://www.authentichappiness.sas.upenn.edu/user/login? destination=node/504.
4. Meevissen, Y., Peters, M. L. y Alberts, H. (2011). «Become more optimistic by imagining a best possible self: Effects of a two-week intervention». *Journal of Behaviour Therapy and Experimental Psychiatry* 42(3): 371–8.
5. Rotter, J. B. (1966). «Generalized expectancies for internal versus external control of reinforcement». *Psychological Monographs* 80(1): 1–28.
6. Clave de puntuación para locus de control: Suma estos items: 1b, 2a, 3a, 4a, 5b, 6b, 7b, 8a, 9a, 10a, 11a, 12a, 13ª, van de 0 a 13. Una puntuación alta (9-13) indica un locus de control interno, mientras que una puntuación baja (0-4) indica un locus de control externo.
7. Zhou Koval, C., van Dellen, M. R., Fitzsimons, G. M. y Ranby, K. W. (2015). «The burden of responsibility: Interpersonal costs of high self-control». *Journal of Personality and Social Psychology* 108(5): 750–66.
8. Mayo, M., Pastor, J., Gómez-Mejia, L. y Cruz, C. (2016). «Why some firms adopt telecommuting while others do not: A contingency perspective». *Human Resource Management* 48(6): 917–39.
9. Watson, M., Greer, S., Pruyn, J. y Van der Borne, B. (1990). «Locus of control and adjustment to cancer». *Psychological Reports* 66(1): 39–48.
10. Mayo, M., Gómez-Mejia, L., Firfiray, S., Berrone, P. y Villena, V.H. (2016). «Leader beliefs and CSR for employees: The case of telework provision». *Leadership & Organization Development Journal* 37(5): 609–34.
11. Brown, B. (2012). *Daring Greatly: The Courage to be Vulnerable Transforms the Way to Live, Love, Parent and Lead.* Londres: Penguin.

Conclusión de la segunda parte

1. Ibarra, H. (enero–febrero 2015). «The authenticity paradox». *Harvard Business Review*.

Capítulo 7

1. Gladwell, M. *El punto clave.* 2020. Madrid: DeBolsillo.
2. Pastor, J., Meindl, J. y Mayo, M. (2002). «A network effects model of charisma attributions». *Academy of Management Journal* 45(2): 410–20.
3. Mayo, M. y Kakarika, M. (2014). «Cross-boundary team social capital and team effectiveness». En el simposio *Exploring the Social Foundations of Effective Team Process and Outcomes* por

A. Richter. *Society of Industrial and Organizational Psychology* (SIOP), Hawaii.
4. Mayo, M., Kakarika, M., Mainemelis, C. y Deuschel, N. (2017). «A metatheoretical framework of diversity in teams». *Human Relations* 70(8): 1–29.
5. Mayo, M., van Knippenberg, D., Guillen, L. y Firfiray, S. (2016). «Team diversity and categorization salience: Capturing diversity-blind, inter-group biased, and multiple perceptions». *Organizational Research Methods* 19(3): 433–74.
6. https://www.ft.com/content/c5c577f8–75ce–11e6-b60a-de-4532d5ea35 (consultado el 17 de marzo, 2017).
7. Hackman, R., Gonzalez, A. y Lehman, E. (2002). «Nobody on the podium: Lessons about leadership from the Orpheus Chamber Orchestra». *Harvard Business Review*.
8. Kernis, M. H. y Goldman, B. M. (2006). «A multicomponent conceptualization of authenticity: Theory and research». Advances in Experimental Social Psychology 38. DOI: 10.1016/S0065–2601(06)38006–9.
9. Clave de puntuación para una organización auténtica: Baja: 4-9; Media: 10-14 y Alta: 15-20.

Capítulo 8

1. http://www.washingtontimes.com/news/2016/nov/9/millennials-prefer-authenticity/ (consultado el 17 de marzo, 2017).
2. Firfiray, S. y Mayo, M. (2016). «The lure of work-life benefits: Perceived person–organization fit as a mechanism for explaining job seeker attraction to organizations». *Human Resource Management*, 56(4): 629-649.
3. Este estudio fue financiado parcialmente por una beca de investigación del Ministerio de Economía, Industria y Competitividad de España, #ECO2012–33081, otorgada a Margarita Mayo como investigadora principal.
4. Adaptación de la escala por Cabe, D. M. y DeRue, D. S. (2002). «The convergent and discriminant validity of subjective fit perceptions». *Journal of Applied Psychology* 87: 875–84.
5. Ladkin, D. y Taylor, S. (2010). «Enacting the "true self": Towards a theory of embodied authentic leadership». *Leadership Quarterly* 21: 64–74.
6. Weischer, A. E., Weibler, J. y Petersen, M. (2013). «"To thine own self be true": The effects of enactment and life storytelling on perceived leader authenticity». *Leadership Quarterly* 24(4): 477–95.
7. Yagil, D. y Medler-Liraz, H. (2013). «Moments of truth: Examining transient authenticity and identity in service encounters». *Academy of Management Journal* 56(2): 473–97.

8. Guillen, L., Mayo, M. y Korotov, K. (2015). «Is leadership a part of me? A leader identity approach to understanding the motivation to lead». *Leadership Quarterly* 26: 802–20.
9. https://www.youtube.com/watch?v=8_CeFiUkV7s (consultado el 17 de marzo, 2017).

Capítulo 9

1. https://www.youtube.com/watch?v=24d4rfnsOxg (consultado el 17 de marzo, 2017).
2. https://www.youtube.com/watch?v=AVq_tZOtW78 (consultado el 17 de marzo, 2017).
3. Michie, S. y Gooty, J. (2005). «Values, emotions and authenticity: Will the real leader please stand up?». *Leadership Quarterly* 16: 441–57.
4. Schwartz, S. H. (1994). «Are there universal aspects in the structure and contents of human values?». *Journal of Social Issues* 50: 19–45.
5. Mayo, M., Cao, J., Firfiray, S. y Sanchez, J. (2015). «Modeling employee and business outcomes of work–family support policies». *Academy of Management Annual Meeting*. Vancouver, Canada.
6. SABI es similar a COMPUSTAT en Estados Unidos, excepto que también incluye empresas que no cotizan en bolsa. Casi todas las empresas públicas participantes son filiales locales de grandes empresas multinacionales que cotizan en varios mercados bursátiles de todo el mundo y siguen diferentes normas de información financiera. Por esta razón y para lograr una comparación más consistente de las medidas de crecimiento de las ventas, seleccionamos sólo empresas que no cotizan en bolsa.
7. Mayo, M. (abril de 2016). «Don't call it the end of the siesta. What Spain's new work hours really mean». *Harvard Business Review*.
8. http://www.cnbc.com/2017/02/01/why-pepsico-ceo-indra-nooyi-writes-letters-to- her-employees-parents.html (consultado el 17 de marzo, 2017).

Conclusión de la tercera parte

1. Mead, G. H. (1934). *Espíritu, persona y sociedad: desde el punto de vista del conductismo social*. 1982. Madrid: Paidós.
2. Tajfel, H. y Turner, J. C. (1986). «The social identity theory of intergroup behaviour». En S. Worchel y W. G. Austin (eds), *Psychology of Intergroup Relations*, 7–24. Chicago: Nelson Hall.
3. Sparrowe, R. (2005). «Authentic leadership and the narrative self». *Leadership Quarterly* 16(3): 419–39.